高等院校精品课程系列教材

国家级一流本科专业建设点配套教材

浙江省普通本科高校“十四五”重点立项建设教材

编写顾问：陈劲教授（清华大学）　郭斌教授（浙江大学）

数字创新管理

DIGITAL INNOVATION MANAGEMENT

王节祥 俞荣建 缪沁男 王真 编著

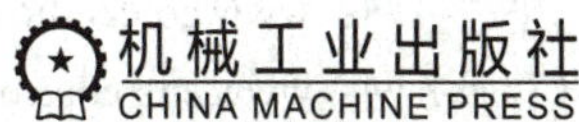

本书由清华大学陈劲教授、浙江大学郭斌教授担任编写顾问，浙江工商大学王节祥教授团队精心编撰，融合了数字创新的经典理论与前沿研究成果，创造性地提出了“战略—模式—变革”的数字创新管理框架。全书内容丰富、案例鲜活，首先从“环境分析—战略选择”框架切入，为数字创新战略规划提供了新思路与工具；然后围绕数字产品、数字服务、数字组织，深入剖析了数字创新的三大模式；最后聚焦企业内部认知、组织与文化的变革，探讨了数字创新管理的落地实施。书中精选了大量前沿实践案例，大多数案例由作者团队自主开发，获评“全国百篇优秀管理案例”，被哈佛案例库收录，确保了内容的可靠性和易用性。在教学设计上，本书顺应数字时代发展趋势，内容深入浅出、简洁实用，各章既可独立成册又紧密关联，编排时嵌入教学视频二维码，并配套了丰富的教辅资料，力求满足读者的不同需求。

本书既可以作为高等院校管理类专业本科生、研究生和MBA学员的教材，也可供数字创新管理相关从业人员阅读参考。

图书在版编目（CIP）数据

数字创新管理 / 王节祥等编著. -- 北京：机械工业出版社，2025. 5. -- (高等院校精品课程系列教材).

ISBN 978-7-111-78322-0

Ⅰ. F273.1-39

中国国家版本馆 CIP 数据核字第 2025BM5734 号

机械工业出版社（北京市百万庄大街 22 号　邮政编码 100037）

策划编辑：吴亚军　　责任编辑：吴亚军　章承林

责任校对：孙明慧　王　捷　景　飞　　责任印制：任维东

河北鹏盛贤印刷有限公司印刷

2025 年 7 月第 1 版第 1 次印刷

185mm × 260mm · 14.75 印张 · 295 千字

标准书号：ISBN 978-7-111-78322-0

定价：59.00 元

电话服务

客服电话：010-88361066

010-88379833

010-68326294

网络服务

机　工　官　网：www.cmpbook.com

机　工　官　博：weibo.com/cmp1952

金　　书　　网：www.golden-book.com

机工教育服务网：www.cmpedu.com

推荐序
FOREWORD

创新是引领发展的第一动力，是建设现代化经济体系的战略支撑，对于推动中国经济实现高质量发展具有至关重要的作用。在当今数字化浪潮席卷全球的时代背景下，数字技术与创新管理的深度融合正成为驱动经济社会变革的关键力量。数字创新管理作为一门新兴学科，它的重要性不言而喻。针对该领域的学术研究方兴未艾，但教材编写工作仍相对滞后，难以满足高校人才培养和企业实践发展的紧迫需求。

创新管理作为一门成熟的课程，在国内众多高校中已广泛开设，清华大学、浙江大学等高校在此领域一直处于领先地位，为我国创新管理学科的发展和人才培养做出了卓越贡献。在数字化、平台化、生态化等新趋势的冲击下，传统的创新管理教学内容与方法亟待革新。各大高校纷纷响应时代召唤，积极推动课程改革，在本科生和研究生培养计划中，越来越多的高校开始增设数字创新管理课程，以培养适应数字时代创新需求的高素质人才。尽管目前有关数字创新管理的论著层出不穷，但专门针对该课程的高质量教材却寥寥无几，编写一本既系统涵盖经典知识又紧密贴合前沿实践的数字创新管理教材，成为当务之急。

王节祥教授师承浙江大学创新管理学派，长期专注于数字平台创新、商业生态系统创新等前沿课题的研究。他扎根于中国本土实践，深入剖析了众多具有代表性的数字创新管理案例，取得了一系列重要研究成果，为这部教材的框架建构奠定了坚实的理论基础并积累了丰富的实践素材。作为该教材编写团队的依托单位，浙江工商大学拥有深厚的创新管理研究底蕴。编写团队成员多年来深耕于技术与服务创新领域，尤其在数字化、服务化、平台生态创新等关键领域成绩斐然，不仅在国内外主流学术期刊上发表了大量高水平论文，还持续跟踪企业动态，积累了大量珍贵的一手资料，为《数字创新管理》一书的撰写提供了有力保障。

在指导教材编写过程中，本教材体现出的以下特色令人印象深刻。第一，它摒弃了传统的“灌输式”教学模式，以实践案例为切入点，引导学生在真实案例的剖析中自主思考、归纳和总结关键概念的特征与内涵，从而有效培养学生的归纳能力，使他们能从纷繁复杂的实际问题中精准把握数字创新的核心要素，为后续学习奠定基础。第二，它创造性地提出了数字创新管理的“战略—模式—变革”框架，全面系统地阐述了数字创新战略规划、模式构建和变革实施的各个环节，使学生能从宏观层面到微观操作层面全方位、多层次地认识数字创新管理的全貌。第三，它高度重视学生的理论联系实际能力，除第一章之外，其余各章均精心设计了讨论案例，进一步巩固学生对理论知识的理解和应用能力。此外，书中还配备了丰富的新形态教学素材，为教师的教学和学生的学习提供了全方位的支持，这极大地提升了教材的易用性。

“君子之为学，以明道也”，在全面建设社会主义现代化国家、实现中华民族伟大复兴的新征程中，教育肩负着培养时代新人、服务国家战略的神圣使命。《数字创新管理》一书的出版，是对数字时代高等教育变革的快速响应，不仅能够助力高校“数字＋工商管理类”人才培养，还将服务于中国企业的数字创新实践。我们相信，本书的问世将对我国数字创新管理领域的教学和研究产生深远影响，为构建具有中国特色的数字创新管理自主知识体系贡献一份坚实的力量。

郭斌　浙江大学教授

陈劲　清华大学教授

前言

PREFACE

通过扎根浙江、面向全国，我们对数字创新前沿问题持续开展跟踪性研究，不仅观察到数字创新的成功案例，还发现许多数字创新管理领域的挑战和难题，相关研究成果发表在国内外主流期刊上，激励着我们不断深入探索。与此同时，我们一直承担着创新管理相关课程的教学任务，特别是浙江工商大学在高考招生中专门设置“工商管理（数字管理拔尖人才创新班）”后，培养方案中新增了“数字创新管理”这门必修课。为响应这一变化，在学校和学院领导的支持下，我们立足前期研究成果和教学基础，组织攻关研讨，最终完成了本书的撰写。希望本书不仅服务于我校“数字创新管理”课程教学，还能为全国其他高校的培养方案调整和教材选用提供支持。

总体而言，本书主要有四大特色。在内容设计方面，本书融合了数字创新领域的经典理论和前沿研究，提出了“战略—模式—变革”的数字创新管理框架。按照这一框架，本书对数字创新的基本概念进行了深入解读，并将全书分为三篇——数字创新战略管理、数字创新模式管理、数字创新变革管理。其中，数字创新战略管理从经典的“环境分析—战略选择”框架切入，讨论了数字创新战略选择的新分析思路和工具；数字创新模式管理从数字产品、数字服务、数字组织三方面剖析了数字创新的新模式；数字创新变革管理则从内部认知、组织、文化三方面，明晰了企业要推进数字创新所需要的变革支撑。各篇内容环环相扣，保障了本书知识体系的完整性。

在案例选取方面，本书精选了大量前沿实践案例，为读者提供了丰富的实践素材，展示了全球范围内的企业在数字创新领域取得的突破性成果，特别是我国企业的数字创新故事。其中，大部分案例来自作者团队长期跟踪研究的企业，有的已入选全国百篇优秀管理案例、中国工商管理国际最佳案例或入选哈佛案例库精品案例等，有的已发表在国内外主流期刊上，这进一步保障了本书内容素材的可靠性和鲜活度。

在内容组织方面，本书深度贯彻“引导归纳”的写作方式。每章都从成功或失败的案例切入，生动呈现案例中所反映的企业实践的特点。然后，引导读者思考这些案例中的实践背后的共同特征，归纳并提炼这些特征，从特征走向定义，再从定义理解到一般性框架的展开。这种以实践素材为基础，摒弃“知识点灌输”的写作手法，使得本书更为适合数字创新管理的初学者（学生群体），也能拉近与企业管理者之间的距离，帮助他们在日常运营中更有效地管理数字创新。

在教学资源方面，本书不仅注重内容的深入浅出、简洁实用，还嵌入自制的教学视频二维码，丰富了教学形式；每章均有配套PPT、指导手册以及在线精品课程等教辅资料。为了增强本书的实用性，各个章节在编排上环环相扣，同时各章内容也可独立成册，方便不同需求的读者自由阅读；书中一部分案例来自作者近年来的第一手调研资料以及作者指导学生所展开的研究，紧密贴合本土企业数字创新实践。这些丰富的教学资源，让本书不仅成为一本易学好用的教材，也成为一本能够激发读者思考、加速行动的实用指南。

需要指出的是，本书是集体智慧的结晶，是多位专家学者共同努力的结果。我们有幸邀请浙江大学郭斌教授、清华大学陈劲教授担任本书编写顾问，两位专家长期从事创新管理领域的研究和教学工作，是国家级精品教材和课程的负责人，他们提供的专业性指导意见，极大提升了本书内容的广度、深度和前瞻性。本书的编写分工如下：王节祥教授负责整体设计和协调执行，在陈劲教授、郭斌教授的指导下，提出本书的写作框架，确保各章结构的逻辑性与连贯性，同时负责相关章节的撰写；王真、缪沁男、俞荣建负责相关章节内容的撰写、讨论和完善工作。具体来看，王节祥负责第一、第二、第五、第六、第八、第九、第十章内容的撰写，王真负责第三、第四章内容的撰写，缪沁男负责第七章内容的撰写以及全书的审阅校对，俞荣建参与框架设计和第一章内容的撰写。熊雨欣、王欣、吴汪波、黄文慧、李种成、孔恒洋等参与了大量的案例资料搜集、整理等工作，特别是孔恒洋博士协助完成了文字统稿、格式完善和校对等工作。

在本书编写过程中，浙江工商大学数字创新与服务型制造研究中心的盛亚、李靖华和韦影等老师一直给予的关心和鼓励，以及他们长期以来对创新管理研究的坚守，激励我们不断前行！我们还学习、借鉴并参考了国内外大量相关文献资料及研究成果，对所引用的数据及资料，本书尽可能详尽地加以标注。感谢相关企业的授权，它们为我们提供了大量的一手数据和资料，使得我们有机会将这些前沿实践与理论知识结合起来，呈现给读者。特别地，与陈威如教授一道对数字创新前沿企业的跟踪、陪伴和分析，对本书的出版大有裨益，一并表示诚挚感谢。感谢机械工业出版社吴亚军老师和贾萌老师在编辑、发行、推广方面所做的努力，与机械工业出版社的优秀团队合作，有压力但深感愉快。

编者
2025 年 1 月 20 日

目 录
CONTENTS

推荐序

前 言

第一章 数字创新管理概述 …………………… 1

引例 贝壳找房：数字创新重新定义居住服务 …………………………………… 1

第一节 数字技术的实例、特征及影响 …… 3

一、数字技术的实例 ……………………………… 3

二、数字技术的特征 ……………………………… 5

三、数字技术对企业管理的影响 …………… 7

第二节 数字创新的实例、特征、内涵及模式 …………………………………… 9

一、数字创新的实例 ……………………………… 9

二、数字创新的特征 ……………………………… 11

三、数字创新的内涵 ……………………………… 13

四、数字创新的模式 ……………………………… 14

第三节 数字创新管理的框架构建 ……… 15

一、数字创新管理的"战略—模式—变革"框架 …………………………………… 15

二、数字创新的战略制定 ……………………… 16

三、数字创新的模式设计 ……………………… 17

四、数字创新的变革支撑 ……………………… 18

本章小结 …………………………………………… 18

即测即评 …………………………………………… 19

第一篇 数字创新战略管理

第二章 数字创新的外部环境分析 ……… 22

引例 宝岛眼镜：数字化闭环下的新零售 ………………………………………… 22

第一节 数字创新外部环境的宏观维度分析：D-PEST 框架 ……… 24

一、D-PEST 框架的提出 ……………………… 24

二、D-PEST 框架的具体内涵 ……………… 25

三、采用 D-PEST 框架分析得出的目标结论 ………………………………… 29

第二节 数字创新外部环境的中观维度分析：UMC 框架 ………… 30

一、UMC 框架的提出 ………………………… 30

二、UMC 框架的具体内涵 ………………… 30

三、采用 UMC 框架分析得出的目标结论 … 35

第三节 数字创新外部环境分析的示例：宝岛眼镜…………36
一、宝岛眼镜的外部宏观环境分析：D-PEST 框架应用…………36
二、宝岛眼镜的外部中观环境分析：UMC 框架应用…………40
三、宝岛眼镜开展数字创新面临的机会与威胁…………44
本章小结…………46
即测即评…………47
讨论案例 英语趣配音：AI 外教及其带来的行业冲击…………47

第三章 数字创新的内部环境分析…………50

引例 吉利 AI 数字底盘：智能驾驶创新的先行者…………50

第一节 数字创新内部环境案例和特征维度…………52
一、领先的数字创新企业的内部环境审视…………52
二、数字创新内部环境的特征维度…………52

第二节 数字创新内部环境分析工具…………57
一、数字创新的内部资源分析：基于资源基础观…………57
二、数字创新的内部能力分析：基于动态能力理论…………60
三、数字创新的内部企业家精神分析：基于 DEA 框架…………61

第三节 数字创新内部环境分析的示例…62
一、案例企业数字创新介绍：吉利控股…63
二、案例企业数字创新的内部环境分析…64
三、案例企业数字创新内部环境分析小结…67
本章小结…………68
即测即评…………69
讨论案例 树根互联：工业互联网平台的养成之路…………69

第四章 数字创新战略的选择分析…………72

引例 借力升级：设计企业洛可可的数字创新战略…………72

第一节 数字创新战略的实例、定义和类型…………74
一、数字创新战略的实例…………74
二、数字创新战略的定义…………76
三、数字创新战略的类型…………76

第二节 数字创新战略选择的分析框架…78
一、整合内外部分析的框架：想做、可做、能做与该做…………79
二、数字创新战略选择分析框架的内涵…79

第三节 数字创新战略选择分析的完整示例…………81
一、案例企业数字创新历程介绍…………81
二、数字创新的外部环境分析：可做……82
三、数字创新的内部环境分析：想做和能做…………83
四、数字创新的战略选择分析：该做……83
本章小结…………84
即测即评…………85
讨论案例 蔡司：品牌制造商的数字化转型探索…………85

第二篇 数字创新模式管理

第五章 数字产品创新管理…………90

引例 诺基亚、苹果和小米：智能手机创新传奇…………90

第一节 数字产品创新的实例、驱动因素、特征及定义…………91

一、数字产品创新的实例 ······91
二、数字产品创新的驱动因素 ······93
三、数字产品创新与传统产品创新的特征比较 ······94
四、数字产品创新的定义 ······96

第二节 数字产品创新的类型、实现路径与一般过程 ······97

一、数字产品创新的类型 ······97
二、数字产品创新的实现路径 ······98
三、数字产品创新的一般过程 ······99

第三节 数字产品创新的获利机制、风险与监管挑战及提高社会价值的策略 ······103

一、数字产品创新的获利机制 ······103
二、数字产品创新的风险与监管挑战 ······104
三、提高数字产品创新的社会价值的策略 ······106

本章小结 ······107
即测即评 ······107
讨论案例 杰克缝纫机：从普通产品到成套的智联功能产品 ······108

第六章 数字服务创新管理 ······111

引例 衣邦人：新时代的服装定制服务 ······111

第一节 数字服务创新的实例、驱动因素、特征及定义 ······113

一、数字服务创新的实例 ······113
二、数字服务创新的驱动因素 ······115
三、数字服务创新与传统服务创新的特征比较 ······116
四、数字服务创新的定义 ······119

第二节 数字服务创新的类型、实现路径与一般过程 ······119

一、数字服务创新的类型 ······119
二、数字服务创新的实现路径 ······121
三、数字服务创新的一般过程 ······123

第三节 数字服务创新的获利机制、风险与应对措施及提高社会价值的策略 ······125

一、数字服务创新的获利机制 ······125
二、数字服务创新的风险与应对措施 ······127
三、提高数字服务创新的社会价值的策略 ······130

本章小结 ······131
即测即评 ······131
讨论案例 青团社：灵活用工服务平台的创新成长 ······132

第七章 数字组织创新管理 ······134

引例 蘑菇街：发展在于不断创新 ······134

第一节 数字组织创新的实例、驱动因素、特征及定义 ······136

一、数字组织创新的实例 ······136
二、数字组织创新的驱动因素 ······137
三、数字组织创新与传统组织创新的特征比较 ······138
四、数字组织创新的定义 ······140

第二节 数字组织创新的类型、实现路径与一般过程 ······141

一、数字组织创新的类型 ······141
二、数字组织创新的实现路径 ······143
三、数字组织创新的一般过程 ······147

第三节 数字组织创新的获利机制、风险与应对措施及提高社会价值的策略 ······149

一、数字组织创新的获利机制 ······149

二、数字组织创新的风险与应对措施 ···· 150
三、提高数字组织创新的社会价值的策略 ···· 152
本章小结 ···· 154
即测即评 ···· 154
讨论案例 寄宿生态谋发展：遥望网络的数字组织创新 ···· 155

第三篇 数字创新变革管理

第八章 支撑数字创新的认知变革 ···· 160
引例 大润发：从“陆战之王”到输给了时代？ ···· 160
第一节 支撑数字创新的认知特征与内涵 ···· 162
一、支撑数字创新的认知能力特征 ···· 162
二、支撑数字创新的认知内涵 ···· 164
第二节 支撑数字创新过程中的认知变革 ···· 165
一、数字创新认知变革的内涵与障碍 ···· 165
二、数字创新认知变革的阻碍和方向 ···· 167
三、数字创新认知变革的路径 ···· 168
第三节 加快数字创新认知变革的举措 ···· 170
一、大数据监测分析能力构建 ···· 171
二、数据分析支撑决策的思维培养 ···· 172
三、生态共赢理念宣贯 ···· 173
本章小结 ···· 174
即测即评 ···· 174
讨论案例 泛嘉控股：为何屡次“晴天修屋顶” ···· 175
第九章 支撑数字创新的组织变革 ···· 177
引例 引领“中台组织”风潮：Supercell 的成长之路 ···· 177
第一节 支撑数字创新的组织特征与内涵 ···· 178
一、支撑数字创新的组织特征 ···· 178
二、支撑数字创新的组织内涵 ···· 183
第二节 支撑数字创新过程中的组织变革 ···· 184
一、数字创新组织变革的内涵与挑战 ···· 184
二、数字创新组织变革的典型模式 ···· 186
三、数字创新组织变革的路径 ···· 189
第三节 提高数字创新组织变革绩效的举措 ···· 192
一、构建二元敏捷组织 ···· 192
二、提升组织资源可扩展性 ···· 194
三、培养双栖人才 ···· 196
本章小结 ···· 198
即测即评 ···· 198
讨论案例 美特好：一家传统超市推进数字化转型的组织变革之旅 ···· 199
第十章 支撑数字创新的文化变革 ···· 202
引例 华为的启示：数字创新从重塑企业文化开始 ···· 202
第一节 支撑数字创新的文化特征与内涵 ···· 204
一、支撑数字创新的文化特征 ···· 204
二、支撑数字创新的文化内涵 ···· 206
第二节 数字创新过程中的文化重塑 ···· 209
一、文化重塑的内涵与挑战 ···· 209
二、数字创新文化重塑的方向 ···· 211
三、数字创新文化重塑的路径 ···· 213
第三节 加快数字创新文化变革的举措 ···· 216

一、领导者担当数字创新文化创建的第一推手 …………………………… 216
二、宣贯数字创新文化并实现内化……… 218
三、构建配套机制让数字创新文化“固化于制” ………………………… 219
本章小结 ……………………………………… 220
即测即评 ……………………………………… 220
讨论案例　从“独孤九剑”到“新六脉神剑”：阿里巴巴文化演变的历程 ………………………… 221

第一章
CHAPTER 1

数字创新管理概述

§ 学习目标

- 了解数字技术的实例和特征，理解其对管理工作的潜在影响。
- 了解数字创新的实例和特征，掌握数字创新的内涵和类型。
- 掌握数字创新管理的“战略—模式—变革”框架。

§ 引例

贝壳找房：数字创新重新定义居住服务

贝壳找房是2001年在北京诞生的链家于2018年推出的居住服务平台。链家早期主营租赁、二手房业务，后创立贝壳找房，搭建居住产业数字化服务平台，贝壳找房逐渐发展为中国最大的线上线下房产交易和服务平台之一。

打造数字化系列产品

随着数据采集方式多元化，通过结合大数据与人工智能等数字技术，贝壳找房打造出一系列房源数字化产品，如楼盘字典、如视VR（Virtual Reality，虚拟现实）app等。

- 楼盘字典。为打击虚假房源，链家2008年启动建设楼盘字典。所谓“楼盘字典”，就是把房子的各种信息，如房屋户型图、房屋坐标、楼盘环境、与地铁的距离、历史交易数据等，集合成大数据，使每套房源拥有独一无二的数据代码，供经纪人调用。楼盘字典让“真房源”成为可能，使得链家经纪人能够对客户的需求迅速给出可靠反馈，实现楼盘信息标准化。

- 如视 VR app。2018 年，VR 技术在居住房产领域得以推广应用，房源突破二维、静态形式，房源信息所描述的物理空间被数字技术还原、重构为全新数字空间。借助楼盘字典中积累的大量真实房源数据，贝壳找房自主研发了 VR 扫描设备，开发了如视 VR app，通过使用自己研发的设备和技术进行 VR 拍摄，得到完整房源的三维数据以及其他房源数据，最后形成高清的 VR 影像数据，从而获得房屋的大小、格局、社区配套设施等信息。

搭建数字化服务机制

作为数字空间综合解决方案的引领者，贝壳找房打造了一系列产品，并不断完善和迭代。从 VR 看房、AI 设计，到小贝助手，通过对数字技术的全面应用，贝壳找房始终致力于给用户带来更高水准的居住服务体验。

- VR 看房。为了让看房者随时随地反复观看采集到的真实场景，贝壳找房开发了 VR 看房服务，具体包括 VR 浏览、VR 连线、AI 讲解。① VR 浏览是通过 VR 技术，对房源 VR 实景进行 1∶1 复刻呈现。② VR 连线是用户可以直接在 VR 房源场景中与经纪人进行实时交互。③ AI 讲解则能从房子的周边配套、小区内部情况、房屋户型结构和交易信息四大内容维度，模拟真人讲房。
- AI 设计。2020 年 4 月，贝壳找房基于 VR 技术推出 AI 设计。此前的家装方案更多需要设计师人工参与，而 AI 设计则更多依赖 AI 技术为房屋提供设计方案，实现家装设计的“零门槛”。AI 设计支持用户依据个人喜好任意搭配，并实时渲染出真实的装修效果。用户不仅可以在装修后的房间画面内自由“行走”，还可以放大观看局部色彩和纹理效果，获得更个性化、更高效的涂漆选购体验。
- 小贝助手。小贝助手是基于 AI 与大数据技术研发的虚拟智能客服，包括懂客、对话和调度三大模块。根据贝壳数据显示，客户约三分之二的问题能被小贝助手直接解答，超过一半的答案能被经纪人采纳，也就是说，约有三分之一的用户问题不再需要经纪人额外解答。小贝助手能有效提升对话轮次，提高委托转化率，并且可以围绕“客”及交易周期，进行全方位、精准的用户建模，提供丰富的标签服务。

构建平台生态

为化解整个行业所面临的信任危机，改善行业生态，链家于 2018 年创立贝壳找房，正式由垂直自营平台模式走向开放型平台模式，并创建了ACN合作网络[㊀]（Agent Cooperation Network），将中介服务链条细化为以房源端和客源端为首的十个环节，不同环节由不同的经纪人负责，并按照比例进行佣金分成。ACN合作网络令分佣机制趋于按劳分配，使各经纪人之间由相互“厮杀”转向通力合作。

新一轮数字化革命背景下，数字技术成为企业数字化转型的重要载体。通过利用数字技术，企业能为用户带来更精准、更智能的服务需求匹配，从而不断形成全新的服务案场和服务流程。那么，如何利用数字创新形成新的系统性解决方案，成为数字化背景下所有企业共同面临的重要课题。

资料来源：根据网络资料整理。

第一节 数字技术的实例、特征及影响

数字技术（Digital Technology）是指利用数字化的工具和方法来处理、存储、传输和呈现信息的技术。数字技术的出现和广泛应用在很大程度上改变了创新的内在本质，对创新战略、创新模式和创新变革等带来诸多影响和挑战。

认识数字技术及其特征

一、数字技术的实例

人工智能、物联网、区块链等新一代数字技术的快速崛起和大规模应用，正在引发现实商业世界的变革和重构。以引例中的贝壳找房为例，一方面，结合居住服务行业的痛点，贝壳找房陆续推出VR看房、AI设计等数字产品，为用户提供便利、一站式、个性化的居住体验服务；另一方面，通过开发ACN合作网络，贝壳找房紧密连接经纪人、开发商、家装商、家居商、智能服务商等参与主体，衍生出大量的创新空间和行业机会。贝壳找房的案例让我们生动地感受到数字技术对行业和企业改造的魅力，接下来，我们在每一节中会结合一些典型企业案例，进一步感知数字技术给这个世界带来的深刻变化。

（一）人工智能

人工智能（Artificial Intelligence，AI）是具有学习机理的软件或计算机程序，旨在模拟和扩展人类智能，通过对大数据的挖掘、机器学习和算法优化等手段，使计算机具备自主学习、推理和决策的能力。[㊁]企业层面，人工智能主要通过影响企业的劳动力技

㊀ 搜狐网.贝壳找房ACN合作网络：从“对手”到“盟友”，经纪人有它就够了[EB/OL].（2018-06-19）[2024-06-01]. https://www.sohu.com/a/236494148_613379.

㊁ 豆大帷.数字化管理：数智技术重塑组织未来竞争力[M].北京：中国经济出版社，2023.

能结构，进而影响企业的生产效率。一方面，人工智能可以赋予机器设备智能性，智能设备所具有的学习能力和自主决策能力，使其对从事重复性工作的常规低技能劳动力具有替代作用。随着企业用工成本逐渐提高，企业用人工智能技术替代人工的比例在逐渐增加，例如现有企业已经启动智能客户服务、智能编程等。另一方面，人工智能技术能够提升非常规且富有创新性工作的技术水平，并且提高生产效率，例如创意设计方案。

2015 年，萨姆·奥尔特曼和格雷格·布罗克曼及其他 10 名研究人员创立了 OpenAI 实验室。2022 年 11 月，OpenAI 前后历经 4 次迭代，发布了 AI 对话聊天机器人 ChatGPT，实现了对大量文本数据进行预训练，使模型能够理解自然语言的语境和语法规则，从而生成具有连贯性的对话内容。ChatGPT 的问世在全世界各行各业引起了巨大反响。例如，传统的客户服务往往需要客服人员花费大量时间和精力理解并回答客户各式各样的问题，而 ChatGPT 对于标准化问题能够比人工客服更快速地进行回应。即使是对于比较复杂的问题，ChatGPT 也可以迅速提供可供参考的答案，大大提升了客户服务的响应速度。与传统的智能客服相比，ChatGPT 能够更好地理解用户意图和需求，提供更加个性化和精准的回答和服务，以 ChatGPT 为首的新一轮智能客服将颠覆整个市场。据头豹研究院报告[㊀]，2022 年中国智能客服市场规模达到 66.8 亿元，预计到 2027 年，市场规模有望增长至 181.3 亿元。

（二）物联网

物联网（Internet of Things，简称 IoT），即“万物相联的互联网”。物联网在互联网基础上，将各种信息传感设备与互联网结合起来，形成一个巨大的网络，在任何时间、任何地点，实现人与物的互联互通[㊁]。在物联网中，一把牙刷、一个轮胎、一座房屋，甚至是一张纸巾都可以作为终端，即世界上的任何物品都能被连入网络。在物联网中，物与物之间的信息交互不再需要人工干预，可以实现无缝、自主、智能的交互。换句话说，互联网主要解决人与人之间的互联和通信问题，而物联网则会解决人与人、人与物以及物与物之间的互联和通信问题。物联网掀起了世界信息产业发展的第三次浪潮，引发生产和生活方式的巨大变革，并被广泛应用于智能制造、智慧农业、智能物流、智慧交通、智能电网、智能环保、智能安防、智慧医疗和智慧家居等领域。

2014 年 3 月，为了解决传统产品使用空间和使用时间受到限制的一系列问题，时任小米路由器部门负责人高自光和 5 名工程师，开始了 IoT 商业合作的探索。小米开发的“米家 app”作为智能互联产品的控制中枢，可以实现小米系列产品与米家 app 在 WiFi 环境、蓝牙环境下的无缝连接，这一控制中枢解决了小米产品的智能化连接与使

㊀ 头豹研究院 .2023 年中国智能客服市场报告 [R/OL].（2023-07-10）[2024-06-01]. https://img.frostchina.com/attachment/16890048/uXsSDWwL3Tk4ZzH26PMk3W.pdf.

㊁ 钟良骥，徐斌，胡文杰 . 物联网技术与应用 [M]. 武汉：华中科技大学出版社，2020.

用问题。以米家智能电饭煲为例，当被接入米家 app 后，用户可以在米家 app 端完成查看食谱、选择烹饪模式、设定烹饪开始时间、设置“烹饪完成时消息推送”等动作。此外，用户还可以使用与米家 app 登录了同一账号的小爱音箱（小爱同学），通过语音命令直接控制小米产品。

（三）区块链

区块链（Block Chain，BC）是一种块链式存储、不可篡改、安全可信的去中心化分布式账本[㊀]，利用共识机制、密码学等数字技术，具有分布式存储、点对点传输的特点，通过不断增长的数据块链记录交易和信息来验证和确保链上数据的安全和透明。区块链的特点包括去中心化、不可篡改、透明、安全、可溯源和可编程，每个数据块都链接到前一个块，形成连续的链，用以存储和传递信息。区块链技术使企业得以用数学方式通过科技手段解决参与机构恶意篡改数据的问题，从而降低商业活动中各参与方的信任成本，有助于推动商业模式的创新发展。

一直以来，茅台酒备受假冒伪劣产品的困扰。自 2013 年起，为了增强防伪识别能力，茅台集团在其酒盖里生成一个唯一的 RFID 标签[㊁]，顾客可通过手机等设备以 NFC 方式读出，然后通过茅台集团 app 进行校验。乍一看，这种防伪效果貌似非常可靠，然而，2016 年还是爆发了茅台酒防伪造假事件，即顾客通过 NFC 方式验证茅台酒为真，但经茅台酒专业人士鉴定茅台酒为假，并由此曝光了衍生的旧瓶回收、旧瓶装假酒等产业。究其原因，是因为防伪信息掌握在某个中心机构中，有权限的人可以任意修改。2017 年，茅台集团和阿里巴巴集团旗下蚂蚁金服合作，打造了基于区块链的茅台正品防伪溯源服务系统[㊂]。顾客打开手机 NFC 功能，轻轻靠近茅台酒外包装的芯片感应区，即可解锁 AR 功能，快速进行防伪查询，掌握产品名称、产品批次、标签编号、出品时间、出品位置、出品地址等数据详情。

二、数字技术的特征

随着信息、计算、沟通和连接等数字技术的迅速发展和广泛应用，我们已处于信息传播和数据处理的全新时代。数字技术以其高效性和便捷性改变着我们的工作方式和生活方式，也一点一点塑造着未来社会的面貌[㊃]。在数字技术的背后，蕴藏着一系列特征，包括数据同质化、可重新编辑性和自生长性等，这些特征奠定了数字技术在当今社会中

㊀ 孟韬，董政，关钰桥．区块链技术驱动下的企业管理与创新 [J]. 管理现代化，2019，39（4）：64-70.

㊁ 射频识别（Radio Frequency Identification，RFID），一种自动识别技术，通过无线射频方式对记录媒体（电子标签或射频卡）进行读写，从而达到识别目标和数据交换的目的。

㊂ 赵思维．茅台集团研究区块链对茅台影响，三年前已探索致力防伪溯源 [EB/OL].（2019-11-01）[2024-06-01]. https://www.thepaper.cn/newsDetail_forward_4836934.

㊃ 弗兰丁，格拉蒙，考克斯．数字化颠覆 [M]. 风君，译．北京：东方出版社，2020.

的重要地位。

（一）数据同质化

数据同质化（Data Homogenization）是指数字技术把所有声音、图片等信息均转化为二进制数字“0”和“1”进行处理，这一过程中，具有二进制特征的数据被同质化处理[㊀]。通过将异质来源的数据同质化，企业可以很容易地与其他数字数据组合以提供多样化的服务，从而消除产品和行业的界限。数据同质化允许企业采集更大规模以及更多来源的信息，连接更多元的利益相关者，使得市场资源配置更加合理，社会需求对接通道更加畅通，这在一定程度上提升了企业的生产效率。

以抖音平台为例，它通过构建统一维度，对用户异质化数据进行收集、整理、归类等一系列处理，利用算法分析用户偏好和用户行为，最后整理出用户特征等同质化运营数据，再根据不同的用户特征推送个性化短视频内容。简而言之，抖音推荐系统的本质，是从一个海量的内容池里，为用户匹配出少量感兴趣的内容。为了给用户提供他们喜欢的内容以及进一步理解用户的真实需求，平台会从很多维度来刻画用户画像，比如年龄、性别、地理位置、浏览历史等；同时，平台会利用先进的 AI 技术对视频内容进行画像。在此过程中，抖音的推荐机制就像一座“桥梁”，根据用户画像和内容画像，连接用户和内容，将个性化内容源源不断地推送到感兴趣的用户面前。

（二）可重新编辑性

可重新编辑性（Reprogrammable Functionality）是指数字技术对数据进行处理的程序，同样可以被当作数据进行存储和处理。数字技术可重新编辑的性质使得数字内容本身与存储、传输或处理信息的技术脱钩，意味着系统被设计和生产后可以添加新的功能。数字产品无论是在研发时期还是在上市之后，都可以根据用户的数据反馈进行快速调整，持续优化，从而提升创新的效果与速度。此外，由于数字设备是可重新编辑的，企业还可利用数字基础设施的可重新编辑性来衍生创新产品。

微信软件的版本更新主要表现在用户反馈与功能改进的互动上，用户的建议可以直接影响新版本的功能优化。每次版本更新，微信不仅会引入新功能，还会对现有功能进行迭代和优化。例如：加大隐私保护力度和提升语音通话质量，使得微信软件在原有基础上不断演进；允许用户动态编辑和删除内容，如聊天记录和朋友圈动态，以反映实时状态，增强了信息处理的灵活性；引入针对特定场景的新功能，如小程序的优化和支付接口升级。这些都是在原有技术基础上重新设计的应用，整体上展示了数字技术在不断适应和满足用户需求的过程中的可重新编辑性。

㊀ CIRIELLO R F，RICHTER A，SCHWABE G. Digital Innovation [J]. Business and information systems engineering，2018，60（6）：563-569.

（三）自生长性

数字技术的自生长性（Generativity）是指数字技术在应用和发展过程中，通过自身的不断创新和进步，推动技术生态系统的持续扩展和升级[1]。自生长性特征强调了数字创新过程和结果的持续改进与不断迭代，促使数字创新的产品或服务根据环境的需求自动升级。自生长性体现在多个方面，包括技术的互联互通、数据的累积与利用，以及创新应用的不断涌现。

HarmonyOS（鸿蒙系统）是华为公司于 2019 年发布的分布式操作系统，旨在打造一个超级虚拟终端互联的世界，将人、设备、场景有机地联系在一起，为消费者提供全场景智慧生活新体验。截至 2024 年 5 月，HarmonyOS 先后迭代四次，每次升级，HarmonyOS 都会根据用户反馈和数据分析进行优化和改进，在底层技术层面上拥有更为明显的创新。例如，在全新华为方舟引擎加持下，HarmonyOS 4 相比上一代，滑动流畅性提升 20%，续航时间增加 30min，app 体验更流畅，解决了用户普遍反馈的系统运行流畅性差、电池耗电快等问题。于华为而言，16% 的市场份额被认为是“生死线”，在 2023 年第四季度，HarmonyOS 在中国市场的份额已突破 16%，与苹果 iOS 的差距缩小至 4 个百分点[2]。

数字技术的数据同质化、可重新编辑性和自生长性之间紧密关联。数据同质化使信息能以一致的形式被存储和传输，为可重新编辑性奠定基础，使系统能灵活地更改信息。数据同质化和可重新编辑性又使得数字技术衍生出自生长性，促使技术不断优化，满足纷繁多样的用户需求。总之，作为一种通用目的技术[3]，数字技术的各特征之间相互作用、相互影响，共同推动着数字技术的发展，使新产品或新工艺的出现更具可能性，也大大促进了社会的数字化转型和数字技术的普及应用。

三、数字技术对企业管理的影响

数字技术不仅改变了普通人群对信息的处理方式，还深刻地影响了企业管理的方方面面。以贝壳找房为例，以数据驱动的管理决策、数字化的管理方式以及对管理伦理的关注，凸显了数字技术对企业管理的全面影响。这种系统性变革提高了管理工作的效率，提升了管理工作的效果，推动了管理实践向更加智能化和可持续的发展方向迈进。

---

[1] 杨仲基，綦良群．国外数字创新研究评述及对我国制造企业数字化转型的启示 [J]. 科学管理研究，2021，39（4）：120-124.

[2] 中关村在线．华为鸿蒙跨过“生死线”！ 超 4 000 个原生应用、市占率突破 16%[EB/OL].（2024-04-08）[2024-06-01]. https://finance.sina.com.cn/tech/mobile/n/n/2024-04-08/doc-inaqzkcn6108575.shtml.

[3] TEECE D J. Profiting from innovation in the digital economy: enabling technologies，standards，and licensing models in the wireless world[J]. Research policy，2018，47（8）：1367-1387.

（一）企业管理效率提升

数字技术嵌入企业管理，充分提高了企业的管理效率。数字技术的深入发展推动企业数字化改造升级，企业运行呈现更加透明、更加高效、更加精准、更加智慧等特点[㊀]。与之相伴，企业内不同部门、不同岗位、不同角色之间的边界逐渐模糊，组织层级结构逐步弱化，数字技术的应用打破了原有高度中心化的、自上而下的、具有科层制度的传统管理结构。通过数字化赋能，企业管理结构将向着去中心化、扁平化转变，这种结构能优化数据在企业内部的传输路径，充分调动员工的积极性，为企业高效管理“上传下达”提供重要支撑。

2016 年 5 月，京东成立了智慧物流开放平台，自主研发无人机、无人车、无人仓、无人配送站等一系列尖端智慧物流项目。2017 年 10 月 9 日，京东物流全流程无人仓正式亮相上海，这在全球范围内是首个规模化投入使用的全流程无人物流中心，也是首个大型绿色无人仓库。京东无人仓建筑面积达 40 000m^2，房顶全是太阳能电池板，白天充电，晚上为库房供电。无人仓由收货、存储、订单拣选、包装四个作业系统组成。由于在整个流程中应用了多种不同功能和特性的机器人，智能设备覆盖率达到 100%，无人仓真正实现了全流程、全系统的智能化和无人化，日处理订单的能力超过 20 万单，是人工仓库效率的 4～5 倍。

（二）推动企业管理创新

数字技术通过提升决策效率、优化流程、加强沟通与协作，以及创造新商业模式，推动企业管理创新。数据分析和人工智能使企业能够实时分析大量数据，支持管理层做出精准决策。自动化和数字化工具简化工作流程，减少人为错误，提高效率，让企业更专注于战略性工作而非日常琐事，提升运营效率和内部透明度。借助云计算和协作平台，企业能够实现跨部门的无缝沟通，打破信息孤岛，提升团队协作和创新能力。同时，区块链和物联网等新兴技术为企业开辟了新的商业模式与市场机会，推动价值链和盈利方式的创新。在快速变化的数字经济环境中，企业借助数字技术不断优化管理策略，适应市场需求，提升客户体验，实现持续的管理创新。

20 世纪 90 年代，苹果公司在市场竞争中被微软及其生态合作伙伴戴尔、惠普等联手赶超，1996 年乔布斯回归后，开始带领苹果从制造“硬件 + 操作系统”的一体机 PC（个人计算机）商业模式向“硬件 + 操作系统 + 数字内容生态”的商业模式转型，并先后建立了 iTunes 音乐平台、App Store 应用软件平台，平台上的生态供应商负责提供相应的数字内容。根据苹果 2018 年年报，其数字内容服务业务的销售收入约为 372 亿美

㊀ 陈劲．探索数字经济时代的企业管理创新 [EB/OL].（2023-11-06）[2024-06-01]. http://www.qstheory.cn/qshyjx/2023-11/06/c_1129959470.htm.

元，已占公司业务总销售额的 14%，而且在其主要业务板块中，数字内容服务业务是唯一在 2014—2018 年间连续增长的业务。

第二节　数字创新的实例、特征、内涵及模式

一、数字创新的实例

数字技术的出现和广泛应用在很大程度上改变了创新的内在本质，给创新行为、创新过程和创新的商业模式带来诸多影响，甚至是颠覆性改变。接下来，我们从数字产品、数字服务和数字组织三个方面不同形式的实例出发，走进数字创新的世界。

（一）数字产品

苹果手表（Apple Watch）是苹果公司于 2015 年上市的一款智能产品，作为苹果公司在穿戴设备领域的重要布局，它不仅仅是一款科技产品，还代表了苹果公司对智能化生活方式的探索和创新。2011 年，苹果公司的 CEO Tim Cook 在一次会议上提出了开发智能手表的想法，他认为可穿戴设备将是未来产品发展的一个重要方向。随后，苹果公司开始组建秘密团队，汇集来自各个部门的顶尖工程师和设计师，着手苹果手表的研发工作。经过几年的努力，苹果公司在 2015 年正式推出苹果手表。这款产品以其独特的设计、丰富的功能和高度的智能化，受到全球用户的关注和喜爱。自推出以来，苹果手表不断更新迭代，功能越来越强大。

2014 年，蔚来汽车创始人李斌嗅到一个巨大商机——新能源汽车，于是他和多位同道中人共同创办了蔚来公司。蔚来致力于通过提供高性能的智能电动汽车与极致用户体验，为用户提供高品质服务与创新性补能方案。蔚来打造了用户专属 app——“NIO”，该 app 集卖车、服务、商城、社交等功能于一体，与传统车企 app 的最大区别在于“NIO”强调“连接”，除了连接车本身外，更重要的是连接人、信息、生活方式与服务。由于电动汽车电池容量有限，导致大多数消费者对电动汽车在长距离行驶中充电时间过长存在担忧，蔚来又构建了 NIO Power（蔚来能源）——一个基于移动互联网的加电解决方案，通过拥有广泛布局的充电设施网络，搭建“可充可换”的能源服务体系，为用户带来了更好的服务体验。

（二）数字服务

铁路 12306 是中国铁路客户服务中心推出的官方手机购票应用软件。2011 年，12306 网站正式上线，彻底改变了以往在火车站售票处窗口购买、在代售处购买以及电话订票的传统购票方式。然而，12306 网站的服务器在早期时常崩溃，订单和登录人数

瞬时增加稍多就会导致服务器反应迟缓，车次信息和购票无法刷出，甚至有用户无法登录12306网站服务器崩溃甚至成为12306网站的一种“日常”状态。为了改善这一状况，2015年，中国铁路客户服务中心将12306软件75%的余票查询业务转移到了阿里云计算平台上，数字技术的嵌入大大提高了客户端和网页端的流畅性。借助于阿里云计算平台的一系列数字基础设施，12306不断推出订餐外卖到车厢、接送站叫车、入住酒店等各类服务。2019年，12306新增候补购票功能，这一新功能的诞生标志着12306的购票体验已经接近于用户的本质需求。

圆通速递是我国头部快递企业之一。由于快递服务工作量大、数据分析缺乏、人工成本和管理成本高等问题，即使圆通速递有上万个呼叫中心用于服务客户，依然面临着客户电话经常打不进来（忙线中）、客户呼叫体验差的境况。2017年，圆通速递从智能文本机器人入手，开始了智能客服的探索。在项目初期，需要不断训练机器人、完善知识库，因此，投入的资源和成本较大。随着项目的进一步推进，机器人的学习能力不断增强，边际成本在逐渐下降，同时由于人工客服除工资之外还存在诸多隐性成本（如招聘、培训等），因此圆通速递的智能客服在一定程度上实现了投入与产出效益的平衡。2018年9月6日，圆通速递的智能客服正式上线，接到了第一通来自杭州客户的下单电话并圆满完成下单任务，从客户的反馈来看，他对此次服务非常满意。

（三）数字组织

阿里巴巴围绕渠道、制造、金融、物流、云智能和组织等11个元素打造了在线化和数字化的新型组织。2015年之前，阿里巴巴曾对每一块业务进行了很明确的细分，下设25个事业部，并把具体业务划分为9类，分别由9名高管分管，组织架构是较为传统的树状结构。2015年底，阿里巴巴启动中台战略，构建更具创新性、灵活性的“大中台、小前台”的组织机制和业务机制，即提炼各个业务的共性需求，并将其打造成组件化的资源包，然后以接口的形式提供给前台各业务部门使用，使产品在更新迭代、创新拓展过程中实现多部门协作，最大限度地减少“重复造轮子”的现象，让研发更灵活、业务更敏捷。

在大数据、云计算、柔性制造等物联网相关技术的加持下，海尔形成了五大产业平台，即海尔智家（智慧家庭平台）、卡奥斯（工业互联网平台）、海创汇（创业孵化平台）、盈康一生（健康产业平台）和海纳云（智慧社区产业平台）。2012年，海尔宣布进入网络化战略阶段，并启动“1 000天再造”网络化工程，用以解决海尔内部的信息孤岛问题，以更加开放的姿态连接各类资源。为了做到这一点，海尔在组织架构上进行了小微化转型，同时，海尔的组织演变成“小前台、大中台、强后台”的平台型组织结构，形成“平台+小微企业”的生态新模式。

二、数字创新的特征

不同于工业革命时代的创新，数字革命时代的创新，突出以广泛终端的移动式和嵌入式为连接，以海量信息为基础，以知识的无限延展为工具，以行业边界的日趋模糊作为桥梁，极大地释放创新的潜力与价值。数字革命时代，出现了数字产品创新、数字服务创新、数字组织创新等多种数字创新模式。结合数字创新实例，我们可以从创新主体、创新要素、创新过程和创新结果四个方面，来对比分析传统创新与数字创新特征的异同[㊀]。

（一）创新主体方面

传统创新往往以单个企业为核心，涉及政府、研究机构等多个产业界和学术界的参与主体，但受制于信息、资源技术的专有性和排他性，各个创新主体之间存在明显边界。相比之下，数字创新更加开放，参与主体更加多样，呈现去中心化和平台化的特征。数字技术的广泛应用使得多个主体之间的联系和互动成为可能，企业之间的边界变得模糊，跨行业的合作与竞争也随之增加，促使企业间的关系逐渐向着共同创造价值的利益共同体方向发展。由此可见，数字创新强调各参与主体之间的动态互动，特别是用户成为数字创新的重要推动者。

前述案例中，铁路 12306 与阿里巴巴合作并将余票查询业务转移到阿里云计算平台，体现了在数字技术推动下，创新主体更加多元化的趋势。此举让 12306 能够充分利用阿里云强大的技术能力和资源优势，提升其业务的数字化水平，展示了不同企业之间日益增多的合作可能性。数字技术的快速发展使得传统产业和互联网企业之间的合作越发密切，促进了资源共享和创新跨界融合，推动了创新主体的多元化发展。

（二）创新要素方面

传统创新侧重于对传统生产要素（如土地、人力、技术等）进行重新组合，涵盖产品创新、工艺创新、市场创新、供应链创新和生产组织创新五种典型形式。而数字创新更加强调数据要素的关键作用，数据要素贯穿于数字化组件、数字化平台和数字化基础设施。数据要素作为新的生产要素本身便具备潜在价值，同时还能与其他生产要素交互，产生新的价值。与传统生产要素相比，数据要素具备更大的创新空间，不仅可以提升要素生产效率，还能激活要素创新能力，从而实现以更少的要素投入获得更高的价值回报。

前述案例中，圆通速递的智能客服需要依托大量信息进行预训练，以提高其对用户问题理解的准确性和问题解决的能力，数据要素在数字创新中的重要性日益凸显。通

㊀ 刘志阳，林嵩，邢小强．数字创新创业：研究新范式与新进展 [J]. 研究与发展管理，2021，33（1）：1-11.

过数据的积累和分析，智能客服越来越能够理解用户的真实需求，从而提供有效的、个性化的产品和服务。大量信息的预训练帮助智能客服对模型的精准性不断完善，提升智能化水平，从而提高服务质量和用户满意度。由此可见，数据要素在数字创新中扮演着越来越重要的角色，为各种智能技术的发展打下了坚实的基础，推进了数字化转型的进程。

（三）创新过程方面

传统创新和数字创新都旨在创造新的产品、服务或流程，但二者在创新过程中存在显著差异。传统创新通常依赖于线性和阶段性的开发流程，如研发、测试和推出；而数字创新则更强调迭代和反馈，借助数据驱动的方法快速响应市场变化与用户需求。传统创新往往涉及较长的周期和较高的风险，需要在投入大量资源后才能判断市场反应；而数字创新借助敏捷开发和云计算等技术，能实现快速实验，并能通过持续的用户反馈和迭代进行优化，有效缩短了创新周期。此外，数字创新在实现过程中更注重跨部门协作和开放式创新，利用数字平台打破信息孤岛，促进不同团队、用户和合作伙伴的互动与共创，因而能够更灵活地调整策略，应对市场挑战。

前述案例中，海尔的网络化工程通过打破传统部门壁垒，促成了全面的内部合作和资源整合。创新过程中，海尔各部门共享资源、整合资源，从而形成了多部门协同的创新格局。通过中台的整合作用，各部门之间实现了无缝对接和高效合作，提升了创新的速度和质量。总的来看，海尔以中台为核心，搭建数字化创新生态系统，使得各个部门都能参与到创新中，实现了全员创新，从而推动了企业的持续发展和竞争力的提升。

（四）创新结果方面

传统创新的结果相对具有可预期性和确定性，一般可以通过组织的专利数量或利润额等指标进行量化评估；数字创新则具有不确定性，展现出自生长和再演化的特点，其结果虽然更具价值性，但也更难以通过单一要素来量化衡量。此外，不同于传统创新的应用局限性，数字创新的结果广泛应用于新兴数字技术、数据要素及组合等方面，具体而言，在企业中可以应用于改进业务流程、开发智能产品、提供数字服务、改变商业模式等，从而帮助企业提升运营效率和组织绩效。

前述案例中，苹果智能手表功能的多样性展示了数字创新结果的不稳定性。智能手表不再局限于时间显示这一单一功能，而是融合了健康监测、连接通信、移动支付等功能，呈现出高度个性化和定制化特点。智能手表企业在数字技术的推动下，可以不断开发新功能和服务，满足消费者需求。因此，数字技术推动的企业创新呈现出动态、灵活的特点，企业的创新结果不是一次性的，而是能够自生长和再演化的。随着科技的不断进步和市场需求的变化，企业创新能够随时调整和更新，不断提升产品的竞争力和改善用户体验。传统创新与数字创新的特征对比见表 1-1。

表 1-1　传统创新与数字创新的特征对比

对比维度	传统创新	数字创新	典型案例
创新主体	以单个实体企业为中心，政、产、学研多个主体参与	创新主体更加开放多元，强调创新生态中各参与主体的交互	蔚来汽车开发 NIO app 12306 将 75% 的余票查询业务转移到阿里云计算平台
创新要素	强调对传统生产要素的重组	数据要素在数字创新中的重要性不断凸显	圆通速递的智能客服需依托大量信息进行预训练 蔚来汽车的能源服务体系
创新过程	依赖于线性和阶段性的开发流程，往往涉及较长的周期和较高的风险	强调反馈和迭代，快速响应市场变化与用户需求，且更注重跨部门协作和开放式创新	阿里巴巴的中台战略 海尔的网络化工程
创新结果	创新结果相对确定，且应用比较局限	结果具有不确定性，能够自生长和再演化，且应用更为广泛	苹果智能手表功能的多样性

三、数字创新的内涵

“创新”一词源自拉丁语，是指一种概念化的过程，其特征在于新思维、新发明和新描述。创新主要涵盖三个方面：更新、创造新事物和改变。简而言之，创新是指利用现有自然资源或社会要素创造新的矛盾共同体的行为，是对旧有事物进行替代或覆盖的过程，也是人类认知与实践能力的体现。

数字创新的内涵

美籍奥地利经济学家约瑟夫·熊彼特认为，创新是将生产要素与生产条件进行新的组合，引入生产体系中，建立新的生产函数以获取利润的行为。他提出五种创新类型，包括引进新产品或提供某种产品的新品质、采用新的生产方法、开辟新的市场、发掘原料或半成品的新供给来源、建立新的企业组织形式（如建立垄断地位或打破垄断地位）。在熊彼特的基础上，人们进一步细化了创新的概念，并提出了技术创新、产品创新、过程创新、营销创新、市场创新、制造创新、体制创新和金融创新等一系列概念。

数字化加速了要素的关联和重组，它能够增加生产要素新组合或产生新生产函数，促进原有生产要素的优化重组，进而改变创新的过程和结果，并给产品、服务和组织等带来全面的变革和产生深远的影响。具体来看，通过将数字资源嵌入物理材料中，能够产生新的产品、服务和组织，改变客户对产品创新或服务创新的看法，促进新产品和新服务领域的发展。本书将数字创新界定为：数字创新是指在创新过程中采用信息、计算、沟通和连接等数字技术及其组合，开发新型数字产品、提供新型数字服务或构建新型数字组织，通过提升组织效率和灵活性来更好地满足用户需求的系统性过程。

综上，数字创新的内涵可以从三个方面加以理解：数字技术、创新过程、创新产出[一]。其中，数字技术是指以二进制编码为基础，通过算法驱动数据处理，能够实现信息的生成、存储、传输与应用的技术集合；创新过程强调对数字技术的应用；创新产出主要包括产品创新、服务创新、组织创新等。数字创新既包括数字技术本身的创新，也包括数字技术在创新活动中的应用，它从根本上改变了产品或服务的性质和结构，也改变了传统的以技术创新为核心的创新组织模式、价值创造和获取路径，使具有不同目标和能力的参与者加入创新组织，重构产业组织形态，并在更广泛意义上改变整个行业。

四、数字创新的模式

在数字创新过程中，数字技术迅速渗透到产品、服务和组织运营的核心，在很大程度上改变了传统的产品创新、服务创新和组织创新的内涵。数字创新的模式包括以下几种。

数字创新的三大模式

(一) 数字产品创新

数字产品创新是指利用数字技术塑造新的产品。这一过程是融合数字技术和物理组件生产新产品的过程，依赖于计算机科学、人工智能、大数据分析、云计算、物联网、区块链等一系列现代科技手段，或是将物理组件进行数字虚化，或是使产品进行数字增值，抑或是从单一的产品过渡到智能互联生态网络。

数字产品创新具有迭代速度快的特点，且通常具有人性化设计、个性化推荐、交互式界面以及实时反馈机制，更有利于提升用户体验，使用户能高效、舒适地使用产品。大多数情况下，数字产品创新伴随着商业模式变革以及盈利模式的多元化。以智能手表为例，近年来，每年苹果都会推出新款智能手表，引入全新技术、新增多元功能，例如电子 SIM 卡功能（用户身份识别）、心率监测、健康追踪等。这种不断更新的特性不仅能使用户体验到最前沿的科技和功能，同时能满足不同用户群体的需求。此外，苹果智能手表支持个性化定制，用户可以选择不同的表带、表盘和应用程序，以符合个人品位和风格，拥有独一无二的智能手表体验。

(二) 数字服务创新

数字服务创新是指在数字技术的发展和应用过程中产生的新服务。其形成过程是对传统服务业与非服务业格局的“破坏”过程[二]，一些传统的商业模式，尤其是服务模式，将因此被重构或颠覆。随着信息与物质的分离和全球通信网络的快速增长，越来越多的创新将是无形的、数字化的、围绕社会现象共同创造的。

[一] 刘洋，董久钰，魏江．数字创新管理：理论框架与未来研究 [J]. 管理世界，2020，36（7）：198-217+219.

[二] 黄斌，任国威，戚伟川．数字服务创新 [M]. 北京：企业管理出版社，2021.

数字服务创新可以为客户提供全新的、独特的价值主张，形成竞争优势，创造战略价值。随着大数据分析（Big Data Analysis）的发展，这一技术为数字服务创新提供了新的可能。大数据分析可使企业根据用户已有的行为数据推断出用户未来的潜在偏好，自动定制用于提供服务的渠道或用户界面。例如，京东当日达借助大数据分析技术，通过深入挖掘用户的历史行为和购买记录，预测用户未来的潜在偏好，动态调整服务渠道和用户界面，从而实现精准备货和个性化推荐，并提高了订单响应速度和用户体验。大数据的应用不仅增强了京东对市场变化的敏感度，还推动其优化库存管理与配送策略。

（三）数字组织创新

数字组织创新是指数字技术重塑或改变，把多个组织协同起来的模式。数字技术不仅会改善现有组织结构，即给商业模式、价值链、客户关系、公司文化带来一定影响，还会影响工作岗位的重要性、工种、工作地点和工作内容等，甚至改变企业形态。同时，数字技术会给组织参与者、组织结构、组织实践、组织价值观、组织文化带来颠覆性影响，这些影响将会改变、威胁、取代现存组织、生态系统和现有行业的游戏规则，由此诞生的新的组织被称作数字组织。

数字组织创新具有快速迭代、以用户体验和服务为中心、数据驱动等特点。组织基于数字技术对其形式或结构进行创新后，可以达到决策效率提升、现有资源优化、客户关系强化、员工协作改善等效果。数字组织创新使企业管理更趋智能化、灵活化，企业的市场竞争力和应对变革的能力也相应提高。例如，阿里巴巴通过构建一个综合外接平台，将电子商务、云计算与智能物流服务有效整合，实现了数字组织创新。该平台使企业无缝接入全球市场，并借助数据分析工具与人工智能技术优化决策流程。同时，阿里云提供的云计算资源支持企业的数字化转型，而菜鸟网络则构建了高效的智能物流系统，提高了商品配送效率。此外，阿里巴巴通过开放合作模式，吸引第三方开发者和服务提供商，形成了相互促进的商业生态系统。这一创新不仅增强了阿里巴巴的市场竞争力，还推动了整个行业的数字化升级。

第三节　数字创新管理的框架构建

一、数字创新管理的“战略—模式—变革”框架

数字创新管理的框架体系

数字创新本质上是一个利用数字技术进行创新的过程，它从根本上改变了产品和服务的性质和结构，催生了新的价值创造和价值捕获途径，促成了具有不同目标和能力的动态参与者的创新集体，产生了新的创新流程，颠覆了原有的创新管理理论。企业要想在日新月异

的数字化时代实现跨越式发展，在激烈的国内外市场竞争中掌握主动权，就必须借助数字技术打造企业数字创新管理的新思路。

首先，战略为数字创新管理提供了指导方向和决策依据。在数字化时代，组织需要拥有清晰的数字化战略，明确其数字化目标、资源配置和市场定位，使数字创新能够与组织整体战略相契合，从而推动组织朝着全面数字化和智能化的方向前进。此外，企业管理者需要摒弃原有的一体化、规模化、标准化的传统经营理念，顺应潮流，树立开放、共享、协作、共赢的企业管理新理念，打破企业内外部系统的壁垒。由于数字技术可能会开辟新的市场空间、改变竞争格局，所以企业还需根据外部的数字化发展趋势和自身的资源禀赋优势，灵活调整和优化创新发展战略，选择适合的创新道路并界定价值创造范围。

其次，模式与数字创新紧密相连。数字技术因其具有的开放、灵活的特点，改变了传统创新的过程和结果，并给传统商业模式带来颠覆性影响。数字创新推动着业务模式的重塑和演进，通过数字技术的赋能，组织能够重新设计业务流程、实现智能化决策、创造个性化服务，并探索新的商业模式。在创新战略的引领下，设计适配的数字创新模式或模式组合，既是创新战略的落实，又是创新战略的验证。数字创新管理需要关注并推动组织的模式创新，以此来构建竞争优势，并持续满足客户期望。

最后，变革是数字创新管理的必要支撑。数字技术推动的认知变革、组织变革和文化变革是数字创新的基础支撑和价值传输的必要组成，在很大程度上支持各类创新主体的创新战略、创新模式和创新过程。数字化转型涉及的全面变革包含内部的文化、流程、技术架构以及外部的市场定位、服务模式等。数字创新管理通过制定变革策略和推动变革实施，帮助组织应对数字化时代的挑战，从而在激烈的市场竞争中取得并保持领先地位。

综上所述，战略、模式和变革是数字创新管理中的重要支柱，它们相互交织、相互影响，共同推动着组织在数字创新管理过程中不断探索并获得成功。结合本书的内容来看，数字创新管理框架如图 1-1 所示。

二、数字创新的战略制定

制定数字创新战略是数字创新管理的基本要求。数字创新战略不仅能帮助企业解决现有问题、提供全新产品、改革经营方式，还有助于企业在新的数字化网络环境中抓住新机遇，获得可持续发展的驱动力。企业要结合外部发展机遇和数字技术趋势，立足企业本身资源优势，来决定创造价值的范围和创造价值的方式，即通过分析企业的内外部环境，推出数字创新产品、改进传统的创新流程以及创新固有的商业模式等。数字创新战略对组织而言至关重要，因为其提供了数字创新的未来愿景、行动纲领、发展方向和具体策略，是数字创新的行动指南。

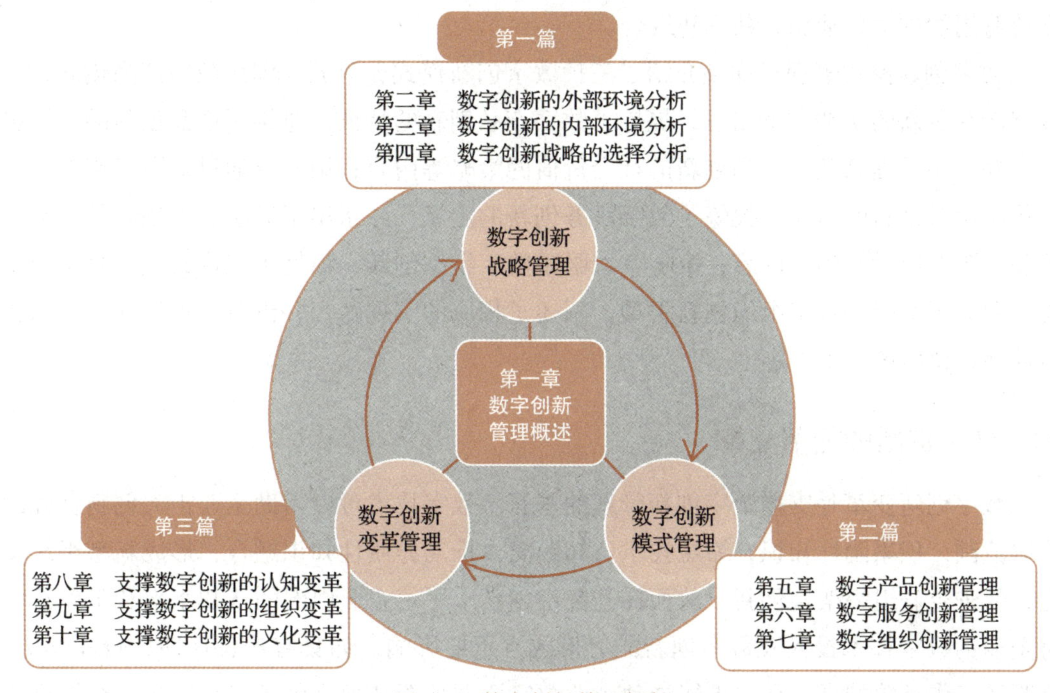

图 1-1 数字创新管理框架

数字创新是企业突破并找到新价值主张的推动力，企业通过数字技术感知外部环境信息以及市场需求变化，然后转化为企业数字化经营思维，进一步引领和指导企业进行更深层次的创新与变革。因此，基于环境动态性，我们将数字创新战略管理篇分为三章，即第二章、第三章、第四章。第二章侧重于数字创新的外部环境分析，根据数字创新的外部环境特征，构建了宏观维度分析工具 D-PEST 框架和中观维度分析工具 UMC 框架；第三章聚焦于数字创新的内部环境分析，从支持数字创新的资源、能力和企业家精神三个维度，构建了数字创新的内部环境分析工具；第四章是在数字创新内外部环境分析的基础上，提出了数字创新战略的选择分析框架。

三、数字创新的模式设计

设计数字创新模式是数字创新管理的重要举措。数字创新过程中，数字技术因其具有的开放、灵活的特点，改变了创新的过程和结果，并给传统商业模式带来颠覆性影响。数字技术迅速渗透到产品、服务和组织运营的核心，并在很大程度上主导了产品、服务和组织的创新，甚至重构了原有的创新流程框架和组织架构。具体而言，在数字产品创新过程中，数字仿真技术和数字孪生技术的应用使创新成本大大降低；在数字服务创新过程中，大数据分析技术允许企业跟踪客户如何使用产品，并将这些数据与来自社交媒体的用户生成内容结合起来，从而洞察客户的偏好和行为；在数字组织创新过程中，数字技术和信息管理系统有利于企业的新产品开发以及和其他组织功能之间的集成，并支持跨组织的信息捕获、共享和组合。

数字创新模式管理篇详细介绍了三种数字创新模式。第五章围绕数字产品创新，从数字产品创新的实践案例出发，提炼了数字产品创新的特征，总结了产品创新的不同类型，并介绍了提高数字产品创新的社会价值的策略等内容；第六章通过对数字服务创新与传统服务创新的对比，提炼了数字服务创新的定义，并指出了数字服务创新的一般过程和风险及应对策略等内容；第七章着眼于数字组织创新，根据组织模式或自身定位不同，划分了不同的数字组织创新类型，阐述了相应的实现路径并讲解了提高数字组织创新社会价值的策略等内容。

四、数字创新的变革支撑

数字创新变革是支撑数字创新管理的基石。数字技术可以帮助企业扩大创新资源的获取范围，积累隐性知识，缩短技术认知距离，推动异质性知识融合，形成新型组织文化，促进企业组织架构创新，从而提升数字创新水平。企业内部的认知水平和工作经验对企业的数字技术投入及数字创新能力形成有重要影响，如具有较长任期、较高学历、跨职能工作经验的高管往往更能推动企业数字资源配置和数字创新成果转化。组织重塑和变革则为数字创新奠定了基础，体现为技术赋能组织实现高效匹配需求与供给、精准管理应用数据、灵活调整部门岗位架构，以化解变革过程中面临的技术应用与原有组织目标、业务流程和组织结构的各种冲突。文化变革强调在企业经营管理的各个层面上调动着员工的变革热情，构想和设计出企业愿景，以此影响员工的价值观、目标、需要和期望，并推进企业实施数字创新。

数字创新变革管理篇分别以认知变革、组织变革和文化变革为侧重点，讨论不同种类的变革对数字创新的支撑作用。第八章重点关注数字创新中的认知变革，描绘了数字创新认知变革的路径以及探讨了加快数字创新认知变革的举措等内容；第九章以数字创新的组织变革为讨论对象，识别数字创新中组织变革的挑战，并讲述了提高数字创新组织变革绩效的举措等内容；第十章从数字创新企业的文化实例出发，讲解和提炼支撑数字创新的文化特征，列举企业重塑数字创新文化的基本路径，并讲述了加快数字创新文化变革的有效举措等内容。

本章小结

数字技术具有数据同质化、可重新编辑性和自生长性，这些特征不仅改变着我们对信息的处理方式，还深刻地影响着企业管理效率的提升和管理方式的变革，并不断推动着企业的管理创新。

数字创新是在创新过程中采用信息、计算、沟通和连接等数字技术及其组合，开发新型数字产品、提供新型数字服务或构建新型数字组织，进而提升组织效率和灵活性来更好地满足用户需求的系统性过程。

在数字创新过程中，数字技术迅速渗透到产品、服务和组织运营的核心，根据创新要素不同，可以将数字创新划分为数字产品创新、数字服务创新和数字组织创新。

可以依据“战略—模式—变革”框架进行数字创新管理。其中，制定数字创新战略是数字创新管理的基本要求，设计数字创新模式是数字创新管理的重要举措，数字创新变革是支撑数字创新管理的基石。

即测即评

一、不定项选择题（从以下四个选项中选择合适的答案）

1. 以下哪项不属于数字技术的特征？（　　）

A. 数据同质化　B. 可重新编辑性　C. 网络化　D. 自生长性

2. 数字创新与传统创新在哪些方面存在差异？（　　）

A. 创新主体　B. 创新要素　C. 创新过程　D. 创新结果

3. 数字创新的内涵包含哪些方面？（　　）

A. 创新内容　B. 数字技术　C. 创新产出　D. 创新过程

4. 数字创新的模式有哪些？（　　）

A. 数字文化创新　B. 数字产品创新　C. 数字服务创新　D. 数字组织创新

5. 数字创新管理框架包含哪些内容？（　　）

A. 数字创新战略管理　B. 数字创新流程管理

C. 数字创新模式管理　D. 数字创新变革管理

二、简答题

1. 简要说明数字技术对企业管理的影响。

2. 数字创新的模式有哪些？请举几个典型的例子。

3. 数字创新与传统创新有哪些异同？请具体说明。

4. 请概括数字创新管理框架的内容，并论述各环节的作用。

5. 请简要论述数字创新与传统创新的特征有何异同。

【讨论题】

1. 请结合实际，谈谈企业在数字创新过程中可能面临的挑战。
2. 试用数字创新管理的“战略—模式—变革”框架，分析一个你所熟知的企业的数字创新过程。

第一篇

PART 1

数字创新战略管理

第二章　数字创新的外部环境分析

第三章　数字创新的内部环境分析

第四章　数字创新战略的选择分析

第二章
CHAPTER 2

数字创新的外部环境分析

§ 学习目标

- 了解数字创新外部环境的宏观维度分析工具 D-PEST 框架，并理解其内涵，能够在实践中运用 D-PEST 工具进行外部宏观环境分析。
- 识别行业所处的外部中观环境，了解 UMC 框架，学会分析企业的目标用户、市场环境、竞争态势等，以发现行业中的机会与威胁。
- 从宝岛眼镜出发，利用 D-PEST 框架和 UMC 框架对其外部宏观环境和中观环境进行剖析，了解其战略定位与发展趋势，厘清宝岛眼镜开展数字创新面临的机会与威胁。

§ 引例

宝岛眼镜：数字化闭环下的新零售

在数字经济时代，传统零售业正经历着前所未有的变革。从全球范围内的数字化浪潮到行业内部的激烈竞争，每个环节都在推动着零售业态的革新。在这样的数字化浪潮中，眼镜行业面临众多挑战和机遇。作为传统线下零售商之一，宝岛眼镜经历了多次商业模式变革，自 1997 年成立以来，顺应外部环境的变化，切中市场要害，不断革新企业核心战略，完成了眼镜 1.0～3.0[㊀]的迭代。

㊀ 格增科技 . 数字化转型 | 宝岛眼镜：重构行业人货场，数字化变革驱动全面增长 [EB/OL].（2020-05-08）[2024-07-12]. https://mp.weixin.qq.com/s/-L_JJOSs5RHVklkBKPgbag.

眼镜 1.0：店铺时代

在眼镜 1.0 阶段（1997—2013 年），基于国人对眼镜产品的需求高涨，扩大门店规模是 1.0 店铺阶段的运营重点。经营的重点是 SKU（Stock Keeping Unit，存货单位），即在“卖方市场”主导的情况下，只要有货就能卖出去。这种思维逻辑是过去几十年来所有的传统零售一直以来的主导思维，在传统店铺时代，宝岛眼镜的商业模式朴素且直接，有好的位置，就有理想的客流量。截至 2011 年，宝岛眼镜的 1 000 多个门店遍布在全国的街边、百货店、大卖场、购物中心等地，覆盖了 100 多个城市的消费人群㊀。

眼镜 2.0：电商时代

在眼镜 2.0 阶段 (2013—2018 年)，宝岛眼镜启动了 O2O（线上到线下）业务，大力发展数字化，从传统零售转型到智能零售，通过构建全渠道零售体系，实现了线上线下的无缝融合。随着互联网的飞速发展，天猫、京东等电商的崛起给很多传统线下零售商带来了挑战，透明定价及便利购物体验促使传统零售商不得不思索转型。“与其被电商改变，在电商平台中厮杀，不如走出一条属于自己的路。”宝岛眼镜 CEO（首席执行官）王智民决定回归初心，聚焦私域流量，以用户思维为主导，将互联网和专业设备为己所用，并启动“专业化 + 数字化”战略，转型为专业的眼健康服务中心，为消费者提供全方位的视力解决方案。同时，为了更好地记录、分析消费者的视健康数据，宝岛眼镜以专业化的检测设备为基础，开发了数据平台 VISION-iBOOK，高效地提供数字化的解决方案㊁。

通过线上与线下的结合，顾客不仅能在线下门店享受专业的验光、选镜服务，还能通过官方网站、移动 app 等线上平台，随时随地浏览最新款式、预约服务，甚至完成虚拟试戴，极大地拓宽了购物的时空边界。

眼镜 3.0：社交时代

到眼镜 3.0 阶段（2018 年至今），宝岛眼镜将品牌定位更新为“视健康服务商”，开启从 Eyewear（眼镜零售渠道商）到 Eyecare（视健康综合服务商）的转型升级，调整身份标签为“视健康服务商”，业务围绕着“人”（用户）展开，将宝岛眼镜店打造为高效、低成本、用户友善的健康初筛中心。之后，宝岛眼镜还将实施“Eyewear + Eyecare”计划，既为百姓提供视力矫正产品，又为百姓提供眼健康筛查、咨询等服务。同时，宝岛眼镜成立了两个新部门——网红孵化中心（MCN）和

㊀ 陈帅，赵方姝，罗兴武．宝岛眼镜：社交媒体营销，借他人之力还是苦练内功？ [Z]. 中国管理案例共享中心案例库，2020.

㊁ 搜狐网．宝岛眼镜启示录：卖眼镜还是卖服务？ [EB/OL].（2020-06-13）[2024-07-12]. https://m.sohu.com/a/556672170_177801/.

会员运营中心（MOC），构成了全新的私域流量运营体系，商业逻辑从“流量思维”转变到“留量思维”，聚焦于用户视角，搭建起新媒体的运营矩阵。

服务型零售路在何方

对于未来的发展，王智民认为，私域流量运营的终局是将所有的导购都变成所在行业的关键意见专家（KOP）或关键意见领袖（KOL），能够回答用户 80% 以上的问题。他也进一步思考：我们不能再停留在私域流量这个层面了，私域流量只是未来零售的一个组合，或者一个模块，我们现在更应该进一步探索未来零售。宝岛眼镜的发展边界将超越零售业本身，会具有更多的医疗服务属性，并且不断地落实“专业化 + 数字化”战略，持续提升员工能力，改变商业模式与激励机制，与员工共同迈向数智化的未来。

资料来源：根据网络资料整理。

第一节　数字创新外部环境的宏观维度分析：D-PEST 框架

在数字创新背景下，利用适当的分析工具可以帮助我们更好地对企业所处的外部环境进行宏观维度的分析，帮助我们系统地审视影响数字创新发展的关键因素。本节我们将从 D-PEST 框架出发，探索其具体内涵，了解数字创新所处的外部环境，识别其面临的挑战与机遇，为企业及相关机构制定有效的策略提供依据。

一、D-PEST 框架的提出

数字时代外部宏观环境的分析框架 D-PEST

D-PEST 框架是一种扩展的 PEST 分析框架，它专门用于评估数字时代企业面临的宏观环境。D-PEST 中的“D”代表“Digital”，即数字化。如图 2-1 所示，在 D-PEST 框架中，原有的 PEST（政治、经济、社会、技术）要素被重新解读，以反映数字时代的新特点，适应新的商业环境和技术发展。一方面，数字化转型和改革使传统的 PEST 框架已不再满足企业进行外部宏观环境分析的需求；另一方面，D-PEST 框架其实是对传统 PEST 分析框架的一种适应性和兼容性扩展，旨在更精确地捕捉和分析数字时代背景下企业面临的外部环境特征。通过这一框架，决策者能更好地理解数字化转型过程中的复杂性，从而在数字时代做出更加具有前瞻性和适应性的策略选择。

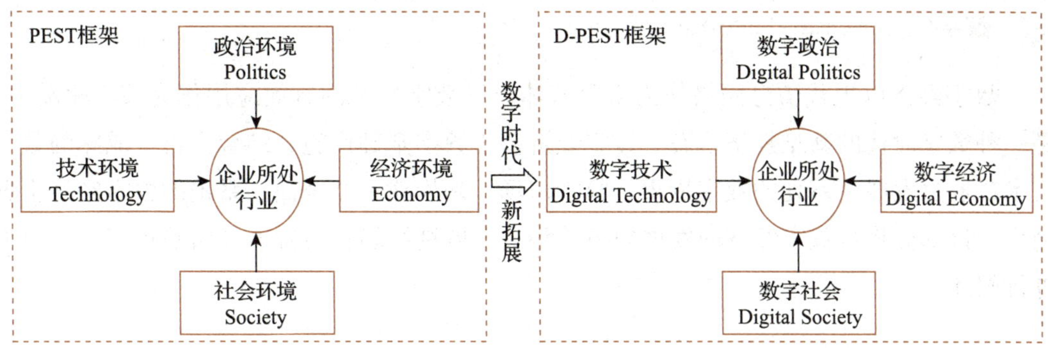

图 2-1　PEST 框架与 D-PEST 框架

二、D-PEST 框架的具体内涵

（一）数字政治（Digital Politics）

在数字时代，政治仍然是塑造企业创新路径的关键因素之一。数字政治通过塑造政策环境、影响市场竞争、规范数据使用、鼓励公众参与、促进合作与开放创新等多种途径，深刻地影响着企业的创新能力和方向，不仅规范了企业的行为边界，还通过各种激励措施促进了数字技术革新和市场拓展。

1. 数字发展扶持政策

政策环境是数字创新的外部驱动力，它包括国家层面的法律法规、政策导向、治理监管等。行业内的数字发展扶持政策是指政府为了促进数字创新和数字经济的健康发展而制定的一系列措施。这类政策通常包括为进行数字创新的企业提供财政补贴、税收优惠、科研资助、人才培养支持计划等。例如，政府可能会设立专项基金，用于支持初创企业和中小企业的技术研发，或是提供低息贷款，降低创新企业的融资成本，在人才培养方面，通过与高等教育机构合作，设立数字技能相关的培训课程和学位项目，满足数字经济发展对复合型人才的需求。

2. 法律法规与监管机制

数字经济的发展伴随着数据隐私、安全等问题。我国政府不断完善相关法律法规，如《中华人民共和国网络安全法》和《中华人民共和国数据安全法》，确保数字创新在合规框架内进行。这既提供了保障，又给企业的创新过程带来了合规压力。监管机构通过制定明确的指导原则和执行机制，确保网络服务提供商遵循透明、非歧视性的服务原则，同时促进技术创新和市场竞争。政府对于大型科技企业的监管，有助于维护市场的公平竞争，防止不正当竞争，推动产业创新。例如，多利益相关方模式鼓励政府、私营部门、民间社会和技术社群共同参与决策过程，平衡不同利益诉求，维护网络空间的公共利益。

（二）数字经济（Digital Economy）

数字经济以现代信息网络作为重要载体，以数字技术的有效应用作为核心驱动力，是一种数字时代的新型经济形态。数字经济基于数字基础设施，结合完善、成熟的数字技术，通过发展一系列的数字货币、数字市场，来构建一个全面、系统的数字经济生态网络。该部分将从数字经济的发展规模趋势、发展结构趋势与发展方向趋势三个方面来进行阐述。

1. 发展规模趋势

数字经济的发展规模趋势反映了数字技术在各行业渗透率的提升以及由此产生的经济总量的增长。随着互联网、大数据、人工智能等技术的成熟和应用，数字经济已经成为全球经济增长的重要引擎。我国的数字经济整体维持稳定增长态势[㊀]，且呈现从互联网向传统行业加速落地的趋势。从全球范围来看，数字经济占国内生产总值（GDP）的比重逐年攀升，特别是在零售、金融、媒体和电信等行业，数字化转型尤为显著[㊁]。例如，电子商务的迅猛发展改变了传统的零售业格局，线上销售份额不断扩大；金融科技的创新推动了金融服务的普及与便捷，提升了金融市场的服务效率和水平。此外，云计算和大数据分析的应用，让企业能够更高效地管理和分析海量数据，从而优化决策过程，提升运营效率。这一趋势预示着未来数字经济将继续扩大其在全球经济中的比重，成为主导力量。

2. 发展结构趋势

数字经济的发展结构趋势涉及的是行业内部的变迁和新兴行业的崛起。随着技术的进步，一些传统行业正经历着数字化改造，而新兴的数字行业则展现出强劲的增长势头。人工智能、区块链、物联网等一系列高新技术的应用使数字经济的规模得以快速扩大。在发展结构上，我们可以看到数字技术的发展已经深刻地影响了各行各业的运营方式。企业采用数字技术进行垂直整合已经成为数字经济发展的一个重要趋势，企业通过整合供应链上下游来形成一个完整的数字产业结构，并且逐渐实现从硬件制造到软件开发、从信息服务到平台经济的转变。例如，物联网的发展促进了智能家居、智能城市等领域的创新，而5G通信技术的商用化则为远程医疗、自动驾驶等高带宽、低延迟应用创造了条件。同时，随着平台经济的兴起，如共享经济、在线教育、远程工作等模式，正在重塑劳动力市场和消费习惯。这种结构变化意味着数字经济正在从单一的技术驱动

㊀ 艾瑞咨询.绿色数字经济-2023年企业级低代码平台构建白皮书[R/OL].（2024-01-12）[2024-07-12]. https://www.163.com/dy/article/IO9A4GDI0511B3FV.html.

㊁ United Nations Conference on Trade and Development. Digital Economy Report 2024[R/OL].（2024-07-28）[2024-07-12]. https://mp.weixin.qq.com/s/Ua10NiJl8hLY51xlJ6SBw.

转向更为复杂的生态构建，涉及产业链上下游的紧密协作。

3. 发展方向趋势

数字经济的发展方向趋势预示着在未来几年内可能引领行业变革的关键领域。在“十五五”期间，我国数字经济将保持较快发展，数字营商环境持续优化，高水平复合型数字人才质量齐升，数字经济统计监测体系加速构建等。目前，人工智能、区块链、量子计算被视为极具潜力的技术前沿。人工智能在语音识别、图像处理、自然语言处理等领域的应用日益广泛，正在推动智能决策和自动化生产的进步。区块链技术因其分布式账本和智能合约的特性，有望在供应链管理、金融交易、身份验证等领域提供更安全、透明的解决方案。量子计算虽然尚处于实验阶段，但其潜在的超强计算能力一旦实现，将对加密解密、药物发现、材料科学等领域产生革命性影响。此外，绿色数字技术，如能源效率提升、碳排放监测和减排技术，也成为数字经济关注的重点，以支持可持续发展目标。这些趋势表明，数字经济的未来将更加注重技术的深度集成、应用的广度拓展以及对社会可持续性贡献的增加。

（三）数字社会（Digital Society）

进入数字社会，人们的生活、出行、学习以及互动方式发生了巨大的改变，数字技术不仅深刻改变了人们的吃、穿、住、行，还对社会交流方式、文化素养教育等各个层面产生了广泛而深远的影响。

1. 社交媒体与数字平台

社交媒体与数字平台已成为当代社会信息传播、社交互动和内容创造的主要渠道。这些平台，如微博、微信、抖音、小红书等，不仅改变了人们获取新闻、娱乐信息和知识的方式，还为企业和组织提供了全新的营销和沟通途径。它们通过算法推荐系统，个性化推送内容，增强用户黏性，同时引发了众人对于数据隐私、信息真实性和网络霸凌等问题的关注。随着平台经济的崛起，数字平台正逐渐成为就业创造、创意产业发展的新阵地，影响着劳动力市场结构和社会互动模式。

2. 数字文化素养

数字文化素养是指个人在数字时代有效、安全、负责任地使用数字技术和信息的能力，它涵盖信息评估、网络礼仪、隐私保护、版权意识等多个方面。提升全民的数字文化素养是数字社会可持续发展的关键，它有助于人们在海量信息中辨识真伪，保护个人信息安全，促进健康和谐的网络交流。教育体系、非营利组织和政府部门正共同努力，通过课程、宣传和培训项目，增强公众的数字技能和媒介批判思维，以适应快速变化的数字环境。

3. 数字行为变化

数字技术的飞速发展，促使人们的生活习惯、工作方式和社交互动发生了根本性变化。远程办公、在线学习、电子支付、虚拟现实体验等成为日常生活的一部分，极大地提高了效率和便利性。同时，数字技术的普及也导致了人们注意力分散、信息过载、屏幕依赖等问题，影响心理健康和社会交往的质量。数字行为的变化还体现在消费者偏好上，个性化和定制化服务的兴起反映了市场对精准营销和高体验价值的追求。理解并适应这些行为变化，以便更好地引导技术发展服务于人类福祉和社会进步，对于政策制定者、企业以及其他社会各界机构来说至关重要。

（四）数字技术（Digital Technology）

技术是推动数字创新最直接的动力，为数字创新提供了无限可能，可以使产品和服务以更高的灵活性呈现[⊖]。前沿技术的发展不断重塑着产业格局，同时，技术也在不断地整合与创新中展现出更多应用层面的使用价值，驱动着各行业的商业模式变革。

1. 数字技术自身发展

数字技术的自身发展是推动数字经济持续演进的核心动力。近年来，人工智能（AI）、机器学习、大数据分析、云计算、物联网、区块链、5G通信技术、边缘计算等关键技术取得了显著进展。AI和机器学习通过深度神经网络等模型，实现了语音识别、图像处理、自然语言理解和预测分析的高度自动化，为个性化服务和决策支持提供了强有力的保障。大数据分析和云计算则提供了处理和存储海量数据的能力，使实时分析和数据驱动的决策成为可能。物联网技术将物理世界与数字世界紧密相连，通过传感器和设备收集数据，实现了远程监控、自动化生产和智能家居等功能。区块链技术通过分布式账本和加密算法，为数据安全和透明交易提供了新的解决方案。5G通信技术的商用部署，大大提高了数据传输的速度和可靠性，为远程医疗、无人驾驶汽车、虚拟现实等高带宽及低延迟的应用创造了条件。边缘计算则减少了数据传输至云端的延迟，增强了实时处理能力和数据安全性。这些技术的不断发展，为数字经济提供了坚实的技术基础，推动了各行各业的数字化转型。

2. 数字技术应用情况

数字技术的应用已经渗透到社会经济的各个角落，改变了行业格局和商业模式。在制造业中，工业互联网和智能制造使得生产线更加智能化，提高了生产效率和产品质量；在零售业，电子商务和移动支付的普及，让消费者享受到了无缝购物体验，同时为企业提供了更精准的市场营销手段；在金融业，数字支付、在线银行、智能投顾和区块

⊖ YOO Y，HENFRIDSSON O，LYYTINEN K. The new organizing logic of digital innovation: an agenda for informtion systems research[J]. Information systems research，2010，21（4）：724-735.

链技术的应用，提高了金融服务的效率和安全性，降低了交易成本；在医疗健康领域，远程医疗服务和电子健康记录系统，使患者能够获得更便捷、个性化的医疗服务；在教育行业，线上教育平台和虚拟现实技术，提供了学生灵活的学习方式和沉浸式的学习体验。此外，数字技术还在交通出行、娱乐传媒、环境保护等领域发挥着重要作用，推动了智慧城市建设，提升了公共服务水平。数字技术的应用不仅促进了经济效率的提升，还催生了新的就业机会，推动了社会的创新发展。

三、采用 D-PEST 框架分析得出的目标结论

在了解 D-PEST 框架的内涵之后，我们可以利用该工具，对企业所处行业面临的外部宏观环境因素进行评估，识别其面临的机遇与威胁，指导战略规划。分析得出的目标结论并不统一或固定，企业可以通过持续监控 D-PEST 各因素的变化，灵活调整策略，应对挑战。以下是采用 D-PEST 框架分析可能得出的目标结论。

利用 D-PEST 评估企业面临的外部宏观环境因素

1. 宏观环境对所处行业的机会

在数字政策（政治）方面，会有一系列发展扶持政策，如税收减免、科研资金支持，激励企业加大研发投入，推动技术创新。小米科技得益于我国政府在数字政策方面的支持，比如推广物联网和 5G 网络建设，拥有了研发智能家居设备和提升用户体验的良好环境。

在数字经济方面，数字基础设施的完善和普及，为远程工作、在线教育和智能城市打下了坚实的物质基础。科大讯飞是中国领先的人工智能企业之一，专注于语音识别和自然语言处理技术的研发。在教育领域，科大讯飞推出了智能口语测评系统，帮助学生提高英语口语水平。

在数字社会方面，数字文化素养的提升和数字行为的演变，增加了对数字产品和服务的需求，为内容创作者、数字平台和科技公司等带来了市场增长点。腾讯作为一家领先的互联网综合服务提供商，旗下的微信已成为中国最大的社交媒体平台之一。基于社会群众的多样化需求，微信陆续推出了朋友圈、公众号、小程序等多样化的社交媒体元素板块，构建了一个完整的数字社会生态体系。

在数字技术方面，众多前沿高科技可以不断为企业注入新的数字基因与活力，让企业在数字洪流中加速前进。阿里健康作为阿里巴巴集团旗下的医疗健康服务平台，开发了基于人工智能的在线问诊和药品追溯系统，患者可以通过平台咨询医生，获取初步诊断建议，并验证药品真伪，保障用药安全。

2. 宏观环境对所处行业的威胁

在数字政策（政治）方面，网络安全政策的收紧和网络治理的加强，对数据处理和隐私保护提出了更高要求，企业必须投入更多资源以防数据泄露和网络攻击。例如，社

交平台 Facebook 由于泄露用户数据，导致用户流失和品牌形象受损。

在数字经济方面，更严格的监管治理政策，如反垄断法和数据保护法规，可能会限制某些商业模式的扩张，尤其是那些依赖于大规模数据收集和分析的公司。亚马逊作为全球最大的电商平台之一，不仅面临来自其他电商平台的经营压力，还面临着传统零售商搭建自有在线平台的挑战和冲击。

在数字社会方面，随着技术渗透到各行各业，就业市场正经历深刻变革，自动化和人工智能的发展导致传统岗位消失，同时要求劳动力具备更高层次的技能，这引发了就业不稳定和社会保障问题。数字社会还面临着信息过载和假信息泛滥的问题，这不仅影响个人的决策能力，还可能动摇社会信任基础。BOSS 直聘、猎聘等招聘软件和平台都面临着虚假信息的挑战，伪造的工作经验或学历可能会误导招聘方和其他用户，影响平台的整体可信度。

在数字技术方面，技术迭代速度的加快要求企业持续创新，否则可能迅速落后于竞争对手。同时，技术整合与创新的难度增加，对于缺乏足够技术储备或合作伙伴的企业而言，可能构成进入壁垒与数字鸿沟，限制了市场潜力。在自动驾驶领域，尽管百度在无人驾驶技术研发方面深耕已久，但特斯拉、比亚迪等公司的迅速发展仍然对其造成了不小的冲击。

第二节 数字创新外部环境的中观维度分析：UMC 框架

一、UMC 框架的提出

在分析数字创新的外部环境时，我们需要更多地关注到用户、市场、竞争对手的动态以及反馈，即使用基于用户（User）、市场（Market）、竞争对手（Competitor）的 UMC 框架来指导企业的进一步策略，它能帮助企业在中观层面上理解并应对市场环境变化，以便做出更加精准的战略决策，在数字时代抢占先机。UMC 框架不仅是一种理论指导，它更要求企业深度融入用户、市场和竞争环境中，通过持续地观察、分析和快速响应，不断创新，以适应和引领数字时代的变革。众多成功的案例证明，只有深刻理解并有效应对外部环境，企业才能在激烈的市场竞争中脱颖而出，实现效益持续增长和价值创造。UMC 框架如图 2-2 所示。

数字创新外部环境的中观维度分析：UMC 框架

二、UMC 框架的具体内涵

（一）用户分析

深入了解用户是数字创新的基石，不管是数字产品还是数字服务，其最终作用的对象都是用户本身，无论在什么时代，用户至上的逻辑都不会改变，这是一个企业想要在行业内生存首先要考虑的。同时，持续的用户反馈循环机制和情感分析技术的应用，使得企业能动态感知市场情绪波动和用户偏好的微妙变化，及时调整产品与服务，不断优化用户体验，推动从用户满意度到忠诚度的质变。

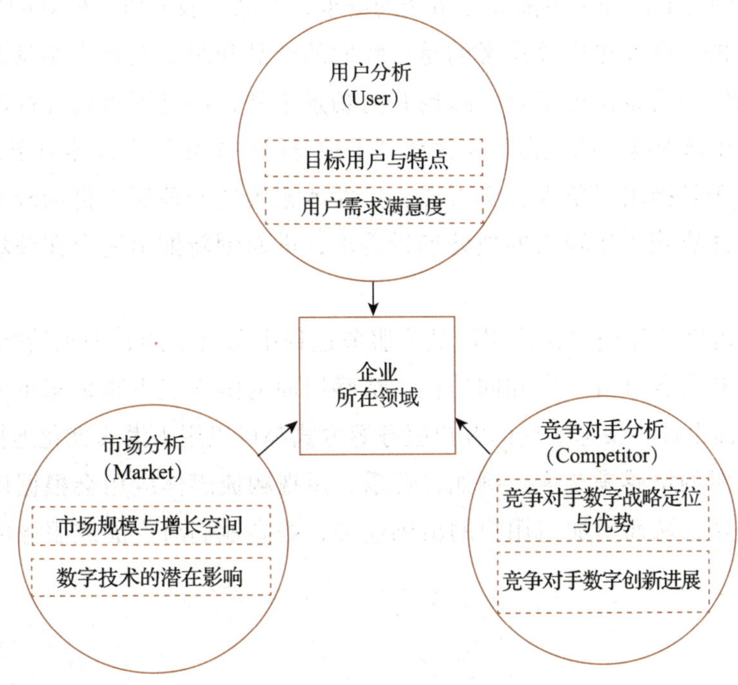

图 2-2　UMC 框架

1. 目标用户与特点

在数字创新的用户分析中，了解用户类型及特点是基础且关键的一环。服务于什么样的客户决定了企业所提供的产品或服务是什么，而用户特点又进一步决定了这些产品和服务的主要功能。了解用户类型与特点可以帮助企业更好地规划有限的资源，避免在一些没有预期收益的消费群体中浪费价值。这要求企业通过数据分析手段，如大数据分析、用户画像构建等，将用户从不同维度细分为不同的群体，如性别、年龄层、职业、教育背景、兴趣爱好或消费习惯等。例如，在教育科技行业中，就可以区分出 K-12（幼儿园至 12 年级）学生、高等教育人群、在职学习者等不同用户类型，并分析各群体的具体特点。了解这些信息有助于企业精准定位市场策略，针对不同用户群体定制化产品或服务，提高市场覆盖率。

2. 用户需求满意度

用户需求满意度是指产品或服务在多大程度上解决了目标用户的问题或满足了他们的需求。在数字创新中，技术的快速迭代要求企业持续关注用户反馈，确保产品或服务能够跟上用户需求的变化。具体而言，可以将用户的需求满意度分为功能满意度和情感满意度两个方面。

功能满意度是指产品或服务的核心功能是否满足了用户的实际需求。在数字时代，以用户为中心，围绕使用场景的产品设计思维越来越成为企业创新的主导。单一的产品或服务的价值已经不再能满足市场的需求，产品或服务所延伸到的使用场景，才是用户更关心的。企业更应该思考的是：我们的产品和服务在特定场景下如何更好地发挥作用？如何与场景深度融合？除现有的场景之外，还可不可以开辟出新的使用场景？例如，现在越来越多的电器商家注意到了独身居住的年轻人群体对于厨具、家具等的特别需求，于是推出了单人食电饭煲、桌面冰箱等适合独居人群的轻量化产品。这些商家和企业注意到了年轻人的独处场景需求，进而创新推出适合在该场景下使用的产品。

情感满意度则关注用户在使用产品或服务过程中所获得的心理和情感上的满足感。随着数字产品和服务日益丰富和同质化，情感层面的因素变得越来越重要。个性化推荐、简洁的界面设计、快速响应的客户服务等方式都可以用来潜移默化地提高用户在使用产品或服务时的情感满意度。例如，音乐、短视频流媒体应用会根据用户的特点来进行个性化推送，从而增加与用户的情感连接，提高他们对产品或服务的忠诚度和满意度。

（二）市场分析

把握市场脉搏，了解市场动态，预见行业风向，对数字创新至关重要。这包括全面分析企业所处市场规模、未来成长空间以及数智技术对市场规模带来的影响等，企业需要从广阔市场中发现最具吸引力的机会。

1. 市场规模与增长空间

市场规模与增长空间的分析对于任何行业来说都至关重要，尤其是在数字技术驱动的市场中。首先，市场规模是指当前市场上所有相关产品或服务的销售额或消费总量。在评估市场规模时，通常可以从市场定位、市场需求、增长潜力与趋势，以及相关的政策法规对市场规模的影响等方面进行。通过明确市场的定义，包括产品或服务类别、地理区域和目标用户，进行需求分析，研究消费者的需求特征、购买行为和消费习惯，通过评估现有竞争者和供应商的市场份额，能够把握市场竞争程度。例如，在全球新能源汽车市场中，不仅要关注年度销售量和销售额，还要考虑车辆类型（如纯电动汽车、混合动力电动汽车㊀）各自的市场份额，不同类型的产品市场份额不能混为一谈。同时，市

㊀ 新能源汽车包括四大类型，分别是混合动力电动汽车、纯电动汽车、燃料电池电动汽车、其他新能源汽车。

场未来的成长空间预示着行业的潜力和发展方向，企业通常利用统计工具，基于宏观经济趋势、技术创新、消费者行为变化等因素预测，评估市场的增长潜力与趋势，这可以帮助企业更好地规划自身资源、制定长期战略，获得良性循环的可持续发展。

2. 数字技术的潜在影响

数字技术对市场规模的潜在影响主要体现在提升效率、降低成本和创造新市场机会。首先，数字技术推动了生产流程的自动化和优化，使企业能够以更低的成本和更高的效率满足市场需求，从而扩大销售。其次，数字化平台的出现，例如电子商务和移动应用，使得企业能够拓展到更广泛的地理市场，增加客户接触面，并接触新的消费群体。此外，数字技术还促进了用户个性化体验的实现，增强了消费者的购买意愿和品牌忠诚度，推动了市场需求的增长。最后，数据分析和人工智能技术的应用使企业能够更准确地预测市场趋势和消费者行为，从而更有效地定位产品和服务，实现更大的市场规模。总之，数字技术大大改变了企业与消费者之间的互动方式和市场运作模式，促进了市场规模的扩大。数字技术还能催生新的业态，如共享经济、平台经济等，这些新业态往往基于高效的资源配置和社区参与，重新定义了市场格局。

（三）竞争对手分析

在数字竞技场中，对竞争对手的深入剖析同样重要。这不仅仅是将产品特性和市场份额进行简单对比，更是要深入研究对手的经营目标、发展战略、创新路径等，以识别其核心竞争力和潜在弱点。通过监测竞品动态、分析对手的合作伙伴网络、追踪其资本运作和市场扩张步伐，企业能够预判对手的下一步行动，进而采取相应的策略应变或先发制人。同时，通过对标学习，企业可以吸收业界最佳实践，激发自身创新潜能，实现差异化竞争和持续成长。

1. 竞争对手数字战略定位与优势

分析竞争对手的数字战略定位是了解市场格局和预测对手行动的重要环节。数字战略定位与优势是指企业在数字化转型和数字业务发展过程中，所确定的市场定位以及在数字技术、平台和资源利用方面的相对优势。了解竞争对手的市场定位及其目标客户群体，分析其如何通过数字手段满足特定用户需求，以及明确在品牌价值、用户体验和服务模式上的定位。同时，识别竞争对手的核心优势，对于企业调整自身战略定位，制定差异化竞争策略至关重要[㊀]。在分析竞争对手的优势时，可以主要从以下三个方面进行：数字战略、数字技术与商业模式优势。这些优势往往是竞争对手在市场上立足的关键，也是其难以被轻易复制或超越的部分。

㊀ 方统法．论企业核心能力的识别 [J]. 外国经济与管理，2001，23（7）：9-14.

数字战略优势：分析竞争对手的数字化转型战略，包括对方在数字渠道（官网、社交媒体、移动应用等）上的投入和布局。关注对方使用的技术、平台和工具，以及他们如何整合不同的数字资源。

数字技术能力：评估竞争对手在数字技术领域的创新能力，包括引入新技术（如AI、大数据、云计算等）的速度和有效性。观察他们的研发投入和合作伙伴关系，以获取竞争优势。技术创新是推动行业发展的重要力量。企业若能在产品开发、工艺改进、软件算法等方面拥有独到之处，就能为消费者提供与众不同的价值，满足或创造消费者需求。竞争对手若拥有专利技术、先进的研发平台或独特的生产流程，就能形成技术壁垒，短期内难以被追赶或模仿。

商业模式优势：研究竞争对手成功或失败的数字化案例，了解其战略实现的具体路径和过程中所遇到的挑战，以借鉴经验。独特且高效的商业模式可以重塑价值创造和传递的方式，让企业在成本控制、收入增长、市场扩展等方面占据有利位置。这可能涉及价值链重构、盈利模式创新、平台化运营等多种策略。例如，通过直销减少中间环节、提供订阅服务以确保稳定的现金流，或构建生态系统整合上下游资源，都是商业模式创新的体现，能够为企业带来持续的竞争优势。

2. 竞争对手数字创新进展

观察竞争对手在数字化、智能化方面的创新进展，对于企业保持市场竞争力极为重要。这包括竞争对手是否开始或计划推出具有颠覆性的数字产品、通过数字化转型提高服务响应速度、利用数据分析来推动决策变革等。一旦识别到竞争对手正在吸收、应用数字技术，加快数字创新步伐，那么为了更好地迎接挑战，企业在进行战略制定时也要顺应行业发展和时代要求，加大在数字创新方面的资源投入，否则当竞争对手驶入“数字化”快车道时，自身已无力与其竞争抗衡了。例如，在教育科技行业，一些企业通过开发智能学习平台，利用AI技术为学生提供个性化学习路径，显著提升了教学效果和用户满意度。此外，竞争对手在数字营销策略上的创新，如社交媒体广告的精准投放、KOL合作和内容营销，也可能影响其品牌知名度和市场份额。通过持续监控竞争对手的数字创新进展，企业可以及时调整自身的战略规划，避免自身落后于市场趋势，同时发掘潜在的合作或对抗策略。

颠覆性的数字产品：颠覆性的数字产品是指那些通过采用新颖的技术或商业模式，根本性地改变了现有市场格局、消费者行为或行业运营方式的产品。这些产品通常具备极高的创新性，能够提供更高效、更便捷或更具个性化的解决方案，从而威胁到传统产品或服务的市场地位。

服务响应速度：服务响应速度是指企业在接收到客户请求或订单后，采取行动并提供响应或服务所需的时间。这一指标反映了企业在处理客户需求、解决客户问题和提供支持方面的效率，影响客户体验和满意度。分析服务响应速度不仅能帮助企业明确竞争对手的运营效率和客户服务质量，还能为自身改进服务体系提供有效的参考。

数据分析应用程度：数据分析应用程度是指在企业或组织中，数据分析技术和方法的使用频率和深度。这包括如何收集、处理、分析和利用数据来支持决策，优化运营，提高效率以及发掘新的商业机会等。通过对数据分析应用程度的深入分析，企业能够更全面地了解竞争环境，从而在数字创新方面保持竞争优势。

三、采用UMC框架分析得出的目标结论

采用UMC框架分析得出的目标结论可以帮助企业理解其在市场中的定位，识别机会与威胁，并制定有效的战略。以下是在采用UMC框架分析之后，可能得出的结论。

1. 中观环境对焦点企业的机会

中观环境为焦点企业提供了多种发展机遇。从UMC框架出发，可以分为以下三点。

行业增长趋势：经济上行背景下，行业的持续增长提供了扩大市场份额和增加收入的机会。新兴的行业趋势，如智能穿戴、绿色能源、健康食品等，可能为创新产品和服务的引入创造条件。

市场发展潜力：在市场层面，随着消费者对数字化产品和服务接受度的提高，企业有机会扩展其在线业务，开拓新的收入来源。特别是在新兴市场上，数字基础设施的改善和智能手机的普及，为金融科技、远程教育、电子商务等领域的公司提供了巨大增长空间。

业务合作与伙伴关系：行业内的合作与联盟也为企业提供了协同创新和资源共享的平台，有助于克服技术障碍，加速产品上市时间。

2. 中观环境对焦点企业的威胁

中观环境同样为焦点企业带来了不容忽视的挑战和威胁。从UMC框架出发，可以分为以下三点。

行业衰退与成熟：衰退或成熟的行业可能面临市场萎缩和饱和的问题，导致激烈的竞争和利润压力。

市场变化风险：消费者偏好的快速变化和技术迭代要求企业持续创新，否则可能很快落后于市场。同时，地缘政治紧张、经济不稳定或自然灾害也可能破坏供应链，影响企业生产和销售。

竞争加剧与模仿：行业内竞争加剧，随着数字技术的普及，行业门槛降低，新竞争者不断涌入，竞争对手可能复制已有的成功产品或服务，降低差异化优势。

第三节 数字创新外部环境分析的示例：宝岛眼镜

一、宝岛眼镜的外部宏观环境分析：D-PEST 框架应用

数字创新外部环境分析的示例：宝岛眼镜

在当今全球互联与技术日新月异的背景下，深入理解并适应外部宏观环境的变化，对于宝岛眼镜的可持续发展和战略决策具有决定性意义。本节将通过前述 D-PEST（数字政治、数字经济、数字社会、数字技术）框架，系统性地探讨影响宝岛眼镜运营与发展的宏观因素。分析旨在揭示数字化转型浪潮下政策法规的新要求、经济领域的新兴趋势、社会文化的深刻变迁，以及科技进步带来的革新动力，从为宝岛眼镜的视角识别出在复杂多变环境中蕴含的挑战与机遇，从而实现精准定位、优化策略，确保在眼镜行业数字化的浪潮中稳健前行、持续发展。

（一）数字政治：面向眼镜行业

1. 发展扶持政策

为促进眼镜行业的发展，政府提供了一系列的发展扶持政策，主要体现在对行业创新、数字化转型、人才培养及市场拓展等方面[㊀]。对于有创新项目需求的企业，政府会依据相关政策提供财政补贴、税收减免或研发资金，以鼓励眼镜企业投资于新技术的研发和应用。例如，厦门税务部门运用税收大数据建立“政策找人”机制，精准落实税收优惠政策，主动辅导新研技术的企业申请留抵退税，以解决企业资金流动困难的问题。此外，为促进眼镜行业的发展，政府鼓励企业培养具有数字技能的眼镜设计师、制造商和营销人员。这包括与高等教育机构合作开设相关课程，或者提供实习和培训机会，确保行业有足够的高素质人才。

2. 法律法规与监管机制

除传统需要遵守的零售业行业经营规范，例如国家市场监督管理总局、中国眼镜行业协会的规范与监督，眼镜行业的行业结构、电子商务活动以及智能眼镜等新型产品，可能还会受到更加细致的监管与治理，以推动镜片行业健康、有序、快速发展。眼镜行业受到相关法规的严格监管，包括医疗器械相关的法律标准和产品质量要求。在我国台湾省，眼镜被视为医疗器械，企业需遵循相关的质量管理体系，如 ISO 13485 等。这些标准确保了眼镜产品的安全性与有效性，宝岛眼镜在产品质量上必须符合这些要求，以保障消费者的健康和权益。宝岛眼镜提供配镜服务，涉及专业验光师的资格要求及服务

㊀ 市场调研网 . 中国眼镜制造行业现状调研及发展前景分析报告（2024—2030 年）[R/OL].（2024-01-01）[2024-07-12]. https://www.20087.com/1/97/YanJingZhiZaoFaZhanXianZhuangFen.html.

规范，行业内要求验光师具备特定的教育背景和执业资格，这一监管机制确保了验光师专业服务的水平，减少了因操作不当而对消费者视力造成的负面影响。

（二）数字经济：面向眼镜行业

1. 发展规模趋势

数字经济浪潮下，眼镜行业正经历着转型，市场规模正逐步扩大。据 2024 年中旬的相关研究报告显示，2023 年，我国眼镜零售市场规模约为 913 亿元，预计 2024 年市场将持续扩大至 987 亿元。随着互联网的普及和电子商务的兴起，线上销售渠道迅速发展，为眼镜品牌和零售商提供了更广阔的市场空间。有行业报告显示，全球眼镜市场线上销售额增速显著。消费者越来越倾向于在线选购眼镜，以进行价格、款式的高效对比以及获得更好的购物体验。此外，数字基础设施逐渐构建完善，高速互联网、线上平台、云服务、大数据分析等技术的发展，为眼镜行业提供线上服务、优化库存管理、实现供应链数字化提供了基础条件，也为眼镜行业不断扩大业务规模带来了信心。

2. 发展结构趋势

数字经济对眼镜行业的发展结构产生了深远影响，行业内部正在发生结构性变化。一方面，眼镜行业的供应链正在数字化，从设计、制造到分销的各个环节都开始采用数字技术，如 3D 打印技术在镜框制作中的应用，提高了生产效率和定制化水平；另一方面，行业边界逐渐模糊，跨界合作成为常态，眼镜品牌与科技公司、医疗健康机构等形成伙伴关系，共同开发智能眼镜、健康监测眼镜等新产品。同时，平台经济的兴起，如眼镜垂直电商平台和社交媒体营销，正在改变传统零售模式，为中小眼镜品牌提供了新的市场入口，促进了行业生态的多元化。

3. 发展方向趋势

面向未来，数字经济将引领眼镜行业向更智能、更个性化的方向发展。智能眼镜将成为行业的新焦点，结合 AR/VR 技术、生物识别传感器和健康监测功能，眼镜将不再仅仅是视觉矫正工具，还是集娱乐、通信、健康管理和个人助理于一体的智能设备。同时，个性化和定制化服务将更加普遍，通过大数据分析，眼镜品牌能够提供更加贴合消费者需求的设计和体验。此外，可持续性和环保理念也将融入行业发展中，数字化生产将更加注重资源的合理利用和循环利用，减少对环境的不利影响。

（三）数字社会：面向眼镜行业

1. 社交媒体与数字平台

社交媒体成为品牌与消费者互动的重要场所，除公域流量外，宝岛眼镜在进行流量运营时，也特别注意到了私域流量的重要性。宝岛眼镜微信公众号会员已有近600万人，企业微信会员也达到900多万人，会员社群超过1 000个，直播团队超过800人，一次会员日的直播可触达15万人[⊖]。宝岛眼镜利用小红书、微信、大众点评、抖音等平台进行品牌宣传、客户服务和社区建设，培养了一大批“素人推荐官”，从用户实际体验出发，以实现从“流量思维”向“用户思维”、从“以门店运营为核心”到“以用户运营为核心”的转变。宝岛眼镜还将原来的CIC（Customer Interactive Center，客户交互中心）升级为MOC（Member’s Operation Center，会员运营中心），改变过去以门店运营为核心的管理体系，让会员运营中心成为最核心的部门，其他所有部门与其协同发展。

2. 数字文化素养

随着消费者数字文化素养的提升，他们对个性化、智能化的产品和服务有更高期待，眼镜市场也迎来多次选择与变革。传统诉求与新的诉求相互碰撞，例如“矫正视力”与“时尚单品”，“百搭日常”与“独树一帜”；与此同时，眼镜多元化使用场景的需求正在不断增加，如泳镜、变光眼镜、数码眼镜……各大眼镜品牌通过向消费者提供专业配镜师及美学顾问，来实现满足消费者多样化的需求，同时，也提供线上眼科健康咨询、售后换新等服务。

3. 数字行为变化

数字时代，消费者的购物习惯正发生着巨大的变化，大部分日常用品都可以进行线上购买，对于必须到线下进行的若干活动，消费者也更加倾向于网络预约、提前咨询，所以大多消费者对线下体验要求也变得更加挑剔。如何将消费者线上的消费习惯与线下的门店体验更好地结合起来，对企业来说是一项重大的挑战。这不仅仅是将产品转移到线上这样简单，其中所涉及的数据共享、用户分析等问题，均需企业特别注意。关于如何解决线上选购与线下体验深度融合的问题，已有不少实践成果，例如全零售渠道和AR虚拟试戴，不仅打破了消费者与实体店的地理限制，还拓宽了购物的时空边界，消费者不再需要去到门店就可实现“一键试戴”，极大地减少了消费者的试错成本和时间成本；同时，利用开放数据平台，也可深度分析用户的视健康数据，通过数字化实现对每位消费者的个性化服务。

（四）数字技术：面向眼镜行业

1. 数字技术自身发展

数字技术在眼镜行业的快速发展，正推动着该领域的创新与变革。这包括机器算法、大数据分析、3D打印、AR/VR等前沿技术，为眼镜行业带来了创新机会。机器算法被应用于眼镜设计和个性化推荐中，通过分析消费者偏好和面部特征，提供定制化的

⊖ 根据公开资料数据整理。

镜架和镜片解决方案；大数据分析则帮助眼镜零售商更好地理解消费者行为，优化库存管理，预测市场趋势；3D 打印技术的引入，不仅提高了生产效率，还实现了高度定制化的镜框制造，满足了消费者对独特设计的需求；AR 技术可以用于提供虚拟试戴服务，而 AI 更是能够实现“2 min 看透眼健康”，采用眼底相机 XAI（可解释性人工智能）识别算法，筛查眼底视网膜、血管、视盘、黄斑区，评估 30 多种健康风险，全程只需 2 min。

2. 数字技术应用情况

在眼镜行业，数字技术的应用已经渗透到产品设计、制造、销售和服务的各个环节。单一的数字技术不再能满足系统化、网络化的业务发展需求，于是企业整合各类数字技术，如将 CRM（客户关系管理）系统与大数据分析结合，优化客户关系管理，或开发智能眼镜，集成健康监测、导航等功能，以技术创新延伸眼镜的使用场景。值得关注的是，不少眼镜品牌已经不再满足于在零售业发展，正不断积极拥抱互联网技术，与科技企业合作，在升级自身产品的同时，也推动大健康产业发展，不断以更加专业、更加创新的姿态去改变行业格局，让眼镜店不仅卖眼镜，还接入医疗服务行业，助力消费者获得更专业、更全面的眼镜验配与视力训练矫正服务。

（五）宝岛眼镜采用 D-PEST 分析的结论

通过用 D-PEST 工具分析宝岛眼镜的外部宏观环境，探讨在数字化背景下，数字政治、数字经济、数字社会、数字技术等宏观环境如何影响其业务。以下是针对宝岛眼镜的 D-PEST 框架分析得出的结论，具体见表 2-1。

表 2-1　D-PEST 框架分析：宝岛眼镜

维度	细分维度	分析发现	
数字政治	● 针对眼镜行业的发展扶持政策 ● 针对眼镜行业的规范监管政策	机会	行业创新、数字化转型、人才培养及市场拓展等方面的政策扶持 相关政策进一步规范眼镜行业内各企业的发展创新、健全体系
		威胁	数据保护法规的加强可能增加宝岛眼镜的合规运营成本
数字经济	● 数字经济增长水平对眼镜行业的影响 ● 消费者数字化购买力对眼镜行业的影响	机会	规模上：眼镜行业线上销售渠道发展迅猛，网络销售额逐年攀高 结构上：供应链数字化，平台经济促进眼镜行业生态结构多元化 方向上：眼镜行业向制造更加智能化、服务更加个性化的方向发展
		威胁	经济增速放缓可能导致消费者削减非必需品支出，减少眼镜更换频率
数字社会	● 数字时代人群消费习惯对眼镜行业的影响 ● 数字时代文化价值观对眼镜行业的影响	机会	消费者个性化的追求为多样化设计和高端产品创造了市场 公众对视力健康的重视和对专业眼镜和眼保健服务的需求增长
		威胁	消费者购物习惯发生改变，对线下选购产品或接受服务会更加挑剔

（续）

维度	细分维度	分析发现	
数字技术	● 数字技术突破发展对眼镜行业的影响 ● 数字技术在眼镜行业的应用情况	机会	数字技术（机器算法、大数据、3D 打印等）帮助提供精准服务与定制化产品 实现防蓝光、抗紫外线等高科技镜片的研发
		威胁	技术快速发展可能使现有设备和技术迅速过时，需要持续投入更新，增大了科研成本 智能眼镜的发展可能使消费者减少对传统眼镜的需求

二、宝岛眼镜的外部中观环境分析：UMC 框架应用

在当前快速演变的商业景观中，对宝岛眼镜而言，精确把握外部中观环境的动态变化至关重要。本节通过前述 UMC（用户、市场、竞争对手）框架，全方位剖析宝岛眼镜所面临的市场情境，旨在揭示消费者行为趋势、市场发展潜力及竞争态势，为企业的战略规划提供坚实的数据支持与洞察。

（一）用户分析：面向宝岛眼镜

1. 目标用户与特点

眼镜的目标用户群体多样，包括但不限于学生、上班族、老年人等不同年龄层次的顾客，以及对时尚敏感的年轻人群体和对专业护眼有特殊需求的消费者。其中，特别是学生群体对矫正型眼镜的需求较多。近年来，随着互联网和移动设备的普及，青少年上网时间增多、接触计算机、手机等设备的时间明显增加，这直接导致了青少年近视比例的激增。2020 年，我国儿童青少年总体近视率为 52.7%，初中生近视率跃升至 71.1%，高中生近视率更是达到 80% 以上[⊖]。同时，职场人士的眼健康问题凸显，眼疲劳、眼干燥症等频发；中老年人的老花眼、白内障、近视等问题也在“小屏时代”快速加剧。

于宝岛眼镜而言，眼镜的目标用户群体庞大，使用场景丰富。不同人群和不同使用场景下的多元化需求主要可以分为以下几类：青少年视力管理类眼镜、成年人功能类眼镜、老年群体老花镜、隐形眼镜（含美瞳）等。青少年及其家长在选购眼镜时，会更多地关注眼镜在视力矫正方面的功能，关注镜片是否有近视管理的效果；成年人的眼镜选购需求则会更加丰富，包括视力矫正在内，户外运动、时尚搭配、智能科技等使用场景都会促使其购买不止一副眼镜，以满足更加多元化的需求；而对于中老年人来说，互联网的普及也让对老花镜的需求日渐增长。

2. 用户需求满意度

随着国民收入水平的提高，消费者对眼睛健康的需求日益增长。据《人民日报》报

⊖ 艾瑞咨询 . 2023 年中国眼镜行业白皮书 [R/OL].（2023-10-07）[2024-07-12]. https://www.iresearch.com.cn/Detail/report?id=4242&isfree=0.

道，截至2019年，中国近视患者人数达到6亿多，庞大的近视人口基数催生了巨大的眼健康市场。然而，一方面，眼镜行业准入门槛较低导致市场竞争异常激烈且服务水平参差不齐；另一方面，传统的验光配镜模式难以满足现代消费者对个性化、专业化的服务要求。同时，在产品生产营销环节缺乏大数据支持的情况下，许多眼镜企业无法及时准确地把握市场趋势，导致库存积压以及促销手段老化等问题频发。值得关注的是，以往眼镜企业大多将自己定位于零售商，对于用户的情感体验和需求并不重视，这直接影响用户进店率及忠诚度。面对如此复杂的市场环境，如何有效触达并留住目标消费群体成为摆在各大眼镜企业面前的一大难题。

为了解决这些痛点，宝岛眼镜开始探索数字化转型之路。在功能满意度方面，宝岛眼镜引进了拥有“视光＋眼科”功能的“黑科技”——法国依视路WAM700+全方位视觉检测系统，来详细了解个人信息及视觉症状并记录完整信息，力求全方位满足用户对于视觉检查的功能性需求，改变眼镜店只卖眼镜的刻板印象，改善行业现状，为国人视力问题提出解决方案。情感满意度方面，为了能更好地储存和分析用户数据、刻画用户画像，宝岛眼镜于2015年、2018年陆续上线了眼视光大数据云平台“孔明系统”，以及集数字化、移动化和个性化于一体的视健康电子档案（VISION-iBOOK），连同高科技的视光设备和外部系统，构成了强大的数据中枢，整体革新了消费体验。每个店员都配有一个数字终端工作本，在这个数字化的工作平台上记录着消费者的各项数据，包括性别、年龄、视健康档案等。宝岛眼镜通过引入线上服务平台和虚拟试戴技术，改善了用户体验，为用户提供了更方便的购物选择。

（二）市场分析：面向宝岛眼镜

1. 市场规模与增长空间

受人口老龄化、近视率上升、健康意识增强等因素驱动，眼镜市场在全球范围内持续增长，总体来看，市场规模庞大且持续扩张。2022年，全国眼镜产品零售市场规模为777亿元，镜片、镜架零售市场规模分别为340亿元、278亿元。从发展趋势来看，受益于消费升级等因素，未来镜片、镜架市场仍保持增长态势，预计2026年，国内镜片、镜架零售市场规模将分别达到574亿元、392亿元[㊀]。特别是在亚洲市场，由于教育压力增大和电子屏幕使用时长的增加，近视问题尤为突出，为眼镜行业提供了广阔的发展空间。

同时，随着科技的进步和消费者对眼镜功能、设计美观的双重追求，隐形眼镜、高端眼镜、智能眼镜市场展现出巨大潜力。此外，电子商务的普及和个性化定制服务的兴起，将进一步拓宽市场边界，“量脸定制”的配镜体验让每一位消费者都能够拥有更舒适、更美观、更独一无二的眼镜，定制过程包括镜架、镜槽、镜腿、鼻托等部位颜色、

㊀ 数据来源：艾瑞咨询研究院、中商产业研究院。

材质的选择等。另外，从购买数据来看，“一人多镜”已逐渐成为主流，场景使用、搭配服饰、展示个性品位等原因促使消费者不再只购买一副眼镜。从以上几个方面来看，智能眼镜和个性化配镜领域具有较大的发展空间。

2. 数字技术的潜在影响

数字化转型为眼镜零售行业带来新机遇，虚拟试戴、在线咨询和精准营销技术的应用，有助于提升消费者购买体验。同时，眼镜企业通过社交媒体营销、社群维护、机器算法推荐、区块链追踪产品质量等手段，加强了品牌与消费者的互动，增加了市场的透明度和信任度。另外，前沿技术的发展，推动了智能眼镜市场的兴起。这些设备不仅用于娱乐和游戏，还被广泛应用于工业、医疗、教育等领域，如远程协助、手术模拟、沉浸式学习等，开拓了眼镜市场的新蓝海。

宝岛眼镜自 2001 年开始数字化信息建设，通过 ERP（企业资源计划）系统优化库存管理、采购流程和财务控制，促进了客户服务的精细化。之后，伴随着数字技术的升级，逐渐推出在线预约、虚拟试戴和远程咨询等数字化服务，以及采取了追踪货物运输状态的数字化供应链管理等一系列举措，展现了数字技术在推动零售业业务创新方面的巨大潜力。

（三）竞争对手分析：面向宝岛眼镜

1. 竞争对手数字战略定位与优势

眼镜产品在我国属于零售行业，行业准入门槛相对较低，导致国内眼镜零售企业数量众多但普遍规模较小，上市企业较少，行业竞争激烈。从眼镜行业代表性企业发展布局来看，当前，我国主要眼镜零售企业主要分为外资企业与本土企业，外资企业包括依视路、霞飞诺、豪雅等，本土企业主要有博士眼镜、宝视达、大光明眼镜等。表 2-2 列出了这些代表性企业的战略定位，以便更好地做出对比分析。

表 2-2 我国主要眼镜零售企业的战略定位㊀

公司简称	战略定位
依视路	强调研发与品牌建设，加强与医疗机构的合作，推进眼健康教育，利用数字化工具提升顾客体验
霞飞诺	将非凡的设计转变为卓越的产品，强调独特的审美能力，致力于打造高端艺术性的眼镜产品
豪雅	通过市场细分，开发特定市场（运动眼镜、儿童眼镜）的产品线，同时利用母公司（位于日本）的全球资源，快速响应市场变化
博士眼镜	秉承“您的视力保护专家”的品牌愿景，培育自有品牌，打造产品矩阵，并代理销售多个国际眼镜品牌
宝视达	实施差异化竞争策略，打造智能供应链，为顾客实现精准配镜服务
大光明眼镜	秉承“科学验光、专业配镜、贴心服务、创新经营”的企业核心理念；实施“立足浙江、辐射华东、南北联合、走向全国”的企业发展战略

㊀ 资料来源：企业公开资料、智研咨询公布报告。

宝岛眼镜在眼镜行业中面对众多竞争对手，而这些竞争对手的核心优势可以从数字战略优势、数字技术优势、商业模式优势三个方面来看。

数字战略优势。相较于依视路、霞飞诺、豪雅及其他本土企业，宝岛眼镜通过引入先进的虚拟试戴技术和个性化的推荐系统，优化了用户体验，并有效整合线上线下销售渠道，不仅提升了服务效率，还增强了与消费者的互动，以更灵活的数字营销策略快速响应市场变化，这使其在激烈的市场竞争中具备更强的适应能力和吸引力。

数字技术优势。不少行业领先企业都拥有专利光学技术，为消费者提供更清晰、更舒适的视觉体验。比如，依视路就不断推出变焦镜片、防反射镜片等旗舰产品，满足消费者对视觉体验的高端需求。这些国际品牌以长期积累的科研实力为基础，不断推出具有先进技术和创新设计的产品。

商业模式优势。数字化时代背景下，不少企业进行了商业模式的创新。例如，依视路不仅专注高端技术的研发，还积极拓展 B2B（企业对企业）的合作，通过与眼科诊所、医院建立紧密的合作关系，以及培养认证的眼镜零售商，构建起专业且封闭的销售网络，保证了产品的专业性；而本土企业，如宝视达、大光明眼镜，则更加注重产业链的垂直整合，从而控制成本，为消费者提供具有更高性价比的产品。

2. 竞争对手数字创新进展

在数字时代，任何行业、任何企业都无法独善其身，众多企业纷纷意识到数字创新才是未来发展的“强心剂”，于是争相开始采用数字技术提升竞争力，如利用 AR 技术提供虚拟试戴服务，通过机器算法优化库存管理和个性化推荐，以及构建全渠道销售体系，无缝衔接线上线下服务等。国际知名品牌如依视路、豪雅等，都以先进的光学技术和软件为基础，更多地进行数字硬件方面的创新；本土企业则更加重视智能化生产设备和管理系统的数字化升级，力求打造效率更高的供应链管理。同时，为了响应时代潮流，这些企业也纷纷在主流电商平台开设旗舰店，利用社交媒体、KOL 营销、直播带货、限时折扣等方式提升销量。

颠覆性的数字产品。宝岛眼镜注重用户体验，通过创新的数字技术提供个性化的视力解决方案。例如，宝岛眼镜在智能镜片和在线验光方面投入了大量资源，借助先进的数字技术，使消费者能够在家中通过手机应用进行验光和选购，更加便捷，符合现代消费者的需求，帮助宝岛眼镜快速吸引了一大批年轻消费者。

服务响应速度。宝岛眼镜在其门店网络和布局上具有较强的覆盖能力，使客户能够在较短时间内获得服务。此外，宝岛眼镜在顾客咨询和售后服务中采用了一系列快速响应机制，通过在线客服和社交媒体平台，客户的询问能够得到及时解答，极大地提升了客户体验。

数据分析应用程度。宝岛眼镜积极利用数据分析技术，深入挖掘顾客的购买行为和消费偏好，从而为产品开发和市场推广提供精准支持。通过构建客户数据平台，宝岛眼镜能够实时监控顾客反馈和市场趋势，快速调整产品和服务策略。这种数据驱动的决策方式，不仅帮助企业优化了产品组合，还提升了客户满意度和品牌忠诚度。宝岛眼镜在数据分析应用程度上展现出的灵活性和前瞻性，使其在行业中占据了有利的竞争地位。

（四）宝岛眼镜采用 UMC 分析的结论

我们通过用 UMC 工具分析宝岛眼镜的外部中观维度环境，探讨在数字化背景下，用户、市场、竞争对手是如何影响其业务与战略的。以下是针对宝岛眼镜进行 UMC 分析得出的结论，具体见表 2-3。

表 2-3 UMC 框架分析：宝岛眼镜

维度	细分维度	分析发现	
用户分析	● 目标用户与特点 ● 用户需求与满意度	机会	用户目标群体丰富，体量扩大 用户对眼镜款式、功能的个性化追求，为定制化服务提供了机会 眼视光大数据云平台“孔明系统”、VISION-iBOOK 电子档案等为分析用户数据提供了数字平台和设施
		威胁	用户数据的安全保护 眼镜款式的多样性选择分流用户的眼镜需求
市场分析	● 市场规模与增长空间 ● 数字技术的潜在影响	机会	市场规模逐年扩大，青少年、成年人、老年人等特定群体的市场细分，提供了专业化服务的机会 线上零售兴起，市场边界扩大
		威胁	市场趋于成熟，行业整体成长率放缓 眼镜需求市场快速变化，企业需要持续创新
竞争对手分析	● 竞争对手数字战略定位与优势 ● 竞争对手数字创新进展	机会	与竞争对手可以达成一定程度上的业务合作与伙伴关系
		威胁	外资、本土眼镜零售商的激烈竞争，可能挤压宝岛眼镜的市场份额 竞争对手领先数字创新，率先抢占高端市场 产品和服务同质化，削弱了品牌差异化的价值

三、宝岛眼镜开展数字创新面临的机会与威胁

在当今数字化浪潮席卷全球的背景下，宝岛眼镜作为眼镜零售行业的佼佼者，正站在数字创新的关键节点上，面临着前所未有的机遇与挑战。一方面，数字技术的飞速发展为宝岛眼镜带来了一系列的政策红利，开辟了全新的市场空间，提供了增强顾客体验、优化运营效率、实现个性化服务的广阔舞台。通过利用大数据分析、AI/AR 等前沿科技，宝岛眼镜能够深化消费者洞察，创新商业模式，构建更加灵活高效的供应链体系；另一方面，这一转型过程也伴随着诸多不确定性，包括高昂的技术投资、日益严峻的数据安全与隐私保护问题、快速变化的技术更新需求，以及来自竞争对手的激烈反应与消费者接受度的考验。

（一）宝岛眼镜开展数字创新面临的机会

1. 政策红利

随着国家对数字经济的重视和支持，出台了一系列相关政策鼓励企业数字化转型，

包括税收优惠、资金支持、数据开放共享等措施。宝岛眼镜可以借此契机，利用政策资源加速其数字化进程，同时利用政府推动的智慧城市、健康医疗大数据项目来提升服务质量和顾客体验。

2. 消费升级带来的市场扩容

当前消费者越来越注重个性化、高品质的产品与服务，尤其是健康意识的提升促使人们愿意为专业的眼健康服务付费。宝岛眼镜利用其VISION-iBOOK平台可以收集到海量数据，通过提供定制化服务，如利用AI“2 min看透眼健康”、3D打印技术制作个性化镜框等，吸引更多追求品质生活的顾客，扩大市场份额。同时，消费者对于个性化的追求也让眼镜市场更多地向装饰品、配饰品方向发展，宝岛眼镜也可以尽快布局时尚赛道，在各类型眼镜中融入潮流基因，更好地满足消费者关于实用和美丽的双重需求。

3. 技术进步带来的眼综合服务创新空间

数字技术的飞速发展，如人工智能、大数据分析、云计算、增强现实技术等，为宝岛眼镜提供了前所未有的创新可能。这些技术可以帮助企业更精准地理解客户需求，优化库存管理，实现线上线下无缝融合的购物体验，以及开发智能穿戴设备等新产品线，从而增强市场竞争力。

（二）宝岛眼镜开展数字创新面临的威胁

1. 数字安全和隐私保护

随着企业收集和处理的客户数据量增加，数据泄露的风险也随之上升。这不仅包括个人身份信息、支付信息，还包括敏感的健康数据（如视力测试记录数据）。在收集和分析大量用户数据以提供个性化服务的同时，宝岛眼镜必须确保数据与用户隐私的安全。任何数据泄露事件都可能严重损害品牌形象和客户信任，引发法律诉讼和社会舆论压力。因此，加强数据管理和遵守相关法律法规成为宝岛眼镜必须面对的重要任务。

2. 消费者期待不断提高

随着数字技术普及，消费者对服务的即时性、个性化和便捷性要求越来越高。“以用户为中心”就意味着宝岛眼镜需要不断迭代升级其数字化服务，满足消费者日益增长的期望，否则可能面临客户流失的风险。另外，消费者期待更加无缝的线上线下体验，无论是线上浏览、预约，还是线下试戴、购买，都能获得一致且优质的体验。宝岛眼镜需要优化其O2O策略，确保线上信息的准确性和线下服务的专业性，实现两个渠道的深度融合。

3. 竞争者的挑战

数字化降低了行业进入门槛，新兴的在线眼镜品牌和科技公司可能凭借灵活的商业模式、低成本运营快速崛起，抢夺市场份额。这些竞争者往往更加注重用户体验和技术创新，对传统品牌构成直接挑战。同时，长久以来积累了深厚的技术实力和品牌知名度的老牌企业也时刻关注着市场的动向，保持着领先的地位，这些均为宝岛眼镜开展数字创新带来了威胁。宝岛眼镜外部环境分析汇总见表 2-4。

表 2-4 宝岛眼镜外部环境分析汇总

<table>
<tr><td rowspan="2">宏观环境分析</td><td>机会</td><td>DP：鼓励镜片新技术的研发和应用，进一步规范眼镜行业内各企业的发展创新，健全体系</td><td>DE：眼镜行业经历数字化转型，线上销售额逐年攀高；消费者可支配收入增多</td><td>DS：消费者对眼镜的个性化追求；对视健康的重视</td><td>DT：数字技术赋能产品与服务，实现防蓝光、抗紫外线等高科技镜片的研发以及数字营销、社群维护等</td></tr>
<tr><td>威胁</td><td>DP：用户视健康数据安全保护体系尚待完善</td><td>DE：受宏观经济形势影响，眼镜作为非必需品，消费者可能减少更换频率</td><td>DS：消费者购物更为挑剔，对线下选购眼镜或接受服务的要求更高</td><td>DT：智能镜片、高科技镜片的持续研发，投入成本过高</td></tr>
<tr><td rowspan="2">中观环境分析</td><td>机会</td><td>U：宝岛眼镜眼视光大数据云平台“孔明系统”、电子档案等收集和分析用户数据，目标群体不断扩大</td><td>M：市场规模和边界不断扩大，特定群体的市场细分提供了专业化服务的机会</td><td>C：与竞争对手进行技术交流与业务合作，例如引进法国依视路 WAM700+ 全方位视觉检测系统来进行验光服务</td><td></td></tr>
<tr><td>威胁</td><td>U：用户数据的安全保护；眼镜款式的多样性选择使用户眼镜需求分流</td><td>M：市场趋于成熟且变化迅速，需要宝岛眼镜不断地进行创新</td><td>C：眼镜行业竞争激烈，可能挤压宝岛眼镜的市场份额；产品和服务同质化明显</td><td></td></tr>
<tr><td rowspan="2">分析结论</td><td>机会</td><td colspan="4">1. 政府释放政策红利，鼓励进行高科技镜片研发和数字人才培养等
2. 消费升级带来的市场扩容，消费者对眼镜的个性化需求以及对视健康更加重视
3. 技术进步带来的眼综合服务创新空间</td></tr>
<tr><td>威胁</td><td colspan="4">1. 用户数据和档案的数字安全和隐私保护体系尚待完善
2. 消费者期待的不断提高，对于眼镜的选购更加挑剔，要求更加严格
3. 外来、本土竞争者的挑战，同质化产品分流</td></tr>
<tr><td colspan="2">与企业数字创新战略的关联逻辑</td><td colspan="4">“专业化”+“数字化”战略，完成数字化闭环，开放式大数据平台 VISION-iBOOK 深度分析用户报告，精准服务
基于消费者对于视健康检查、追踪、顾问等多方面的综合性需求，实施“Eyewear+Eyecare”计划，向一体化视健康服务商转型</td></tr>
</table>

本章小结

企业在进行数字创新时，会面临纷繁复杂的外部环境，利用适当的分析工具可以帮助企业更好地对所处的外部环境进行分析，审视影响数字创新发展的关键因素，从而识别出相应的机遇和挑战。

在分析外部宏观环境带来的机遇和挑战时，可以使用 D-PEST（数字政治、数字经济、数字社会、数字技术）框架，该分析工具是数字时代背景下传统 PEST 工具的适应性拓展；在分析外部中观层面的行业环境时，可以使用 UMC（用户、市场、竞争对手）框架来指导企业的经营策略。

即测即评

一、判断题（判断以下说法是否正确）

1. 数字创新的外部宏观环境分析工具是 PEST 分析。(   )
2. 在对企业所面临的外部环境进行中观层面的行业分析时，可以从企业所面临的用户、市场和竞争对手三个方面来进行。(   )
3. D-PEST 分析表明的是将传统 PEST 分析转移到线上进行操作。(   )

二、简答题

1. 什么是 D-PEST 分析？试分析其内涵，并说出它与 PEST 分析有何不同。

2. 假设你是一家新兴的科技公司的市场分析师。列出至少三个你所在公司的主要竞争对手，并分析它们在数字创新方面的优势和劣势。基于此分析，提出你的公司如何在市场中定位自己以获取竞争优势。

3. 选取一个成功的企业数字创新案例，分析它是如何利用外部环境的机遇和如何应对威胁的。

4. 选择一个你感兴趣的行业，试用 D-PEST 和 UMC 工具来分析 AI 给这个行业带来的影响。

讨论案例

英语趣配音：AI 外教及其带来的行业冲击

在数字化浪潮席卷全球教育领域的背景下，AI 正以前所未有的速度改变着我们学习和教授语言的方式。“英语趣配音”的创始人谭美红表示，语言学习仅仅做好输入环节还远远不够，输出同样重要，语言学习 =（输入 + 输出）× 时间[㊀]，“AI 外教”的出现，正是补全英语口语输出的一块重要拼图，基于 AI 的能力，可以汇聚成科技与教育的交点，让外教不再昂贵，也不再小众。

初创：扎根教培行业

谭美红从小就对英语学习有浓厚的兴趣，尽管受限于经济原因没能在英语专业学习，但谭美红没有放弃对英语的热爱，工作期间仍会利用每天早晚的空闲时间来学英语，这是专

㊀ 多知网 . 英语趣配音创始人谭美红：AI 外教的未来已来 [EB/OL].（2024-07-01）[2024-07-12].https://mp.weixin.qq.com/s/kU0T7Qks69rf6Ft61lB3Cg.

属于她对英语的那份激情和执着。

2009 年，谭美红的人生迎来了转折。她应邀加入了 iShow 国际英语培训学校的创业团队。当时，我国线下教培行业正处于火热发展期：一方面，我国世界加强与世界各国合作交流，国人学习外语的需求强烈；另一方面，国内本土教培企业崭露头角，并形成体系化的“中央工厂”式公司治理模式，引领行业科学发展。在市场需求和行业标杆的联合驱动下，iShow 很快崭露头角。随后，经过五年多的沉淀，iShow 顺利在全国各地开设了 11 所分校，有了三四千名学生[㊀]。

创新：进军在线教育

随着 iShow 的初步成功，团队意识到，要在这个竞争激烈的市场中脱颖而出，必须不断创新。他们开始引入“输入＋输出”的双组合，不仅需要有不断重复练习的“输入”过程，更需要有沉浸式英语学习环境的“输出”。但线下学习的模式有诸多限制，包括高昂外教成本、场地的不足，以及学生们的学习质量难以得到保证等。随着互联网在国内的渗透，以及 iShow 团队国外考察的所见所感，他们意识到，线上课程模式可能是突破上述困扰的关键。

2013 年，谭美红带领团队从湖南来到杭州，二次创业成立杭州菲助科技有限公司（简称菲助科技），秉承“兴趣是最好的老师”这一教育理念，进军互联网在线教育领域。之后，在 2014 年 9 月，公司开发出“英语趣配音”app，以兴趣为出发点，通过沉浸式配音秀来对学生用户进行“输入”训练。

机遇：拥抱生成式 AI

2023 年，生成式 AI 技术爆发，技术的飞速发展给“趣配音”带来了新的机遇。谭美红在面对 ChatGPT 时表示：“如果我们赶不上这波 AI 浪潮，就会错失一个时代！”

过去 10 年，谭美红带领英语趣配音团队在真人外教上尝试了四次，但因为各种原因均以失败告终[㊁]。但谭美红深知外教陪练的重要性，“英语趣配音”仅提供了用户口语学习的“输入”环节，距离团队理想的“输出”模式训练还有很大的距离，而 AI 让她看到补上这一环的可能：“我们相信基于大模型的 AI 对练大有可为，既可以节省人力成本，又可以提升效率，真正做到了降本增效，且用户体验更好。”

菲助科技通过训练垂直模型，成功在 2023 年 5 月开发出“AI 外教”小程序，同年 11 月，“AI 外教”app 正式上线，并在迭代过程中逐渐具备情景自由聊、专项提升、哈佛情景课等多种功能。跟真人外教相比，AI 外教有“七高”优势：高科技、高性价比、高陪伴、高水平、高情商、高智商和高个性化的对比。AI 智能体具备全天候服务的能力，无论何时何地，用户都可以与其进行语言练习。更重要的是，AI 能够根据用户的学习习惯和进度，自动调整课程难度和内容，实现真正的个性化教学。用户可以利用趣配音中的 AI 外教随时自由对话、一对一个性化训练，学习效率甚至可以提升 10 倍多，通过“输入＋输出＋反馈”来进行口语能力提升，补齐全语言学习闭环中的输出环节。

㊀ 浙江日报．从打工妹到新媒体创业大赛第一名，谭美红：创业要找准赛道 [EB/OL].（2015-06-03）[2024-07-12]. https://zjrb.zjol.com.cn/html/2015-06/03/content_2881442.htm?div=-1.

㊁ 多知网．10 年 4 次败走“真人外教”，英语趣配音创始人：这次 AI 外教要成了！ [EB/OL].（2024-01-15）[2024-07-12]. https://mp.weixin.qq.com/s/Fbxs1BdSdcgMgXANr_2q6A.

未来：竞争与挑战

尽管AI技术带给菲助科技宝贵的机遇，但也带来了一系列新的挑战，比如越来越残酷的行业竞争，前有国内竞品“流利说”建立AI实验室，后有国外竞品“多邻国”将游戏融入外语学习；同时，公司后续的商业化模式也仍待完善。

资料来源：根据网络资料整理。

【讨论题】

1. 教培行业经历了哪些外部环境变化的影响？试根据所有知识，用相应的分析工具对其进行合理的分析。
2. AI外教相较于传统的真人外教，有哪些优势？有哪些不足？面对这些不足，你认为AI外教如何优化迭代？
3. 趣配音在面对AI对行业带来的变革时，选择了积极拥抱变化，将AI融入教学当中。你还知道哪些“AI+”企业的成功案例？

第三章
CHAPTER 3

数字创新的内部环境分析

§ 学习目标

- 从数字创新的实践案例出发，提炼数字创新所涉及的企业内部环境维度。
- 结合传统管理理论，掌握数字创新的内部环境分析框架。
- 理解企业的数字创新过程，能够以此为基础对企业内部环境进行分析。

§ 引例

吉利 AI 数字底盘：智能驾驶创新的先行者

2024 年 4 月 25 日，吉利汽车在 2024 北京车展上展示了其“智能吉利 2025”战略的最新智能科技成果——AI 数字底盘。AI 数字底盘的核心效能在于其能够通过 AI 技术实时处理大量数据，分析车辆周围环境的变化，从而迅速调整车辆的动态表现。该系统反应速度极快，能够在 4 ms 内做出响应，达人类最快反应速度的 25 倍以上。如此高效的反应能力，使得车辆在突发情况下能够自动采取规避动作，从而显著提升行驶安全性。此外，该成果使吉利展台变身为智能科技含量极高的“吉利银河科技馆”。在发布会上，吉利汽车集团 CEO 淦家阅表示，吉利已成功构建自研的智能科技生态系统，并将其作为新的增长动力。

AI 数字底盘的研发过程

AI 数字底盘的研发并非一蹴而就，而是吉利多年技术积累和前瞻性战略布局的结晶。早在 21 世纪 10 年代中期，吉利就已经意识到智能化与电气化将是未来汽车行业的发展主线。因此，吉利开始在全球范围内建立研发中心，以整合不同地区的技术资源。例如，吉利在杭州和宁波设立了专注于底盘技术和智能驾驶算法开发的研发中心，而位于哥德堡和考文垂的研发机构则重点关注车辆电气化技术和整体架构设计。这一全球化的研发布局并非偶然。吉利创始人李书福深知，只有通过全球资源的整合，才能在竞争日益激烈的汽车行业中取得技术领先地位。这种全球化的视野和资源配置，使吉利能够迅速响应市场需求，并将最新的技术成果应用于实际产品中。

研发过程中，吉利特别重视底盘技术的智能化应用。底盘作为车辆控制的核心，其智能化程度直接影响车辆的动态表现和安全性能。为此，吉利结合其在底盘技术方面的多年积累与最新的AI技术，通过全球研发团队的协同努力，成功开发出了AI数字底盘。该技术成果于2023年首次亮相，并迅速成为行业焦点。

AI数字底盘的成功之路

这一技术的成功并非仅仅依赖于先进的算法，而是吉利充分利用内部资源，构建底盘控制技术、电气化系统以及数据处理能力，并结合突出的企业家精神的综合体现。

首先，吉利在智能计算中心投入了大量资源，构建了一个具备102 ExaFLOPS计算能力[㊀]的超级计算平台，能够同时处理多达350万台联网车辆的计算需求。计算能力的提升，极大地增强了AI数字底盘的实时数据处理和决策能力，使得车辆在复杂路况下仍能保持优异的动态表现。

其次，吉利在复杂系统集成方面的研发能力是AI数字底盘研发成功的关键。该系统不仅需要先进的AI算法支持，还要求底盘控制技术、电气化系统以及大规模数据处理的紧密结合。吉利的研发团队通过跨学科的合作，成功地将这些复杂技术整合，打造出一个具有高度智能化的车辆控制系统。这种能力不仅体现了吉利在技术上的深厚基础，更显示了其在技术创新和集成上的卓越能力。

最后，吉利的成功也离不开创始人李书福，他始终强调创新和前瞻性思维，推动公司在智能化与电气化领域不断取得突破。在企业内部，吉利倡导创新文化，鼓励员工大胆尝试和开展前沿技术研究。这种企业家精神为AI数字底盘的成功奠定了坚实的基础。

资料来源：陈威如，王节祥，龚奕潼.先“修路”还是先“造车”：树根互联的工业互联网平台养成之路[Z].中国工商管理国际案例库，2023.

㊀ 它表示系统每秒可以进行102×10^{18}次浮点运算，这是极其强大的计算能力。

第一节 数字创新内部环境案例和特征维度

从传统的战略学视角来看，内部环境是支撑企业进行数字创新的重要因素，本节内容将从实际案例出发，审视并剖析影响企业进行数字创新的内部环境特征维度。

一、领先的数字创新企业的内部环境审视

1. 亚马逊网络服务和可扩展基础设施的力量

2000 年左右，亚马逊投入大量资源研发云计算技术。随着技术日益强大，亚马逊内部运营不断优化，在诸如订单处理和库存管理方面更为高效。2006 年，亚马逊做出重大决策，将过剩的云计算能力推向外部市场，推出 Amazon Web Services（AWS）。此举开创了全新商业模式，让初创企业和大型企业无须进行大量前期投资即可开展创新活动。AWS 凭借庞大且可靠的全球数据中心网络，为用户提供灵活、即用即付的计算服务，使高性能计算更普及，也使亚马逊成为数字创新领域的佼佼者。

2. Netflix 向流媒体巨头的转型

20 世纪 90 年代，Netflix（美国奈飞公司）以 DVD 租赁起家，凭借出色的物流和客户服务取得成功。2007 年，随着网络技术和数字媒体技术的进步，Netflix 将业务重心转向流媒体。此后，投入巨资发展数据分析能力，深入了解用户观看习惯和需求，打造个性化推荐引擎。同时，该公司建立强大的内容交付网络和数字版权管理系统，确保用户高质量流媒体体验。近年来，Netflix 通过推出一系列高质量原创内容，进一步巩固其在媒体制作和发行方面的优势，成为全球流媒体巨头。

3. SpaceX 重新定义航空航天业

2002 年，埃隆·马斯克创立了 SpaceX（美国太空探索技术公司），目标是引领太空旅行行业的变革。此后，SpaceX 全力投入可重复使用火箭技术的研发。2015 年，猎鹰 9 号成功实现首次回收，大幅降低太空发射成本。SpaceX 还采用先进模拟工具和三维打印等数字制造技术加速创新。同时，公司汇聚了一批勇于挑战传统，积极探索新技术路径的顶尖工程师、科学家和创新者。SpaceX 在航空航天领域不断突破，如多次成功发射商业卫星、开展载人航天任务等，实现了前所未有的快速进步，为太空探索贡献力量。

二、数字创新内部环境的特征维度

在当今快速发展的数字化时代，企业面临着前所未有的机遇和挑战。要在竞争激烈的市场中保持领先地位，企业必须深入分析其内部环境，识别和优化推动数字创新的关键因素。为了全面评估和提升企业的数字创新能力，本章将内部环境分为三个关键维度：资源、能力和企业家精神。资源是企业开展创新活动的基础，涵盖技术、数据和金融

资本等可用要素；能力是企业利用资源推动创新的具体技能和流程；企业家精神则代表企业的创新文化和风险承担意愿，驱动企业积极探索新的商业模式和技术突破。通过分析这三个维度，企业可以制定全面而具体的数字创新策略，以应对数字时代的挑战和机遇。

（一）支撑数字创新的资源维度

数字时代，资源的构成已不仅限于传统的金融资本和人力资源，新型资源如数字技术、数据资源、数字人才和数字化基础设施凭借其独特优势，也推动着企业和社会的转型与发展。这些独特于数字创新的资源，通过数据驱动的决策制定、网络效应、快速迭代能力、全球覆盖、个性化用户体验以及智能化与自动化技术的广泛应用，赋予企业快速应对市场变化和技术进步的能力。具体来说，支撑数字创新的资源维度可以分为以下几类。

数字创新内部环境的资源维度

1. 数字技术

技术资源的投入：在数字创新中，技术资源是企业发展的基石。拥有前沿技术的企业能够更好地把握市场脉搏，快速响应客户需求，从而在竞争中占据优势地位。数字化时代的外部环境具有动态性和不确定性，企业需要保持对新技术、新方法的持续关注和投入，不断推动技术创新和产业升级。这种投入不仅包括资金上的支持，还包括人才、设备、时间等的全面保障。正如Netflix面对网速的提高和数字媒体技术的发展，持续地投入大量的人力、物力和财力，收集较长时间段内用户的消费数据，才造就了其在数字创新上的成功。

开放的技术生态：企业应积极与外部技术供应商、研究机构等建立合作关系，共同推动技术发展和创新。这种开放合作可以为企业带来更多的技术资源和信息，帮助企业更好地应对市场变化和挑战。例如，中电海康集团正因为意识到数字时代并非“单打独斗”的时代，于是积极开展与包含清华大学在内的诸多高校或研究院的合作，打造创新联合体，为自身数字创新奠定了坚实基础。

2. 数据资源

高质量的数据资产：企业需要建立完善的数据收集和分析体系，确保数据的准确性和完整性。通过多个渠道获取数据资源，包括用户行为数据、业务数据、市场数据等，为数字创新提供有力支持。例如，上文中提到的Netflix，正是得益于收集和分析大量用户数据，才为其后续向流媒体巨头的发展创造了可能性。当然，正是因为数据资产的重要性，以及可复制性，企业还应格外注重数据的安全保护，确保数据不被泄露或滥用。

智能驱动的数据分析：企业应建立先进的数据分析平台，利用大数据、人工智能等技术手段对数据进行深入分析和挖掘。通过数据分析，企业可以了解市场趋势、客户需求和业务流程等关键信息，为创新提供有力支持。同时，企业还应关注数据的可视化展示和决策支持能力，帮助管理层更好地理解和应用数据分析结果。此外，企业应建立数据驱动的决策机制，将数据作为决策的重要依据。通过数据分析来指导企业的战略规划、产品开发和市场营销等决策过程，提高决策的科学性和准确性，以帮助企业更好地应对市场变化和挑战，实现可持续发展。

3. 数字人才

具有多元思维的人才：企业需要吸纳来自不同领域、不同背景的人才，这些人才不仅需要具备各自领域的专业知识，还需要具备跨界思维，能够从不同角度审视问题，发现新的商业机会和创新点。从上文中 Netflix 的例子不难看出跨界思维的重要性。试想，如若 Netflix 只有挖掘消费行为的技术人员，而缺少了具备数字营销能力的推广人员，那么将难以实现从用户画像到开发出高度个性化推荐引擎的目标。

具有融合思维的人才：鼓励员工拓展跨界视野，探索其他知识领域的跨界融合可能。通过跨界融合，企业能够汇聚各种资源和力量，推动数字创新的深入发展。另外，进行数字创新的企业通常着重关注员工的持续培养和发展，提供多样化的培训和学习机会，借助内部培训和外部交流等方式为员工创造跨界协作的机会，不断提升员工的知识融合能力。

4. 数字化基础设施

安全可靠性：安全可靠的基础设施对企业的数字创新至关重要，包括可供企业使用的云计算平台、数据中心、网络设备等。这些基础设施需要具备高可用性、高扩展性和高安全性等特点，以满足数字创新对计算能力和数据存储能力的需求。同时，企业还应关注基础设施在绿色生态方面的可靠性，积极采取节能减排措施，降低能源消耗和碳排放。例如，上文中提到的亚马逊，其开发的可扩展的云计算服务 AWS 通过多层安全控制、合规性认证、高可用性设计以及全面的监控能力，构建了一个安全可靠的数字化基础设施，帮助企业在数字化转型过程中保护其数据和应用程序。

灵活可扩展性：在数字化时代，企业业务和市场环境都在快速变化。因此，企业需要具备灵活可扩展的基础设施和运维能力，以适应不断变化的市场需求。这种灵活可扩展性可以帮助企业快速响应市场变化，调整业务策略和产品方向，保持竞争优势。不难发现，亚马逊正是通过提供可扩展基础设施资源 AWS，帮助初创企业和大型企业在不必承担大量 IT 技术资源前期投资负担的情况下进行创新。

（二）支撑数字创新的能力维度

在数字化浪潮中，企业不仅需要拥有先进的资源来支持创新，更需要具备一系列核心能力，以确保数字创新能够持续、有效地进行。正如杨国安所著《组织能力的杨三角》中对于成功公式的描述：“成功 = 战略 × 能力”。其中，组织战略可被复制，而组织能力是支

支撑数字创新的能力维度和企业家精神

撑企业创新至关重要的核心。这些能力不仅是技术层面的，还包括组织和文化等多方面的综合实力。具体来说，支撑数字创新的能力包含以下几类。

1. 数字创新机会的洞察与规划能力

企业要在数字创新中取得成功，首先需要具备强大的战略洞察与规划能力。这包括对市场趋势的敏锐感知、对客户需求的深入理解以及对行业动态的持续关注。通过大数据分析、市场调研和行业报告等工具，企业可以收集并分析海量信息，识别潜在的市场机会和威胁。对市场趋势的敏锐感知有助于预测未来技术发展方向，抓住数字化转型的先机，确保在竞争中立于不败之地。例如，亚马逊通过对市场和技术趋势的敏锐洞察，成功推出 AWS 云计算服务，不仅优化了自身的 IT 基础设施，还开创了新商业模式。

此外，将战略规划转化为具体行动计划是实现数字创新的关键步骤。企业需要建立高效的项目管理体系，明确各项创新活动的目标、任务和时间节点，确保各环节有序推进。利用敏捷开发方法和跨职能团队协作，企业可加速产品开发和迭代，提高创新效率，而定期的进度评估和绩效分析，有助于企业及时发现并解决问题，确保创新活动高效推进。只有将战略洞察和规划与执行力相结合，企业才能在数字创新中取得长期成功。SpaceX 在开发可重复使用的火箭技术时，采用了这种方法，通过不断的实验和快速迭代，成功降低了发射成本，使太空任务更加经济可行，展示了将战略转化为具体行动的强大执行力。

2. 数字创新的资源配置能力

在数字创新过程中，避免部门间的联系壁垒（如信息孤岛）尤为重要。只有建立良好的协作与沟通机制，企业内部各部门才能共同推动数字创新的实施。通过打破信息孤岛，实现资源的优化配置，企业可以提高数字创新的效率和成功率。例如，亚马逊在开发 AWS 云计算服务时，通过内部各部门的协作，充分整合包括技术、市场、客户服务等多个领域的资源，成功创造了新的收入来源，推动了整个行业的发展。

此外，敏捷的组织结构有助于企业快速学习和适应新技术和新业务模式，保持竞争优势。然而，数字创新也给企业带来了新的要求，需要企业进行跨领域、跨行业的合作与融合。因此，企业必须有效配置内部资源，将不同领域的知识、技术和资源进行有效的整合与利用，同时还要具备开放合作的精神，积极寻求外部合作伙伴、拓展业务领域、推动产业升级。

3. 数字变革的调整与适应能力

在数字化时代，市场环境和技术趋势变化迅速，企业需要具备快速响应和适应变化的能力，才能在竞争中保持领先地位。这要求企业具备灵活的组织架构和高效的决策机制，能够迅速调整业务策略、优化产品设计、改进服务流程等。高效的决策机制需要企业建立敏捷的决策流程，利用大数据和先进的分析工具实时监测市场动态，快速识别趋势和机会，从而做出更明智的商业决策。企业利用敏捷开发方法，可以加速产品迭代，使创新型产品和改进型产品更快推向市场，同时通过客户反馈和市场分析，不断优化产品功能和服务流程，以满足消费者不断变化的需求。

此外，企业需要培养员工的创新意识和适应能力。通过持续的培训和提供发展机会，帮助员工掌握最新技术和工具，提高其解决问题和创新的能力。鼓励开放的企业文化，激励员工提出创新性想法，并设立创新奖励机制，促进员工之间的交流和合作，共同推动企业发展和进步。通过采用这些策略，企业才能在数字化时代保持竞争优势。SpaceX 在这一方面做得非常成功，其通过培养员工的创新意识和适应能力，鼓励大胆设想和反复试验，最终实现了可重复使用火箭的研发突破。

（三）支撑数字创新的企业家精神维度

在数字创新中，企业家精神是驱动企业探索未知领域、挑战现状并实现突破性发展的核心力量。企业家精神涵盖了创新、风险承担、主动性等特质，这些特质在快速变化的数字时代尤为重要。ECIRM（即企业家、资本、产业、资源和管理）战略模型，提供了一个全面的框架来分析企业家精神的各个维度，这五个要素共同形成一个以企业家精神和企业家能力为核心的公司战略模型。该模型通过强调持续的创新探索、有效的管理及强大的实施能力，帮助企业在数字化环境中更好地识别机遇和驾驭不确定性，从而保持竞争优势。基于此，本节从“企业家”这一维度出发，深入探讨支撑数字创新的企业家特质。

1. 数字创新的冒险精神

数字创新的核心是试验和迅速适应的能力。成功的数字创业者拥有敏捷和坚韧的精神，明白失败是学习过程中宝贵的一部分。与传统创新可能存在的线性和保守方法不同，数字创新需要一个动态和迭代的过程。这包括持续测试、反馈循环，以及在必要时做出调整的意愿。在数字创新方面表现出色的企业鼓励试错方法，营造一种允许员工敢于冒险和探索新想法的环境。这种方法对于企业成功应对数字世界的不确定性和复杂性至关重要。

这要求企业家具备强烈的创新意识和冒险精神，要敢于突破传统思维，勇于尝试未知领域，不断挑战自我和突破极限。同时，企业家还需要具备快速学习和适应新技术的能力，以便在数字化时代中保持竞争优势。这种创新意识和冒险精神是企业家精神在数字创新中的核心要素。

2. 数字变革的悖论思维

在数字化时代，企业家精神中的悖论思维显得尤为重要，在领导者的角色与责任方面体现得更突出。悖论型领导力在推动数字创新中发挥着关键作用，要求领导者在高度动态且具有挑战性的环境中找到平衡。一方面，他们需要制定清晰的数字战略愿景，以引导团队向着数字化转型的目标前进；另一方面，领导者还必须给予团队在技术探索和数字工具使用上的灵活性和自主性。这种针对数字化的双重需求，促使领导者既要坚定地推动突破性数字创新，又要注重持续改进现有的数字流程和系统，以便在保持企业竞争优势的同时，也能灵活应对未来的机遇与挑战。

此外，在数字化时代，企业家精神还体现在企业家对市场和技术环境变化的敏锐捕捉能力方面。随着数字技术的飞速发展以及新兴商业模式的不断涌现，企业家必须具备极高的环境敏感性，及时识别潜在的市场机会和挑战。他们需要持续关注技术趋势、数据分析与客户需求，以及政策法规的变化，以预测未来发展方向。具备对数字化环境的敏感性与前瞻性，不仅是企业在快速变化中的生存之道，更是推动数字创新与持续增长的关键因素。这使企业在复杂的数字化生态系统中能够灵活调整战略，抓住机遇，实现可持续发展。

3. 数字资源整合与协作意识

数字资源整合和协作意识是支撑企业家推进数字创新的关键。数字创新往往需要跨领域、跨行业的合作与融合。企业家需要具备资源整合和协作意识，积极寻求外部合作伙伴，将不同领域的知识、技术和资源进行有效的整合与利用，拓展业务领域，推动产业升级。同时，企业家还需要注重内部团队的协作和沟通，激发员工的创造力和潜能，共同推动企业的数字创新进程。

此外，在数字创新过程中，企业家的协作能力是打破组织孤岛的要素。引导数字创新的企业家应当清楚，创新往往发生在不同领域和观点的交汇处。他们需要积极寻求跨学科合作，营造促进思想自由交流的包容性氛围。数字技术的相互关联性意味着价值创造越来越依赖于生态系统，而非单一部门的努力。因此，培养企业家精神不仅要培养个人的创造力，还需建立组织内外的协作网络，使组织能够利用更广泛的资源和想法，加快数字创新的步伐。

第二节 数字创新内部环境分析工具

在第一节中我们提到，资源、能力、企业家精神是支撑企业数字创新的三个重要内部因素，本节我们将分别为这三个因素提供系统性的分析工具。

数字创新内部环境分析工具

一、数字创新的内部资源分析：基于资源基础观

资源基础观（Resource-Based View，RBV）强调企业内部的独特资源和能力是其竞争优势的源泉，在数字创新的背景下，RBV 提供了一种有力的分

析框架，可以帮助我们理解和评估企业在数字化转型和创新过程中的内部资源。数字创新常常涉及先进的技术、数据驱动的决策、信息处理能力等，这些资源对企业的竞争力和创新能力至关重要。例如，数据分析平台、人工智能技术、区块链技术等都可以被视为数字创新的关键资源，它们在 RBV 的视角下能帮助企业建立起持久的竞争优势。根据 RBV，具有 VRIN 特性（价值性、稀缺性、难以模仿性和不可替代性）是企业通往成功的必经之路，而可扩展性是数字资源的重要的、独特的价值，因此，我们将从五个方面（VRIN-E）对企业是否能较好地支持数字创新进行分析。

第一，我们需要评估企业内部资源对数字创新是否具有价值性（Value），包括分析资源能否帮助企业识别和实施数字创新机会，提高产品或服务的附加值，以及增强企业在市场中的竞争力。企业拥有的数据分析能力、云计算基础设施或先进的软件开发工具等资源，如果能够有效地支持数字创新活动，那么这些资源就具有价值性。例如早在 21 世纪初，亚马逊就基于企业痛点，开发了可扩展的云计算服务 AWS，有效利用企业资源支撑数字创新活动。

第二，我们要考虑企业内部资源是否具有稀缺性（Rarity）。在数字化时代，许多资源和能力可能变得普遍和易于获取，但真正稀缺的资源仍然能够为企业带来竞争优势。如果企业拥有一些独特或难以获取的资源，如专利技术、独特的市场数据或优秀的创新人才，那么这些资源就可能为企业的数字创新提供有力的支持。例如，上文中提到的亚马逊成功开发 AWS 的例子，亚马逊的与众不同之处在于它能够有效地利用现有的具有独特和稀缺的资源，即其先进的 IT 基础设施，来创造新市场。AWS 所利用的资源（可扩展的计算能力、全球数据中心网络和安全的云存储）不仅是独一无二的，还能够帮助各种规模的企业在无须耗费大量资金的情况下进行创新。这种战略性的资源部署，帮助 AWS 成为云服务市场的主导者。

第三，我们需要评估企业内部资源是否难以被竞争对手模仿。难以模仿性（Inimitability）确保了企业的独特资源和能力难以被竞争对手复制，从而形成企业持续的竞争优势。在快速发展的数字环境中，信息和技术的快速传播与共享，使创新通常会被迅速复制或替代，因此难以模仿的创新更具战略价值。例如，企业可以通过专有的算法、数据生态系统、用户体验设计或独特的品牌认同来构建难以被模仿的优势。这些独特性不仅可以帮助企业在数字市场中维持领先地位，还使竞争对手在短期内难以复制，从而实现长期的创新收益和市场影响力。因此，在衡量数字创新时，“难以模仿性”就成为一个重要的标准，反映出创新对组织的可持续贡献。

第四，我们要考虑企业内部资源所能提供的价值是否具有不可替代性（Non-substitutability）。即使某些资源是难以被模仿的，但如果这些资源能够被其他资源或能力替代，那么其对企业数字创新的支持作用也将大打折扣。例如，传统音乐播放硬件媒介（如黑胶唱片、CD 唱片等）资源并未被数码播放器模仿和掌握，但由于数码播放器可以为客户带来类似甚至更优的价值，因此依旧取代了传统音乐播放媒介的地位。因此，我们需要关注那些具有独特性和难以替代性的资源，如企业独特的商业模式、强大的研发能力或高效的供应链管理能力。这些资源在数字创新过程中发挥着关键作用，使企业在市场中保持独特的竞争优势。例如，Netflix 通过长时间的积累，掌握了独一无二的影视行业消费者画像，这具有高度不可替代性，即使其他企业掌握了该项算法也无法在短时间内掌握这项资源，因此这也成为 Netflix 取得成功的重要因素。

第五，资源可扩展性（Extensibility）意味着企业在某项核心活动中的资源束产生的价值，会随着业务的增加而增加，即资源可以被更大规模、更多类型的业务共享。因为可扩展性更高，所以数据资源具备规模经济的特征，可以被不同业务低成本地调用。传统企业拥有大量实体资源，如人力资源、生产设备、原材料等，这些资源的可扩展性低，很难被不同业务共用，导致企业在面向利基市场开发新业务时，难以高效响应。随着数字创新的推进，数字资源的可扩展性成为企业塑造竞争优势的有效支撑。为甄别数字资源的可扩展性，可以评估资源是否采用模块化设计，如 Netflix 的内容交付网络（CDN），检查资源是否支持开放标准与接口，如 AWS 的云计算服务；进行实际测试和模拟，评估资源在不同负载和使用场景下的表现；分析资源的架构设计，比如 SpaceX 在开发火箭技术时采用灵活架构和数字制造技术；评估资源是否具有明确的可持续性和升级计划。VRIN-E 资源特征框架如图 3-1 所示。

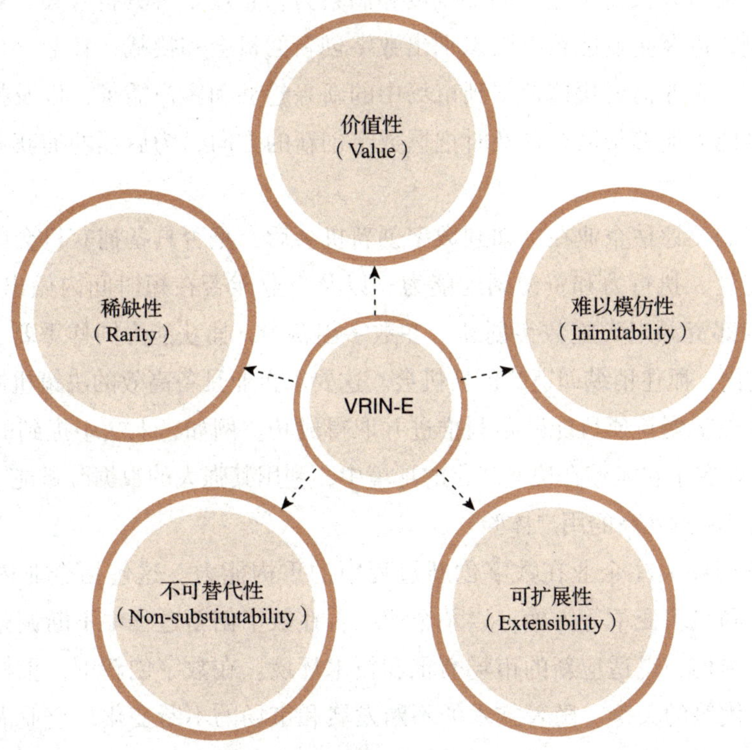

图 3-1　VRIN-E 资源特征框架

可拓展性确保了 VRIN 特性得以充分发挥。有价值的资源必须能够适应和扩展才能持续增加其价值，稀有资源需要扩展能力来发挥稀缺性的乘数效应，不可模仿的资源通过扩展性提高模仿难度，不可替代的资源在可拓展性下更能巩固其独特地位。通过引入可拓展性，VRIN-E 框架不仅涵盖了传统的资源评估标准，还特别关注数字资源在动态市场环境中的适应性和持续价值，为企业构建全面、科学的数字资源管理体系提供了坚实基础。

二、数字创新的内部能力分析：基于动态能力理论

动态能力理论（Dynamic Capability）是指企业根据外部环境的快速变化，持续地建立、调适、重组其内外部的各项资源来达到竞争优势的一种高阶能力。数字创新具有高度的动态性和不确定性。数字技术的迅猛发展不断推动行业边界的模糊和重塑，企业面临的竞争环境日益复杂多变。在这样的背景下，动态能力理论为企业提供了合适的分析框架。通过关注企业的感知、捕获和重构能力，动态能力理论能够揭示企业在数字创新过程中如何有效应对外部环境变化，如何迅速捕获创新机会，以及如何不断学习和成长以保持竞争优势。本节也将从动态能力的感知（Sensing）能力、捕获（Seizing）能力和重构（Reconfiguration）能力三个方面对企业支持数字创新的能力进行分析。

首先，我们需要评估企业在数字创新过程中的感知能力，包括企业对市场趋势、技术变革、客户需求以及竞争态势的敏锐度和洞察力，企业是否具备收集、整理和分析这些信息的机制，以及企业能否有效识别出数字创新的机会和挑战。在数字创新中，感知能力尤为关键。企业需要快速捕捉到市场中的新兴趋势和客户需求，以及技术发展的最新动态。这种能力能够帮助企业及时把握数字创新的方向，为后续的捕获和重构阶段奠定基础。

其次，我们要评估企业在感知到数字创新机会后，是否具备捕获机会的能力，包括企业的决策速度、执行力和资源调配能力，以及企业能否在短时间内做出明智的决策，并迅速调动内部资源来实施数字创新。在数字创新中，捕获能力同样重要。企业需要迅速响应市场变化，抓住稍纵即逝的创新机会。这要求企业具备高效的决策机制和强大的执行力，以确保数字创新项目能够顺利推进并取得成功。例如，上文中提到的 Netflix 的例子，其独特之处在于它能够在快速变化的环境中，利用其强大的数据分析能力把握客户的需求，以创造出满意度高的用户体验。

最后，我们要关注企业在数字创新过程中的重构能力。这包括企业内部的资源重组、流程优化和组织变革等方面，以及企业能否在数字创新过程中不断调整和优化自身的资源和能力结构，以适应新的市场需求和技术环境。在数字创新中，重构能力是企业保持持续竞争优势的关键。随着技术的不断发展和市场的不断变化，企业需要不断解构和重构自身的资源和能力，以保持对市场的适应性和竞争力。这种重构能力能够帮助企

业在数字创新过程中不断学习和成长，实现可持续发展。例如，通过不断重构组织内部技术和运营能力，Netflix 不仅颠覆了传统的媒体发行模式，还为内容的消费和欣赏方式树立了新的标准。这种不断发展和整合的能力使 Netflix 能够灵活应对市场变化，持续推动数字创新。企业运用动态能力进行数字创新的过程如图 3-2 所示。

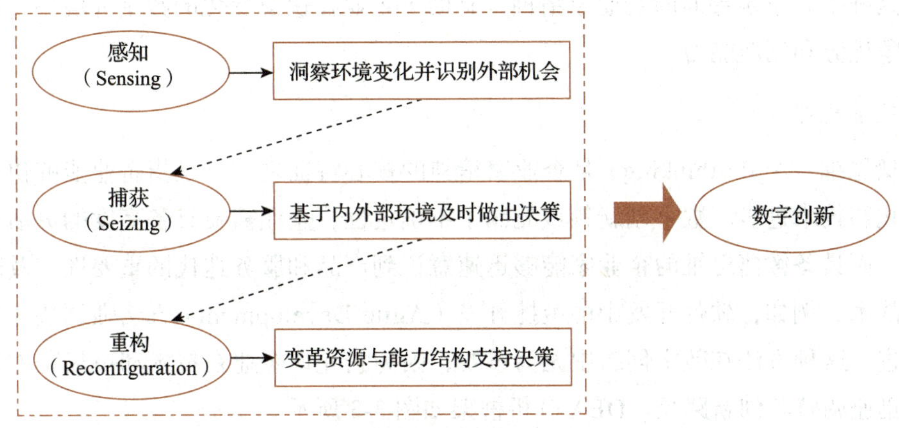

图 3-2 企业运用动态能力进行数字创新的过程

三、数字创新的内部企业家精神分析：基于 DEA 框架

在数字时代，消费者对产品、技术和服务的边界认知更加模糊，人们不再认定某家企业属于哪个行业，也不再认为某种需求只能通过唯一的产品得到满足。因此，价值属性在数字时代显得尤为重要。正如营销领域的那句名言，“当人们买电钻的时候，需要的不是电钻，而是墙上的孔洞”。在数字时代，智能 - 精益 - 敏捷是企业面临快速变化的环境所需要具备的特征，基于此，我们将超越以往企业家的产品创新思维，开发 DEA（Data-driven, Ecosystem, Agile-thinking）综合性数字化分析框架，讨论包括数据驱动、生态系统观和敏捷思维在内的企业家特质对数字创新的作用，全面反映现代企业在快速变化和高度竞争的数字市场中实现创新和增长的关键因素。

1. 数据驱动

数据驱动（Data-driven）是现代数字创新不可或缺的一部分。由数据驱动的企业家精神更重视数据的收集、分析和应用。通过采用 A/B 测试等数据驱动的决策方法，企业能够更科学地评估创新的效果和市场反应，从而做出更明智的决策。例如，互联网企业常常利用用户行为数据和大数据分析技术，优化产品功能和用户体验。数据驱动不仅提高了决策的准确性，还加快了创新的速度，提高了效率，使企业能够在竞争激烈的数字市场中保持领先地位。

2. 生态系统观

生态系统观（Ecosystem）强调在数字创新中跨界创业，构建用户导向和利益相关者导向的生态系统。数字创新不仅仅是企业内部的事情，更需要外部合作伙伴、客户、供应商和其他利益相关者共同参与。一个成功的数字创新生态系统能够集成多种资源和能力，实现协同效应和价值共创。例如，我们发现包括阿里巴巴在内的众多互联网企业通过开放平台策略，可以吸引开发者和第三方服务提供商共建共享，共同推动创新和市场扩展。这种生态系统导向的企业家精神，有助于企业在快速变化的数字环境中，建立更强的竞争优势和创新能力。

3. 敏捷思维

敏捷思维（Agile-thinking）是企业家精神的核心特征之一，是指企业能够快速响应市场变化和技术进步。数字创新领域充满了不确定性，企业需要具备高度的灵活性和适应能力，而具备敏捷思维的企业家能够迅速意识到产品和服务迭代的重要性，及时调整战略和战术。例如，软件开发中的敏捷开发（Agile Development）方法强调快速发布和持续改进，这种方法在数字创新中尤为重要，因为它允许企业在技术和市场条件发生变化时，迅速调整其创新路径。DEA 分析框架如图 3-3 所示。

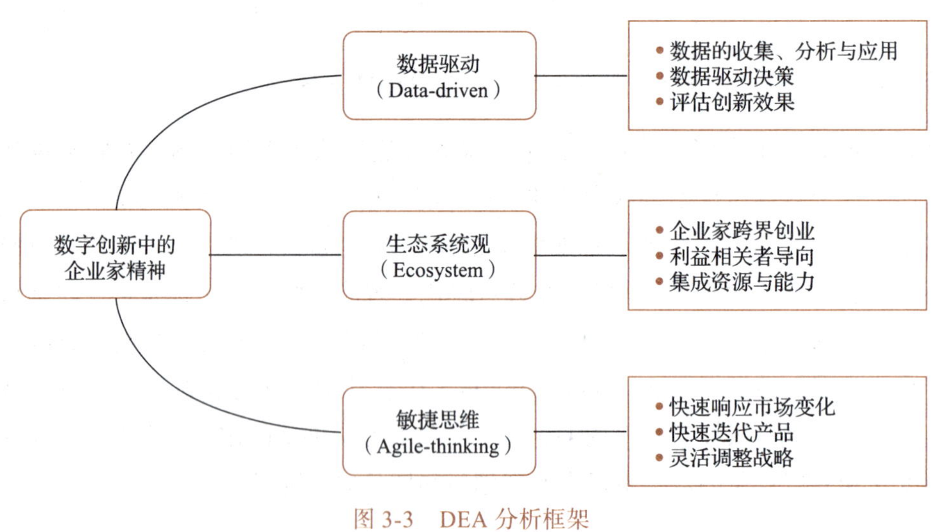

图 3-3 DEA 分析框架

第三节 数字创新内部环境分析的示例

在数字创新的过程中，企业内部环境的分析是成功制定创新战略的关键一步。本节将通过具体案例展示如何全面评估和优化企业内部环境，包括资源、能力和企业家精神方面。通过这些实例，读者将学会如何识别和利用企业内部的优势与劣势，以支持和推动数字创新的持续发展。

数字创新内部环境分析的示例

一、案例企业数字创新介绍：吉利控股

1. 全球未来出行大会：吉利的数字创新亮相

2018 年 9 月 20 日，第二届全球未来出行大会在 G20 峰会主会场杭州国际博览中心拉开序幕，1 500 余名政界、商界和学术界的优秀代表参加会议。吉利汽车集团副总裁杨学良在大会上对吉利控股在“新四化”创新出行方面的探索进行了分享，并就飞行汽车、自动驾驶、智慧出行、人工智能等高科技新领域的数字创新布局进行了介绍，自此，吉利的高质量快速发展引发了全球的广泛关注。

2. 坚守发展战略：吉利造车梦的萌芽与成长

吉利在数字创新方面的成功并非偶然。董事长李书福对员工的要求为吉利的成功打下了基础，他认为吉利人要坚守“认准一个方向，坚定一个信念，凝聚一股力量，提炼一种精神，完成一个使命”的发展战略。1989 年，知名汽车专家李安定在《瞭望》周刊发表的题为“但愿这不是一个梦——轿车私有化的思考”的文章深深地触动了李书福，激发了他强烈的愿望去实现这一梦想，这也成为吉利造车梦想的起源。

3. 国际化战略与技术共享：吉利与沃尔沃的成功合作

吉利在积累了一定的原始资源后，开始了一系列的国际化活动，试图为本土汽车产业的数字创新注入新的活力。2010 年 3 月，吉利控股集团出资 18 亿美元收购了沃尔沃轿车的全部股权。沃尔沃轿车是全球知名的豪华车品牌，安全基因十分强大，车内空气质量技术控制及数字技术全球领先，故此次收购或有助于吉利控股实现转型和全球化布局的目标。最终，吉利顺利拿到沃尔沃轿车商标的全球所有权和使用权，以及其 10 个系列可持续发展的产品、产品平台及发展升级策略的控制权，已进入量产准备阶段的沃尔沃全新 SPA 平台同样归吉利所有。通过收购，吉利还获得了哥德堡、比利时等 4 个整车厂约 57 万辆的生产能力、物流能力以及工艺制造设备等，还争取保留了沃尔沃的技术人员，获得了其多年的用户数据和分布于 100 多个国家和地区的 2 325 个网点的销售、服务体系，以及涵盖发动机、整车平台、模具安全技术、电动技术在内的 10 963 项专利和专用知识产权。

2013 年，吉利和沃尔沃之间形成了更加紧密的战略资源的互补和共享关系，在瑞典哥德堡建立了中欧汽车技术服务公司（CEVT），这是吉利汽车集团的全球五大工程研发中心之一。CEVT 拥有来自全球 20 多个国家和地区的 2 000 余名顶尖的汽车工程师，其定位是全力打造新一代中级车的模块化架构和相关的部件。CEVT 充分发挥吉利和沃尔沃的优势与资源，通过分摊研发经费和共享研发成果的方式，让来自吉利和沃尔沃的技术人员共同合作开发全新的基础模块架构和核心部件，满足沃尔沃汽车集团和吉利汽车集团未来的市场需求。CMA 平台也就在此背景下应运而生。CMA 平台的产出使得吉

利的技术能力上升到了新的台阶，标志着吉利拥有了世界领先的平台设计能力。同时，吉利和沃尔沃双方的采购体系进行了融合，增强了采购的效率并降低了采购成本，也在供应商管理方面有了进一步的提升。这些对于吉利后期开发高智能车机等数字产品来说是非常关键的。

二、案例企业数字创新的内部环境分析

（一）资源分析

1. 价值性：持续投入研发，推动数字创新

吉利汽车在数字创新方面具有显著的价值性。首先，通过收购沃尔沃轿车，吉利获得了全球领先的汽车技术、专利和知识产权，为智能驾驶和智慧出行等领域的数字创新提供了强大的技术支撑。沃尔沃在自动驾驶技术、安全系统和车辆互联技术上的积累，使吉利能够快速引入并开发先进的智能驾驶系统，提高车辆的自动化水平和用户体验。其次，吉利在技术研发上持续投入，形成了丰富的技术储备，为数字创新提供了有力支撑。例如，本章开篇案例中提到的，吉利在其智能计算中心投入了大量资源，构建了一个具有 102 ExaFLOPS 计算能力的超级计算平台，能够同时处理多达 350 万台联网车辆的计算需求。最后，通过与全球多家技术公司和初创企业合作，吉利能够吸收外部先进技术和创新理念，加速自身的技术进步和产品创新，这些合作关系不仅扩大了吉利的技术视野，还为其在全球市场上的竞争提供了更多支持和保障。

2. 稀缺性：拥有稀缺资源，构建数字创新竞争优势

吉利在汽车行业中拥有稀缺资源，主要体现在沃尔沃轿车的全球所有权、SPA 平台、先进的生产能力和物流体系等方面。这些资源让吉利构建了独特的竞争优势。首先，沃尔沃的全球所有权和使用权使吉利能够整合全球领先的汽车技术和专利，在智能驾驶和智慧出行等领域获得强大的技术支持，尤其是在安全和环保技术上领先。其次，沃尔沃开发的 SPA 平台具备高度的灵活性和模块化设计，支持各种类型的汽车开发，使吉利能够大幅缩短新车型开发周期，提高生产效率，并在数字化功能集成和升级方面具备更大潜力。此外，吉利凭借先进生产能力和物流体系在数字化制造和供应链管理上保持领先，高效的生产系统提高了产能和产品质量，优化的物流体系则确保了全球范围内的高效供应链运作，为数字创新项目提供了稳定保障。

3. 难以模仿性：技术、研发体系和国际化经验，使吉利在数字创新方面难以被模仿

吉利在数字创新方面的资源难以被其他企业模仿。首先，沃尔沃轿车的技术和专利是吉利的核心优势之一。通过收购沃尔沃，吉利获得了大量前沿技术和知识产权，涵盖自动驾驶、安全系统和环保技术等领域。这些技术和专利是沃尔沃多年研发和实践的积

累，具有高度的专业性和复杂性，其他企业难以在短时间内复制或赶超。其次，吉利的研发团队和体系是其进行数字创新的重要支撑。吉利拥有一支由顶尖专家和工程师组成的研发团队，他们在汽车技术和数字化创新方面经验丰富、知识深厚。此外，吉利建立了完善的研发体系，包括多个全球研发中心和先进实验室，为持续创新提供了坚实保障。这样的研发团队和体系是通过长期投入和精心打造形成的，其他企业难以在短期内构建相同能力。最后，吉利在国际化活动中积累的经验和资源也是其他企业难以模仿的。

4. 不可替代性：资源的高度整合性和协调性，使吉利建立的资源优势难以被替代

沃尔沃轿车的全球所有权、使用权及 SPA 平台等核心资源，加上吉利在技术研发、生产能力和物流体系方面的积累，使其在供应端具有高度不可替代性。沃尔沃的技术专利和 SPA 平台使吉利在全球竞争中独具优势并能快速开发和部署新车型，实现智能驾驶和智慧出行领域的创新。吉利的全球研发中心和实验室致力于推动前沿技术的研发和应用，而高效的生产和物流体系则确保技术创新迅速转化为高质量的产品和服务。此外，吉利通过全球并购、合作和市场拓展，成功扩展了技术和产品覆盖范围，积累了国际化管理经验和跨文化运营能力，使其能够敏捷应对全球市场变化，抓住国际化创新机遇，巩固其在数字创新方面的领先地位。

5. 可扩展性：吉利通过模块化设计、全球合作与并购以及高标准测试，提升了资源的可扩展性和技术能力

吉利在数字资源可扩展性方面展现了显著的优势。首先，吉利的资源采用了模块化设计，例如其平台技术 CMA，支持多个车型的开发和生产，极大地提升了设计和制造的灵活性。其次，吉利高度重视开放标准和接口，通过与全球领先企业合作并购，强化了自身的技术基础和资源整合能力。然后，实际测试和模拟也是其核心策略之一，通过在各个阶段的车辆开发中引入高端测试标准，确保了产品的质量和可靠性。例如，吉利旗下的领克汽车在测试过程中累计达到了百万千米总里程的品质验证。此外，吉利还对其资源的架构设计进行了深度分析，通过建立全球五大工程研发中心和设计造型中心，形成了一个高效的技术研发网络。最后，在评估资源的可持续性和升级计划方面，吉利通过国际并购，如收购沃尔沃、DSI 等，获取了先进的技术和研发资源，并成功地将这些资源应用于自身的技术创新和产品升级。这些举措不仅提升了吉利的技术能力，还支撑了其在全球市场的竞争力，确保了公司的持续发展和技术的不断进步。

（二）能力分析

1. 感知能力：吉利通过多渠道的信息获取和趋势分析，展现出卓越的感知能力，敏锐捕捉数字化转型趋势

吉利在数字创新方面具有较强的感知能力。首先，吉利能够敏锐地捕捉到汽车产业

数字化转型的趋势，并积极应对变革。其次，吉利通过参加全球未来出行大会等活动，与政界、商界和学术界的优秀代表交流，获取最新的行业信息和创新思路。最后，吉利还通过与国际知名企业合作，了解全球汽车行业的最新动态和技术趋势，为数字创新奠定了坚实的基础。通过多渠道的信息获取和趋势分析，吉利能够迅速感知市场和技术环境的变化，提前布局新兴技术和应对市场需求。

2. 捕获能力：吉利通过高效的资源整合和快速反应，展示出强大的捕获能力，快速将技术创新转化为市场竞争力

吉利在数字创新方面的捕获能力较强。首先，吉利充分利用自身的技术储备和研发能力，开发出符合市场需求的高品质汽车产品。其次，吉利通过与国际知名企业合作，共同打造智能座舱、自动驾驶等数字化新技术，提高了产品的智能化水平。最后，吉利还通过优化组织架构、整合业务系统等方式，提高了研发效率和管理效率，确保技术创新能够快速转化为市场竞争力。总而言之，吉利的捕获能力体现在其高效的资源整合和快速反应上，使其能够抓住市场机遇，推出领先的数字化产品。

3. 重构能力：吉利通过灵活的战略调整和高效的资源整合，展现出卓越的组织重构能力，在快速变化的市场中保持领先地位

吉利在数字创新方面的重构能力较强。首先，吉利在复杂系统集成上的研发和重构能力是其数字创新成功的关键。例如，吉利在AI数字底盘的研发过程中成功地将底盘控制技术、电气化系统以及大规模数据处理等复杂技术进行整合，打造出了一个高度智能化的车辆控制系统。其次，吉利通过收购沃尔沃轿车等国际知名企业，实现了技术和资源的快速积累和整合。此外，吉利还通过中欧汽车技术服务公司（CEVT）等平台，实现了与沃尔沃的战略资源互补和共享，提高了自身的创新能力和竞争力。最后，吉利的重构能力体现在其灵活的战略调整和高效的资源整合上，使其能够在快速变化的市场环境中保持领先地位。

（三）企业家精神分析

1. 数据驱动：吉利通过数据驱动的决策方法，提升了决策准确性和创新效率，加速了数字化产品和服务的推出

吉利汽车的企业家精神在数据驱动方面表现得尤为突出，这对其数字创新产生了深远影响。吉利高度重视数据的收集、分析和应用，通过采用A/B测试等数据驱动的决策方法，科学评估创新效果。例如，吉利在智能驾驶系统和车载互联技术的开发过程中，大量采用数据分析和用户反馈，优化产品性能和用户体验。数据驱动的方法不仅提高了决策的准确性，还加快了创新的速度和效率。此外，吉利通过数据分析平台和大数据技术，深入挖掘市场需求和技术趋势，提前布局数字化产品和服务。

2. 生态系统观：吉利通过构建跨界和用户导向的生态系统，增强了协同创新能力，拓展了数字创新的市场影响力

吉利汽车的企业家精神在生态系统建设方面也极大地影响了其数字创新。吉利注重跨界创业，构建用户导向和利益相关者导向的生态系统。通过与各类外部合作伙伴的紧密合作，吉利能够集成多种资源和能力，推动协同创新。例如，吉利与国际知名企业、科技公司和初创企业合作，共同开发智能座舱、自动驾驶等前沿技术。通过开放平台策略，吉利吸引了开发者和第三方服务提供商，共同扩展创新生态系统。这种生态系统导向的企业家精神，不仅增强了吉利的创新能力，还扩大了其市场影响力。

3. 敏捷思维：吉利通过快速响应市场变化和技术进步，展示出卓越的敏捷思维，加速了数字创新进程

吉利展现出迅速响应市场变化和技术进步的能力，这是其企业家精神的重要体现。例如，在智能驾驶和智慧出行领域，吉利能够迅速采用最新技术，推出符合市场需求的创新产品。此外，吉利在组织内部建立了灵活的决策机制和快速反应团队，确保能够及时应对行业变革和市场需求的变化。吉利的敏捷思维不仅加快了其创新步伐，还提高了其在市场上的竞争力。面对市场和技术环境的变化，吉利能够快速调整战略和业务模式，迅速响应市场需求和技术趋势的变化。另外，吉利还通过与国际知名企业的合作和交流，及时获取最新的行业信息和创新思路，提高了自身的敏捷性和创新能力。

三、案例企业数字创新内部环境分析小结

吉利汽车通过精心构建的内部环境，为数字创新提供了强有力的支撑。

首先，吉利在资源方面展现出了极高的价值性、稀缺性、难以模仿性、不可替代性和可扩展性。通过收购沃尔沃轿车等国际化活动，吉利获得了全球领先的汽车技术和知识产权，这些资源为吉利的数字创新提供了坚实的基础。同时，吉利在技术研发上的持续投入，也形成了丰富的技术储备，为数字创新提供源源不断的动力。

其次，吉利在能力方面表现出了强大的动态能力。通过感知市场和技术环境的变化，吉利能够迅速调整战略和业务模式，以应对市场挑战。同时，吉利充分利用自身的资源和能力，通过与国际知名企业的合作和交流，获取最新的行业信息和创新思路，为数字创新提供了有力的支持。

最后，吉利的企业家精神也为数字创新注入了活力。敏捷思维、生态系统观和数据驱动的企业家精神使得吉利在数字创新中能够保持高度的灵活性和创新性。这种精神不仅推动了吉利在技术研发和产品创新上不断进步，也促进了吉利在组织管理、市场营销等方面持续优化。吉利企业数字创新内部环境分析结论见表 3-1。

表 3-1 吉利企业数字创新内部环境分析结论

维度	属性	结论	与数字创新战略的关联逻辑
资源	价值性	通过收购沃尔沃和持续研发，吉利拥有了丰富的技术资源，为数字创新奠定了坚实的基础	吉利全球领先的汽车技术使其能够在智能驾驶和智慧出行等领域快速完成数字产品的创新
	稀缺性	吉利拥有沃尔沃的全球所有权以及 SPA 平台等稀缺资源，为其数字创新提供了独特优势	依靠先进的生产技术和架构设计，吉利能够缩短新车型的开发周期并快速地响应市场需求
	难以模仿性	吉利通过长期积累的技术、研发体系和国际化经验，形成了其他企业难以模仿的数字创新能力	前沿技术收购和持续的研发投入使吉利形成了专业的技术体系，其他企业难以在短时间内完成复制
	不可替代性	吉利的核心资源在组织内部具有高度的整合性和协调性，形成了难以替代的资源优势	沃尔沃的核心资源与吉利的研发体系、生产能力深度整合，形成了一个高效且不可替代的整体系统
	可扩展性	吉利在资源的可扩展性方面表现优异	吉利通过模块化设计、全球合作与并购以及高标准测试，成功提升了资源的可扩展性和技术能力
能力	感知能力	吉利展现出卓越的感知能力，敏锐捕捉数字创新趋势，通过多渠道的信息获取和趋势分析，提前布局新兴技术	通过参加行业会议，与国际知名企业合作，吉利能够迅速捕获最新行业信息和技术趋势，使其能够及时调整策略
	捕获能力	吉利通过高效的资源整合和快速反应，将技术创新快速转化为市场竞争力，推出领先的数字化产品	吉利充分利用技术储备和研发能力，通过优化组织架构和快速响应机制，将创新技术快速应用于新产品开发，提高市场反应速度和产品竞争力
	重构能力	吉利具有卓越的重构能力，通过灵活高效的战略调整和资源整合，保持市场领先地位	吉利根据市场动向灵活调整战略，以收购、兼并等手段实现技术和资源快速整合，保持数字创新优势
企业家精神	数据驱动	吉利通过数据驱动的决策方法，提升了决策准确性和创新效率，加速了数字化产品和服务的推出	吉利通过数据分析和用户反馈来优化产品性能和用户体验，科学评估创新效果，从而提升决策准确性和创新效率，加快数字产品和服务的推出
	生态系统观	吉利通过构建跨界和用户导向的生态系统，增强了协同创新能力，拓展了数字创新的市场影响力	吉利通过与外部合作伙伴的紧密合作，共同开发前沿技术，构建一个开放的创新生态系统，整合多方资源和能力，推动协同创新
	敏捷思维	吉利展现出迅速响应市场变化和技术进步的敏捷性，加速了数字创新进程	吉利通过灵活的决策机制和快速反应团队能够迅速调整策略，应对市场和技术变化，加速创新产品的推出，提高市场竞争力

本章小结

数字创新的内部环境可以从资源、能力和企业家精神三个方面进行分析。

针对数字创新的内部资源分析，我们可以基于资源基础观的框架，从资源的价值性、稀缺性、难以模仿性、不可替代性和可扩展性五个方面展开。

我们可以使用动态能力理论框架来对支持数字创新的能力进行分析，具体来说，可以从感知能力、捕获能力和重构能力三个方面展开。

数字时代的企业家精神可以从数据驱动、生态系统观和敏捷思维进行分析。

即测即评

一、不定项选择题（从以下四个选项中选择合适的答案）

1. 以下哪些资源能够支持企业的数字创新活动？（　　）

A. 数字技术　B. 客户数据　C. 云计算平台服务　D. 数据分析师

2. 面对企业数字创新，企业家最应该具备哪种精神？（　　）

A. 慈善精神　B. 冒险精神　C. 敬业精神　D. 工匠精神

3. 根据资源基础观，能够为企业带来竞争优势的资源应该具备哪些特征？（　　）

A. 增殖性　B. 稀缺性　C. 不可替代性　D. 可扩展性

4. 以下哪些事项会削弱企业的数字创新优势？（　　）

A. 竞争对手的模仿　B. 突变的外部环境　C. 渐变的外部环境　D. 迟钝的市场感知

5. 进行数字创新的内部企业家精神分析时，使用的工具是什么？（　　）

A. DEA 框架分析　B. SWOT 分析　C. PEST 分析　D. VRIN-E 特征分析

二、简答题

1. 数字创新内部环境的特征维度有哪些？

2. 请阐述数字创新中资源的 VRIN-E 特征，并思考数据资源可能具备哪些独有的特征。

3. 对于数字创新，企业应该掌握哪些动态能力？

4. DEA 框架分析是什么？

5. 结合本章内容，请思考企业如何加快产品创新。

讨论案例

树根互联：工业互联网平台的养成之路

2022 年 1 月，中华人民共和国工业和信息化部发布“跨行业跨领域工业互联网平台”

榜单，当时成立不到6年的树根互联股份有限公司（简称树根互联）已连续3年位列榜单头部，同时，树根互联也是唯一上榜Gartner所发布的“全球工业互联网平台魔力象限报告”的中国工业互联网平台企业。根据前瞻产业研究院的数据，2020年全球工业互联网市场规模是8 972亿美元，2022年将突破万亿美元。面对机会，树根互联的愿景是赋能更多的中国制造企业发展工业互联网，同时希望未来能代表中国工业互联网平台参与全球竞争。

然而，对于一个新创企业而言，要实现这样的战略定位颇具挑战，如何将有限的资源与发展的雄心适配起来？到底是发展可以跨行业通用的工业互联网平台新基座，抢占先机，快速规模化，还是先深耕一个个行业，开发定制化的解决方案，进而获得即时、有助于生存的收入？这都是树根互联面临的问题。

在看到GE和西门子在工业互联网平台上的成功，以及三一集团的大力支持后，树根互联走上了数字化探索之路。树根互联的目标是要构建起跨行业、跨领域的通用性平台。从2017年开始，树根互联的服务对象由机械设备制造行业向更多行业延伸：风力发电行业、发电机组行业、缝纫机设备行业、光伏行业、机械制造行业等。其中既有向国内中小企业客户的拓展，又有向国外龙头企业市场的开拓。然而，在为客户提供后市场服务的过程中，树根互联发现，设备后市场服务对客户企业来说价值巨大，但只是针对设备类的OEM（Original Equipment Manufacturer，原始设备制造商）客户这一种类型，目标市场相对整个制造业较为狭窄。与此同时，树根互联在与重要合作伙伴卫华集团合作过程中发现，厂内生产设备连接的难点在于设备的类型纷繁复杂，存在不同品牌、不同类型，以及同类不同型号的机器，为此，需要提升根云平台的能力。

基于以上内部资源的审视，树根互联开始了“物模型”构建与根云平台2.0的开发。根云2.0平台强化了“物模型”开发，以解决多个行业多种设备连接的痛点。物模型是物理空间中的实体（如传感器、车载装置、楼宇、工厂等）在云端的数字化表示，从属性、服务和事件三个维度，分别描述了该实体是什么、能做什么、可以对外提供哪些信息。不同品牌设备的物理实体不同，属性特征也不一样，为了让云端识别，需要给设备构建属性标签，这些属性标签能够用来描述不同品牌的机器（类似身份证号码）。

取得一定成就之后，树根互联并未停止自己的数字化脚步。为了更好地满足客户的个性化需求，树根互联不断强化自身的平台能力，基于平台生长出更多的应用服务，乃至支持客户自主开发个性化应用。根云1.0和根云2.0更多侧重于设备连接，根云3.0更强调数据上云，而后做价值开发。根云3.0平台引入了云原生（Cloud Native）设计，其中Cloud表示应用服务位于云中，而不是传统的数据中心；Native表示应用服务从设计之初即考虑到云的环境，为云而设计，充分利用和发挥云平台的弹性和分布式优势。树根互联开发实体和云端之间的连接模型，提供数字孪生、运维监控和低代码平台等创新性功能，而在云服务上，客户可以自主选择阿里云、华为云等提供商。根云3.0的数字孪生技术能够提供设备信息的实时同步，设备产品从生产端下线后，物联的数据就能够自动上报到云端，然后能够跟使用方绑定。租赁方或者承租人都可以在移动端监控这台设备运行的状态、位置、速度、里程、区域范围等数据。之前的设备上云后的运维管理由树根互联统一设定参数，而根云3.0提供了可自定义和可扩展的权限管理，用户可以根据使用场景进行角色配置和数据权限管理，结合低代码平台，用户就可以根据自身需求，开发出个性化的应用。

树根互联在打造工业互联网的过程中，非常清楚自身的内部优势，准确地定位了潜在客户。在早期，树根互联也曾尝试过赋能中小客户以增加所渗透的行业数量，但是在后续的发展过程中，树根互联发现，不同行业的生产场景、运作流程各不相同，进入不同的行业，需要学习不同行业的机理，做模型开发，这制约了平台的发展速度。2021 年，树根互联选择聚焦装备制造、汽车、钢铁等重点行业，并将行业头部大客户作为赋能的重点。

为了服务好大客户，树根互联借鉴 Salesforce 等企业服务 B 端客户的经验，成立了专门的客户成功中心。客户成功中心对客户项目做全流程的跟踪服务，确保项目能够真正为客户创造价值。此外，树根互联还强化了解决方案开发中前端市场和后端研发的分工协作。前端的市场部门专注于满足客户需求，提出系统方案需求，引进专业人才，承担产品规划经理职责，判断客户需求中哪些产品拥有高度个性化的需求，可以交给市场中的合作伙伴提供，哪些产品则拥有共性化的需求，要抽取出来，转给后端的研发部门。通过这一过程，树根互联完成对平台能力的迭代，能力提升又能进一步为前端的业务团队提供更优质的产品赋能。

资料来源：陈威如，王节祥，龚奕潼．先“修路”还是先“造车”：树根互联的工业互联网平台养成之路 [Z]. 中国工商管理国际案例库，2023.

【讨论题】

1. 树根互联在打造工业互联网平台的过程中有哪些内部优势和内部劣势？
2. 结合树根互联的内部资源情况分析：其为何聚焦于重要的大客户？有何好处？有何坏处？
3. 你认为树根互联在未来的发展过程中可能会遇到哪些问题？如果你是树根互联的负责人，你会如何处理？

第四章
CHAPTER 4

数字创新战略的选择分析

§ 学习目标

- 结合案例，了解数字创新战略的定义与类型。
- 理解数字创新战略制定的依据。
- 掌握数字创新战略选择的分析框架，能基于此分析企业的战略选择过程。

§ 引例

借力升级：设计企业洛可可的数字创新战略

传统企业已然认识到数字化转型的必要性，但是难点在于如何推进转型。国内头部设计企业洛可可，在自主推进数字化转型面临较大阻碍的情况下，选择借力钉钉，推进数字化转型的过程。总体来看，首先，洛可可推进全员上钉钉，钉钉则赋能洛可可，共同开发出适用于设计行业的项目管理工作台；其次，洛可可协助钉钉开拓服务市场，成为钉钉服务市场的种子供应商，满足钉钉生态用户的设计需求；最后，在与钉钉的共创中，洛可可意识到智能设计的重要性，并不断强化智能设计能力的开发。依托智能设计能力，洛可可拓展了与南极人电商等多个平台的合作，并尝试从“设计”数字化迈向“设计—研发—供应链”的全流程数字化协同。

开启转型，挑战重重

2004 年，贾伟创立洛可可，经过 20 年的持续深耕，洛可可发展为国内头部设计企业，拥有超过 1 000 名设计师、200 位项目经理，服务西门子、三星、美的等知名企业。尽管如此，洛可可因高度依赖设计师专业能力且受制于管控难点，难以扩大规模。互联网时代来临后，洛可可着手尝试推进设计业务在线化，但囿于技术人才和能力不足，收效不佳。就在贾伟头疼不已之时，出行、民宿等领域共享经济的蓬勃发展启发了他。"既然设计师不好管理，那可不可以让在家工作的设计师为洛可可服务呢？"这个想法让贾伟很兴奋，他开始构建一个全新的在线设计平台。按照设想，这个平台将连接社会上闲置的设计师资源和设计需求方。需求方在平台上发布设计任务，所有有能力的设计师都可以接单，并在线完成设计交付。为此，贾伟安排洛可可的一位副总裁负责在线设计平台业务，并组建一个有互联网背景的项目团队。为了不与原有业务产生冲突，贾伟决定从中小企业和普通消费者的设计需求切入。

可是一切并非完全如意。定位"大众"的在线设计平台遭受了内外部的多重阻碍，大多数设计师认为工业设计是一对一的非标准化服务，不能像单车一样随意共享，甚至认为这是在浇灭设计师的伟大梦想。正当在线设计业务的发展陷入僵局时，2018 年 7 月 8 日，洛可可北京总部意外失火，火势持续了 4 小时才被扑灭，大量的项目手稿和提案被彻底焚毁，很多项目无法按期交付，损失巨大。但这场大火也带来了"意外收获"，它让洛可可整个高管团队统一了认识，就是要加快推进项目管理的在线化。

拥抱钉钉，携手升级

尽管大火之后，洛可可人逐渐统一了思想，认识到数字化转型对于洛可可的重要性，但作为设计企业缺少"数字基因"，短期内想要提升技术能力，不但人才难寻，而且资金投入巨大。不过，运气总会眷顾有准备的人，由于洛可可的活跃度，钉钉抛来了橄榄枝。此时的钉钉正在考虑如何提升特定行业的用户体验，设想与不同行业的龙头企业共创，为它们量身定制数字化系统，再输出给行业中其他用户。双方可谓不谋而合。为了更好地对接钉钉，贾伟决定在杭州成立专门团队，并且将办公室设在钉钉所在的园区。

回顾先前的数字化尝试，洛可可的痛点包括两个方面：一是围绕设计展开的参与人员构成复杂，除洛可可自身的客户经理、策略师和项目经理外，还有分散在全国各地的设计师群体，协同管理难度极大；二是从沟通确认到交付的设计过程不透明，管理成本很高。洛可可原有的企业协同工具始终遵循专业分工的组织形态，导致每一个复杂项目开始时，都需要花费大量的时间与精力协调各个岗位的员工。从 2019 年开始，为了打破低效的"部门墙"，洛可可决定摒弃原有的协同工具，要求公司"全员上钉钉"。在钉钉的帮助下，洛可可逐步将管理流程中相关人员的身份信息、岗位信息等进行在线化和标签化。

洛可可与钉钉共同搭建了一个客户、设计师和项目经理全程协作的行业管理工作台，并命名为“洛钉钉”。客户在线上发布任务后，洛钉钉会自动创建该项目的专属沟通群，相关设计服务人员与客户都将自动入群。在项目实施过程中，凭借洛钉钉的“五个在线”功能，即在线沟通、在线进展跟踪、在线提案、在线确认和在线存储，客户、设计师和项目经理之间的沟通更加即时、便捷和高效。合作之后，以前一个项目经理一年最多服务 40 个项目，现在已经可以服务超过 100 个项目，交付周期也由原有的 3 个月缩减为 1 个月，各方面效率得到了大幅提高。

资料来源：根据“陈威如，王节祥．依附式升级：平台生态系统中参与者的数字化转型战略 [J]. 管理世界，2021，37（10）：195-213.”改写。

第一节 数字创新战略的实例、定义和类型

实施数字创新战略作为企业在数字化时代取得竞争优势的关键路径，正在以前所未有的广度和深度重塑行业格局和商业模式。本节内容将从实际案例切入，系统地介绍数字创新战略的定义、类型与应用，帮助读者全面理解如何在复杂多变的市场环境中制定和高效实施数字创新战略。

一、数字创新战略的实例

在快速发展的数字化环境中，制定和实施有效的数字化创新战略对于企业保持竞争力和促进效益增长至关重要。在介绍数字创新战略的定义和类型之前，我们先来看看产业实践当中企业对于数字创新战略应用的实例。

（一）IBM 的沃森平台：探索式数字创新案例

IBM 的人工智能平台沃森（Watson）最初设计用于参加游戏节目“危险边缘！”（Jeopardy！），并成功击败了人类玩家，展示了 IBM 在人工智能和自然语言处理技术应用场景探索方面的潜力，成为受到大众广泛关注的“新奇事物”。然而，真正的挑战在于如何将沃森从游戏节目中的“新奇事物”转变为可在商业领域广泛应用并获利的工具。IBM 通过投入大量资金进行研发，不断增强沃森的能力，并探索其应用于医疗保健、金融和客户服务等领域的可能性。例如，在医疗保健领域，沃森经过训练能够分析大量医疗数据，协助医生诊断疾病并制订治疗方案。这一探索阶段对于了解人工智能的广泛潜力至关重要。

同时，IBM 注重将沃森的技术应用于现实世界。公司专门开发针对特定行业的解决方案，并与企业合作，将沃森整合到其运营中。截至 2017 年，许多公司已经开始利用

沃森解决复杂问题，如改善医院的病人护理和优化呼叫中心的客户服务互动。IBM 的战略有效地将对人工智能能力的深入探索与其在业务环境中的实际应用结合起来。这种双重的探索和应用使 IBM 能够不断创新，同时确保其在人工智能方面的进步能够转化为切实的商业价值。

（二）阿里云的演变：自主式创新生态系统实践

阿里云通过核心技术的自主研发构建竞争壁垒。其标志性的飞天（Apsara）分布式操作系统是典型的突破性创新成果——该系统完全由阿里云团队独立研发，采用非对称技术路径，突破了传统云计算架构的瓶颈。这种自主创新能力在“双 11”场景中得到极致验证：系统可弹性扩展至每秒处理数万笔交易，其技术指标直接定义了行业新标准。此外，阿里云持续投入 AI 芯片（如含光 800）、数据库（PolarDB）等底层技术研发，体现了技术主导型企业的创新特征。

阿里云同时鼓励外部参与者共同构建创新体系。其城市大脑项目属于典型的协同创新：通过向杭州市政府开放云计算平台接口，吸引本地软件开发商在其技术框架内开发垂直应用，最终形成涵盖交通调度、医疗影像识别等治理模块的解决方案。这种“平台 + 伙伴”模式使阿里云在智慧城市领域快速成长，而生态伙伴则通过技术嫁接获得增量创新空间。

（三）特斯拉的技术深耕与系统优化：利用式数字创新案例

特斯拉的创新发展路径清晰地体现了利用式创新的核心特征——通过对现有技术能力的持续优化和深度开发，实现渐进式突破与效率提升。特斯拉通过架构性创新重构了电动汽车的技术边界，在电池系统、电驱技术和软件平台等关键领域实现了渐进式突破。在电池技术方面，特斯拉通过不断优化化学配比和完善电池管理系统算法，使同一代电池包的续航能力获得持续提升，这种“软件定义电池”的模式充分展现了对现有技术资产的深度挖掘。电驱系统的创新同样体现了利用式创新的特点，其永磁同步电机通过材料工艺改进与控制逻辑调校，将能量转化效率提升至行业领先水平，这种在既定技术路径下的性能突破正是利用式创新的特点之一。更具革命性的是特斯拉的数字平台演进策略，通过 OTA 技术将传统静态产品转化为可持续进化的智能终端，使自动驾驶等功能得以持续升级完善，这种软件层面的累积性创新构建了独特的产品竞争力。值得注意的是，特斯拉的创新具有鲜明的系统性和闭环性特征：各项技术改进始终服务于低重心底盘架构这一核心设计逻辑，同时通过真实行驶数据反馈不断优化算法，形成“技术改进—数据积累—再改进”的自我强化机制。

二、数字创新战略的定义

数字创新是指采用信息、计算、沟通和连接等数字技术及其组合，开发新型数字产品、提供新型数字服务或构建新型数字组织，进而提升组织效率和灵活性的系统性过程。而数字创新战略则是指企业为应对数字化时代的挑战和提升竞争力，而制定的一系列系统性的数字创新规划。其内涵涵盖了技术、产品、服务、组织等多个方面。

数字创新战略定义和类型

三、数字创新战略的类型

企业创新战略的制定是决定企业能否提升运营效率、优化资源配置、增强创新能力的重要过程。长期来看，这种战略选择对于其获取竞争优势至关重要。为了让读者更清晰地理解和掌握如何实施这些战略，本小节将阐释数字创新战略的类型划分。创新方式和创新来源是数字创新战略最重要的两个维度，因为它们直接决定了企业如何获取和利用新知识、新技术来推动产品或服务的创新，进而在竞争激烈的市场中保持领先地位。基于这两个维度的企业创新战略，指导着企业的创新方向和战略实践。

（一）探索式数字创新与利用式数字创新

根据创新方式的不同，可以划分为探索式和利用式两种数字创新类型。探索式数字创新是指企业为满足新市场的需求，整合新颖多样的知识与资源，开发全新产品和服务的创新战略。利用式数字创新是指企业深化当前的知识储备，对现有产品和服务加以改进，以满足现有客户和市场需求的创新战略。

这两种创新方式在三个方面存在差异。一是创新资源：探索式数字创新需要组织寻求和利用新颖多样的信息；而利用式数字创新需要组织寻求和利用可靠、具体、有效的信息，并强化、拓展和加深对现有知识和技能的理解。二是创新过程：探索式数字创新通过开发新产品来满足新兴市场或潜在市场的需求，利用式数字创新则通过对现有产品的加工改进来满足市场需求，因此，探索式数字创新需要增加产品种类，并不断试验和提升产品新颖度；而利用式数字创新需要降低产品多样性并提高效率，以改进现有技术的发展轨迹。三是创新结果：由于探索式数字创新需要较高的投入，开发全新的产品，因此其数字创新结果具有较高的不确定性并伴有较高的市场风险；而利用式数字创新只需要在现有技术能力的基础上进行提升，创新结果大多可预测且风险较小。

这两种数字创新方式的优劣势分别如下。

探索式数字创新的优势。第一，发现新机遇：探索侧重于发现和开发新的技术、流程或业务模式。这种方法使企业能够超越现有能力进行创新，并发掘新的市场机遇。例如上文提到的，IBM 公司通过探索并开发出 Watson 平台，创造了突破性的解决方案，使得企业在AI的浪潮中占据了先发优势。第二，建立长期竞争优势：通过投资探索式数字创新，企业可以抢占先发优势，将自己定位为新兴领域的领导者，从而创造可持续的竞争优势。这在快速发展的数字环境中至关重要，因为数字环境充满着不确定性，先行者往往能制定行业标准，形成资源和能力壁垒。第三，增强适应性和韧性：探索式数字创新培养了一种实验和学习文化，使组织更能适应变化，抵御市场干扰。这一点在数字行业尤为重要，因为适应能力是企业在当下快速变化环境中生存和成功的关键。

探索式数字创新的劣势。一是高风险和不确定性：探索式数字创新通常会促使企业进入未知领域，可能存在风险和不可预测性。许多探索性项目要很长的时间才能推向市场，且能获取收益的时间难以预知，从而导致潜在损失。二是消耗大量资源：这种战略需要企业在研发方面投入大量资金，可能会造成资源紧张，尤其是对规模较小的企业而言。平衡成本与潜在收益可能具有挑战性。

利用式数字创新的优势。第一，高效利用资源：利用式数字创新的重点在于加强和优化现有能力和资源，这一战略可以提高运营效率，更好地利用现有技术，推动渐进式改进，快速实现盈利，并且通过创新可以更快地开发和部署，使公司快速响应市场需求，抓住眼前的机遇。第二，降低风险和成本：与探索式数字创新相比，利用式创新以成熟的技术和流程为基础，最大限度地降低了风险和不确定性。

利用式数字创新的劣势。一是创新潜力有限：这种创新模式可能导致只注重渐进式创新，而忽略突破式创新。公司有可能变得故步自封，错失颠覆性技术和市场变化带来的机会。并且，过分强调利用现有能力可能会削弱公司适应重大技术变革或客户偏好转变的能力。二是遭遇更激烈的竞争：由于利用式数字创新的模仿门槛相对较低，竞争对手企业很容易采取跟随战略，而过多企业依赖利用式数字创新可能会导致市场饱和，使企业处于竞争激烈的空间，回报也会减少。

（二）依附式数字创新与自主式数字创新

根据创新来源的不同，可以划分为依附式创新与自主式创新两种数字创新类型。依附式数字创新是指创新主体根据自身的发展要求自由寻找合作伙伴的技术创新。这种创新方式通常以合作伙伴的共同利益为基础，以资源共享或优势互补为前提，强调在现有资源或平台的基础上，利用外部优势资源来加速创新过程，降低创新风险，并提升创新成果的竞争力。自主式数字创新是指在创新过程中，企业不单纯依赖技术引进和模仿，而是能掌握自主权，拥有核心技术和知识产权，进而打造自主品牌，赢得持续的竞争优势。

同样，这两种创新来源也包含三个方面的差异。一是创新主体：自主式数字创新主要依赖于个体或组织内部的灵感和努力，动力源于内部的技术突破和创新精神；依附式数字创新则依赖于多个主体之间的合作和资源共享，动力源于合作伙伴之间的共同利益和优势互补。二是创新投入：自主式数字创新通常需要巨大的科研开发能力以及巨额的人力、物力与财力投入，研发周期较长，面临风险较大；依附式数字创新则通过合作伙伴之间的资源共享和优势互补，能够降低创新成本和风险，提高创新效率。三是创新产权：自主式数字创新成果一般属于创新企业内部所有，拥有自主知识产权，可以更好地保护创新成果；依附式创新的成果则属于参与合作的各方共同所有，需要明确知识产权的归属和分享方式，以避免潜在的纠纷和冲突。

这两种数字创新来源的优劣势分别如下。

依附式数字创新的优势。第一，获取外部专业知识和资源：依附式数字创新使企业能够利用合作伙伴的知识、技术和能力，推动实现超越内部限制的创新。依附式数字创新可以扩大市场准入和客户基础，因为合作伙伴可以带来互补的市场渠道和客户关系。这在人工智能或物联网等数字领域至关重要，因为在这些领域，任何一家企业都无法独自掌握所有技术。第二，加速创新：通过利用被依附组织已有的资源或能力优势，可以加速创新解决方案的开发和商业化，缩短产品上市时间，分担与创新相关的风险和成本。

依附式数字创新的劣势。一是复杂的管理和协调：依附式数字创新涉及多方合作问题，对其进行管理是一项复杂且具有挑战性的工作，在处理不同的组织文化、目标和沟通方式时表现得尤为明显。此外，过度依赖合作伙伴容易让企业产生依赖性，削弱企业对关键创新流程和成果的控制能力。二是知识产权（IP）冲突风险：共享知识和技术可能会导致知识产权纠纷和对专有信息泄露的担忧。

自主式数字创新的优势。第一，全面控制创新：自主式数字创新允许企业保持对其创新流程、决策和知识产权的完全控制。这种自主性可以简化决策，保护专有技术。第二，强大的品牌和竞争差异化：自主创新的企业可以建立强大、独特的品牌形象，并将自己与竞争对手区分开来。这种战略能使企业的愿景与创新深度契合。第三，内部专业技术开发：内部开发创新可建立强大的内部能力，积累专业知识，可用于未来的项目，并培养一种持续改进的文化。

自主式数字创新的劣势。一是获取外部知识的途径有限：完全依赖内部资源会使企业与外部创新和知识隔绝，可能会导致其放慢创新步伐，降低对市场变化的反应速度。二是资源需求高：依赖自身的创新需要在研发、人才招聘和基础设施方面进行大量投资，这对于规模较小的企业来说可能具有挑战性。三是创新周期较长：缺乏外部合作可能导致企业开发周期延长，并且企业在适应新技术或市场需求方面的灵活性降低。

第二节 数字创新战略选择的分析框架

在数字经济时代，选择合适的创新战略是企业取得竞争优势的关键。本节将介绍系统化的分析框架，以帮助读者学会评估和选择最适合的数字创新战略。通过详细的理论解析和实际应用案例，我们将揭示如何运用这些框架来识别市场机会、评估风险、制定决策，从而确保企业在数字创新中稳步前行。

数字创新战略选择的分析框架

一、整合内外部分析的框架：想做、可做、能做与该做

为了展示数字创新战略选择的分析框架，本节创建了一个分析框架，如图 4-1 所示，直观地展示“想做”“可做”“能做”和“该做”。框架图中的每个圆圈对应战略选择的一个关键要素，若某一战略行为只有“想做”和“可做”时，属于过度自信行为，不自量力；只有“想做”和“能做”，说明外部环境不允许，那么企业会在消耗内部资源和能力的同时，难以获取期望的回报，最终劳而无功；只有“可做”和“能做”时，则由于缺乏内在的动力而容易半途而废，难以坚持。这三个圆圈的交叉区域被称为战略甜点（Strategic Sweet Spot），代表了企业数字创新工作的最佳聚焦点，即企业真正“该做”的战略行为。下文将详细剖析每个关键要素的具体含义。

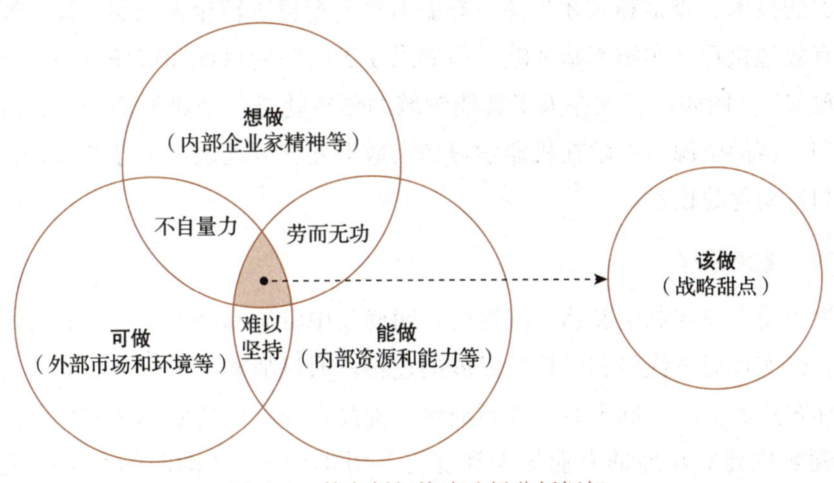

图 4-1　数字创新战略选择分析框架

二、数字创新战略选择分析框架的内涵

1. 想做：起心动念

“想做”是指企业内部的愿景、目标和管理层的创新意愿以及企业家精神。它反映了企业在创新方面的动力和决心。如果“想做”的程度高，则意味着企业有强烈的意愿和明确的目标去推动数字创新。这通常源于管理层对创新的高度重视和积极推动。高“想做”能驱动企业投入更多资源和精力去探索和实施新技术和新模式，但如果缺乏实际能力和外部机会的支持，可能导致资源浪费和失败的风险。例如，上文中 SpaceX 的

成功便是源自创始人马斯克让火箭实现低成本升空的愿景，他的坚定意愿驱动了公司在火箭相关技术的持续投入和突破。

2. 可做：外部机会

“可做”是指市场和环境的支持，包括市场需求、政策法规、竞争态势等外部因素，是对企业创新战略在现实环境中的可行性和潜在影响的评估。如果“可做”的程度高，则意味着市场有明确的需求和机会，外部环境支持企业的创新活动。高“可做”能够确保创新成果有良好的市场前景和应用场景，但如果企业内部缺乏相应的能力和意愿，可能无法抓住市场机会。例如，共享单车的兴起就是高“可做”的体现。随着城市交通压力的增加和环保意识的增强，共享单车在许多城市得到了政策支持和用户欢迎，成为一种新的出行方式。

3. 能做：内部优势

“能做”是企业内部的实际资源和能力，包括技术实力、人才储备、资金状况等。它衡量的是企业在实施数字创新战略时的内在条件。如果“能做”的程度高，意味着企业拥有足够的技术、资金和人才支持，有能力将创新想法转化为现实。高“能做”能够确保企业有效地执行和实施创新战略，但如果缺乏明确的目标和市场驱动，可能导致创新“无的放矢”。例如，谷歌在人工智能领域的创新就是一个典型例子。凭借其强大的技术团队和丰富的资源，谷歌在机器学习和大数据处理方面取得了显著成就，如开发出谷歌翻译和自动驾驶技术。

4. 该做：战略聚焦

战略聚焦是企业在制定和执行战略时，明确集中资源和努力于特定的市场、产品或业务领域，以实现竞争优势和可持续发展的过程。通过战略聚焦，企业能够更好地识别和满足目标客户的需求，制定数字创新战略，提高资源配置的效率，减少资源浪费，从而在特定领域内建立深厚的专业知识和能力。图 4-1 中三个圆圈的交叉区域就是企业“该做”的战略行为，既有意愿（想做），又有能力（能做），并且市场和环境也支持（可做）的交集。“该做”的维度综合了企业的内部驱动力、资源和外部条件，代表了最优的创新行动方向，是企业数字创新战略的最佳聚焦点。这一区域考虑了企业想要实现的目标、企业资源所能实现的现实目标，以及与外部市场机遇和需求相一致的目标。例如，谷歌的自动驾驶汽车项目属于探索式数字创新。谷歌有强烈的意愿（想做）改变交通方式，有雄厚的技术实力（能做），并且智能交通市场的巨大潜力和政策支持（可做），共同构成了“该做”的条件。

在实际分析时，因不同企业面临的情况不同，想做、可做、能做的分析顺序会有所不同。

第三节　数字创新战略选择分析的完整示例

企业如何选择和实施创新战略至关重要。本节将通过一个分析示例，详细展示想做、可做、能做、该做四个维度如何共同作用，帮助企业制定高效的数字创新战略。通过这一案例，读者将深入了解如何评估企业的创新意愿、资源能力和市场机会，确定最优的创新路径，并在复杂多变的市场环境中取得竞争优势。

数字创新战略选择分析的完整示例

一、案例企业数字创新历程介绍

1. 洛可可的数字化转型起步与挑战

本章引例中提到洛可可的数字化转型之路并非一帆风顺，创始人贾伟在2004年创办洛可可，尽管当时连正式的办公室都没有，但他仍梦想着要做一家全球最大的设计公司。凭借出色的设计能力和不断提升的专业水平，洛可可逐步拓展品牌设计、服务设计等业务板块，成为国内获国际设计大奖最多的公司之一。然而，随着业务扩张，洛可可不得不雇用更多的设计师，这成为制约公司持续做大的瓶颈。一方面，设计师人力成本持续增长；另一方面，设计师群体难以管理，常常发生设计师离职创业的情况。贾伟意识到，如果不寻求新的发展路径，洛可可将止步于一家小而美的公司。

2. 共享经济与在线设计平台的启发

受共享经济蓬勃发展的启发，贾伟开始构建一个全新的在线设计平台，希望通过连接社会上闲置的设计师资源和设计需求方，解决管理难题和人力成本问题。然而，数字化道路并非一帆风顺，洛可可在最初阶段遭遇了内外部重重困境。在了解到钉钉已经服务超过1 000万家企业客户后，贾伟意识到钉钉平台的巨大潜力，于是产生洛可可入驻钉钉应用市场，并最终与钉钉团队共创搭建专门的“服务市场”的想法。2019年，钉钉服务市场上线，洛可可成为首批入驻的种子供应商，推出洛钉钉，成功打入企业服务市场，至此，洛可可才逐渐在数字化道路上形成一定的规模。

3. 智能设计与跨平台合作的深化

为了顺应数字智能时代的浪潮，2020年底，贾伟决定，不再局限于钉钉提供的单一服务场景，而是将视野投向更大的商业生态圈，为智能设计团队成立独立公司，进一步做大做强洛可可。洛可可开启了与南极人电商的合作，通过智能设计提升产品品质和服务能力。洛可可将南极人电商的用户消费数据导入营销测款环节，利用智能设计算法进行解构，提供基于数据的设计方案，并为下游供应链企业提供即用的生产图纸，提高协同效率。在合作过程中，南极人电商可以调用洛可可的智能设计能力和设计师资源，洛可可则利用南极人电商的用户资源和需求场景拓展服务。这些能力又反向应用到钉钉平台，优化洛可可在钉钉市场上提供的设计服务，与钉钉的共创持续推进，推动公司的数字化转型走向新的高度。

二、数字创新的外部环境分析：可做

在分析了外部环境后，贾伟发现智能设计领域存在巨大的市场机会。一方面，随着中小企业数量的不断增加，它们对设计服务的需求也在迅速增长；另一方面，AI 技术的快速发展为智能设计提供了技术支撑。此外，洛可可通过与钉钉等平台的合作，积累了丰富的数据资源和用户反馈，为智能设计产品的开发和优化提供了有力支持。因此，贾伟认为智能设计是一个可行的战略方向。洛可可数字创新的外部环境分析见表 4-1。

表 4-1 洛可可数字创新的外部环境分析

一级维度	二级维度	三级维度	以洛可可为例
可做	宏观环境	数字政策（政治）	洛可可的数字创新过程中未明确体现数字政策的支持，但洛可可的成长过程中宏观政策环境鼓励数字化转型，并会提供资源支持
		数字经济	随着互联网等数字经济的规模扩张，在线设计需求迅速增长，这为洛可可的在线设计平台创造了广阔的市场空间。通过与钉钉合作，洛可可成功推出了洛钉钉平台，借助数字经济的东风，将设计业务从线下拓展到线上，实现了业务模式的创新和扩展，极大地提升了市场竞争力
		数字社会	微博、微信、抖音、小红书等社交平台的崛起，大大提高了人们对数字化服务的接受度和需求。洛可可利用这一契机，成功地在设计业务中引入了数字化元素，例如在线设计、智能设计等，使设计服务更加便捷、高效，符合数字社会中客户对服务即时性和高效性的要求。通过提供数字化的设计解决方案，洛可可不仅满足了客户需求，还增强了客户黏性，提升了客户满意度
		数字技术	外部环境中数字技术的迅猛发展，为洛可可的数字创新提供了技术支撑。例如，通过与阿里巴巴、钉钉的合作，洛可可得以利用阿里云和钉钉的先进技术平台，成功构建了高效的在线设计工作台和智能设计系统。数字技术的应用，使洛可可在设计流程管理、设计资源配置等方面实现了自动化和智能化，大幅提升了设计效率和质量，为洛可可的数字化创新奠定了坚实的技术基础
	中观环境	用户	中小企业用户的设计需求呈现“小量化、简单化、成本敏感”的特点，例如 VI（视觉识别）设计、包装设计需求旺盛，倾向于价格低且交付快的服务。钉钉生态用户的特定需求逐步凸显，例如轻量化、智能化设计方案。用户期望从一次性购买设计转向“云端设计部”等长期合作形式，同时提高了对智能化设计的接受度
		市场	数字化转型正成为各行业企业关注的重点方向，尤其是中小企业市场对轻量化设计和在线协作服务的需求激增。洛可可通过钉钉生态进入中小企业市场，探索多样化需求的轻量化解决方案，具备向其他生态扩展的潜力
		竞争者	传统设计公司与智能化设计平台形成竞争。前者强调定制化服务，后者凭借低成本与快速交付占据大量市场份额。凭借与钉钉的深度绑定，以及全链路协作服务模式（如“云端设计部”），洛可可在平台赋能与综合解决方案方面初步形成壁垒

三、数字创新的内部环境分析：想做和能做

洛可可的创始人贾伟具有敏锐的商业洞察力和企业家精神。他深刻认识到在数字化时代，设计行业必须与时俱进，利用新技术进行创新。贾伟坚信智能设计是未来设计行业的重要发展方向，特别是在满足海量用户基本需求方面，智能设计具有巨大的市场潜力。因此，他产生了将发展智能设计作为公司未来发展的核心战略的想法。

洛可可在设计领域积累了丰富的经验和技术能力，拥有一支专业、高效的设计团队。此外，公司还拥有大量的设计案例和素材库，为智能设计产品的开发提供了丰富的资源。通过与阿里云达摩院的合作，洛可可获得了强大的技术支持，能够快速开发出高质量的智能设计产品。这些内部优势使洛可可有能力实施智能设计战略。洛可可数字创新的内部环境分析如表 4-2 所示。

表 4-2　洛可可数字创新的内部环境分析

一级维度	二级维度	三级维度	以洛可可为例
想做	企业家精神	敏捷思维	创始人贾伟具有意愿迅速调整公司战略，从传统设计服务转向在线平台，迎合年轻一代消费者对个性化和独特设计需求
		生态系统观	贾伟与设计师、供应商、制造商和客户建立了广泛的合作网络，共同推动创新和价值创造
		数据驱动	贾伟利用用户消费数据优化设计方案（例如与南极人的合作）
能做	资源	价值性	洛可可为客户提供从概念设计到产品实现的一站式服务，帮助客户将创意转化为商业价值。其独特的设计风格和创新能力，能够为客户带来显著的附加值
		稀缺性	洛可可的设计团队在国内具有独特的创意和国际奖项的认可
		难以模仿性	洛可可的在线设计平台和智能设计能力具有高度的专业性和技术壁垒
		不可替代性	洛可可的设计服务和智能设计解决方案独特且难以被其他公司或技术所替代
		可扩展性	洛可可公司通过灵活的数字资源整合和模块化设计，展现了出色的可扩展性
	动态能力	感知能力	洛可可能敏锐捕捉到中小企业对轻量化、低成本设计的需求，并具备探索智能设计潜力
		捕获能力	洛可可借助钉钉生态，打造洛钉钉协作平台和“云端设计部”，能够有效把握市场机会
		重构能力	洛可可逐步从大企业市场向中小企业市场转型，并从单一设计服务扩展到全流程数字化协同生态

四、数字创新的战略选择分析：该做

通过对洛可可案例的分析，我们不难发现洛可可最终认为依附式战略是企业“该做”的战略选择。接下来我们基于这一典型案例，借用想做、可做、能做、该做的分析

维度进行分析，探讨洛可可采取这一战略行为的过程。洛可可通过对设计需求的深入调研，发现市场上的空白和潜在机会，特别是在数字化转型的背景下，设计行业急需建立一个更加高效、互动的设计师社区，以满足客户日益增长的个性化和定制化需求。而洛可可作为一家创新设计企业，难以独自满足这一巨大需求，因此希望通过与大企业或行业巨头合作，快速提升市场影响力、积累资源和经验，实现自身设计理念的广泛落地和商业价值的最大化（即“想做”）。同时，从市场和环境的可行性来看，洛可可的依附式战略有明确的实现路径。一方面，中国市场拥有大量行业龙头企业，它们对高质量设计服务有强烈需求且资源充足；另一方面，许多链主企业在寻找合作伙伴，市场具有大量合作机会，洛可可具备较强的设计能力和行业影响力，可以通过灵活合作的方式切入大企业的供应链和创新体系，这种战略具备可操作性（即“可做”）。并且，从自身能力和资源来看，洛可可已具备扎实的设计能力和敏锐的市场洞察力，这些能力使其有资格成为大企业的战略合作伙伴。此外，洛可可在已往项目中积累了丰富的经验，并建立了一定的行业网络，为实施依附式战略提供了坚实的基础（即“能做”）。因此，最终我们可以得出洛可可“该做”依附式战略。采取依附式战略可以帮助洛可可通过合作获取市场资源支持，将更多精力集中于提升设计创新能力，借助大企业的品牌与资源优势，分担市场波动带来的不确定性，并且可以通过为合作伙伴提供高质量设计服务，建立长效的互利共赢关系，进一步巩固自身行业地位。洛可可的战略选择过程如图 4-2 所示。

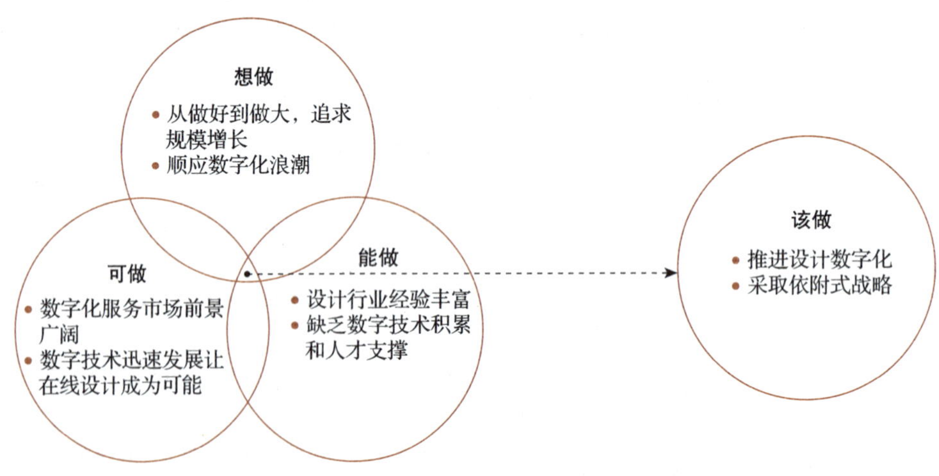

图 4-2 洛可可的战略选择过程

本章小结

数字创新战略是指企业为应对数字化时代的挑战和提升竞争力，而制定的一系列系统性的数字创新规划，其涵盖了技术、产品、服务、组织等多个方面。

数字创新战略的类型根据创新方式和创新来源划分，可以分为探索式数字创新与利用式数字创新、依附式数字创新与自主式数字创新两组。

数字创新战略选择的分析框架包含“想做、可做、能做与该做”四个方面。

即测即评

一、不定项选择题（从以下四个选项中选择合适的答案）

1. 划分数字创新战略的维度有哪些？（　　）

A. 创新来源和产品类型　　B. 创新来源和创新目标

C. 创新来源和创新方式　　D. 创新来源和创新范围

2. 数字创新方式不包括哪几种？（　　）

A. 颠覆式创新　　B. 探索式创新　　C. 利用式创新　　D. 渐进式创新

3. 根据创新来源划分，数字创新战略包括以下哪种？（　　）

A. 合作式数字创新　　B. 自主式数字创新　　C. 继承式数字创新　　D. 模仿式数字创新

4. 在数字创新战略分析框架中，与企业家精神对应的内容是什么？（　　）

A. 想做　　B. 能做　　C. 可做　　D. 该做

5. “战略甜点”的几个前提条件是什么？（　　）

A. 愿意冒险、开放进取的企业家精神　　B. 相对稳定的外部环境

C. 充足的企业内部资源　　D. 可靠战略同盟的建立

二、简答题

1. 数字创新和数字创新战略的内涵是什么？

2. 探索式数字创新和利用式数字创新的差别是什么？

3. 请说明探索式数字创新的优势与劣势。

4. 简述数字创新战略选择的分析框架的内涵。

5. 结合本章所学和实际案例，请思考企业该如何进行数字创新战略选择。

讨论案例

蔡司：品牌制造商的数字化转型探索

卡尔蔡司光学（简称蔡司）是全球视光学和光电子工业领域知名的跨国公司，自 1995

年在广州设立首家公司以来，深耕中国市场近30年，以卓越品质和技术实力确立了中国高端镜片市场的领先地位。蔡司中国团队积极拥抱数字化，致力于打造数字平台，赋能其客户（眼镜店）更好地服务消费者（终端用户），期望利用数据提升运营效率、实现业务增长。截至2023年底，蔡司在广州建立了5家公司，投资近30亿元，形成集设计、研发、生产、销售、物流、售后和全球检测于一体的视光健康产业数字化生态圈。蔡司中国为什么要开启数字化转型，数字化转型经历了哪些阶段、面临哪些挑战，蔡司是如何应对的，以及未来将走向何方……这些问题令人好奇。

寻求突围（2013—2017年）

2013年，杨晓光正式上任蔡司中国区营销副总裁。蔡司初期专注于B2B市场，未将终端消费者纳入战略考量，数字化营销也未普及。杨晓光提出转型后，面临着国内外数字营销差异、缺乏C端（客户端）营销基础等挑战。为推动数字化转型，蔡司借鉴合生元的O2O模式，尝试构建自己的O2O消费者运营模式，但面临执行难题和人员流失挑战，导致“百万粉丝”计划进展缓慢。同时，蔡司推出线下体验中心并培训客户，旨在提升消费者体验。此外，2013年与北京同仁眼科视光中心的一次合作，让蔡司意识到为了做好B2C，加强B2B培训服务的重要性。彼时的专业眼科医院普遍面临患者等候时间长、科室协作烦琐、运营效率低等挑战。蔡司敏锐地观察到这一问题，发现促使管理人员重新思考企业流程、消灭浪费、创造价值的精益思想（Lean Thinking）将对以上问题提供有效指引。2007年，蔡司开始在工厂推行精益思想，形成了独特的理论体系和方法论。与北京同仁眼科的合作是基于精益原则和方法的应用，旨在提升门店运营水平。通过实施精益咨询，门店现场变得更加整洁，运营效率也得到显著提升，同时创造了与客户深度战略合作的可能性。

蔡司在企业内部也面临着诸多问题。鉴于每位消费者都会接触到蔡司镜片，产品包装成为蔡司与消费者建立联系的重要桥梁。因此，蔡司开始尝试构建触达消费者的数字化镜片防伪系统。与此同时，经销商存货管理也存在大量痛点，如库存数据不清晰、缺乏有效的管理工具，不仅影响了与消费者的互动效率，还未能实现与蔡司供应链的信息化对接，进而增加了双方的管理负担。为此，蔡司联合在镜片行业深耕多年的系统集成软件供应商，共同打造经销商数字化管理系统，旨在帮助经销商实现进销存的一体化管理，提升运营效率并降低成本。

追求共赢（2018—2021年）

数字营销的引入让蔡司开始关注消费者并考虑其需求，同时也让消费者认识到蔡司不仅仅有高端产品，还有中档和入门级商品，能够满足个性化需求。然而，随着蔡司与消费者的互动增多，新的问题又出现了：先前阶段的数字营销只是对消费者进行浅层触达，并未直接促成交易；与此同时，一些经销商开始质疑蔡司做C端营销的目的，怀疑蔡司是否真能帮助自身实现增长。

为建立与客户（门店）的利益共同体，提升消费者黏性，蔡司决定建设以微信为核心，以微博、知乎、抖音、小红书等为辅助的数字化社交媒体矩阵，同时从供应商代运营逐步转为蔡司自运营模式，并推出蔡司睛选线上平台，吸引客户入驻。这些措施旨在通过社交媒体矩阵，构建私域流量池，并通过蔡司睛选有效引导客户流量并转化为实际订单增长。

与此同时，随着市场设备的多样化，蔡司意识到原本为体验中心定位设备而设计的ZEISSI.demo系统已无法满足设备数据整合的需求。2018年，蔡司开始将ZEISSI.demo系统升级为覆盖蔡司全部设备的掌上顾问系统，使店员可以基于单一系统完成验光数据采集和订单下达等任务，从而提高工作效率。此外，蔡司还帮助门店进行消费者忠诚度管理，利用线上CRM平台收集顾客满意度数据并进行数字化呈现。

经过一系列变革战略的实施，蔡司迅速占领市场并扩大份额，并通过代理商、直营和医院等渠道取得了良好成绩。然而，这也导致了渠道间冲突日益加剧，出现了非良性争抢资源等问题。为了解决这些问题，管理团队决定在江西地区建立内部管理模式和分工的调整试点。基于数字时代对组织结构的需求，杨晓光与管理团队开始探讨阿米巴结构是否适合蔡司，并着手应对市场需求的变化。2020年3月，公司决定全员参与阿米巴模式的学习，开展线上课程和线下赋能培训。2021年3月，公司发布了蔡司阿米巴模式组织变革规划，包括目标设定、前台和中台合作模式、巴长人员画像等内容，首次明确了该模式下团队管理者的特质和能力标准。

资料来源：根据网络资料整理。

【讨论题】

1. 请分析蔡司在数字化转型过程中的内部环境和外部环境，以及蔡司分别具有何种优势和劣势。
2. 蔡司在追求共赢阶段主要采取了哪种战略？你认为蔡司为何采取这种战略？
3. 你认为蔡司在未来的发展过程中还可能遇到什么样的内部和外部的挑战？如果你是蔡司的负责人，将会如何应对？

第二篇

PART 2

数字创新模式管理

第五章　数字产品创新管理
第六章　数字服务创新管理
第七章　数字组织创新管理

第五章
CHAPTER 5

数字产品创新管理

§ 学习目标

- 从数字产品创新的实践案例出发，提炼数字产品创新的特征。
- 比较数字产品创新与一般产品创新的特征，掌握数字产品创新的定义。
- 从数字技术应用的不同程度切入，掌握数字产品创新的不同类型，包括数码化产品创新、数字化产品创新和智能互联化产品创新等。
- 理解企业如何从数字产品创新中获利，了解数字产品创新的风险、监管挑战以及提升数字产品创新社会价值的策略等。

§ 引例

诺基亚、苹果和小米：智能手机创新传奇

从20世纪末至21世纪初，手机从传统功能机迈向智能手机的发展之路，堪称一部科技传奇。诺基亚、苹果、小米等品牌以标志性产品铸就了智能手机行业的创新辉煌。

芬兰诺基亚：功能机霸主的转型

20世纪90年代，诺基亚手机以耐用、易用的品质和设计称霸全球，2007年市场占有率超过43%。诺基亚3310型号手机待机时间长且坚固，备受公众喜爱。之后，诺基亚逐步推出有网络浏览、音乐播放功能的手机，向多功能移动设备转型，且早在2007年就探索手机与塞班智能操作系统的结合。

美国苹果：智能手机革命的先锋

2007 年，苹果推出 iPhone，引发了智能手机革命。iPhone 不仅彻底改变了手机的外观设计——从“传统键盘”转向“触控屏幕”，还搭载 iOS 操作系统和 App Store，使手机成为功能强大的掌上电脑。iPhone 的成功让全世界见证了智能手机给人类生活带来的深刻改变，同时开启了触控屏幕的新纪元。

中国小米：生态链布局下的智能生活

小米以“为发烧而生”的理念在庞大的中国市场崛起，靠高性价比占领市场并构建生态系统。小米能拥有高质量的手机硬件和创造良好的用户体验，MIUI 系统和生态链建设是关键。从手环、电视到智能家居产品，小米实现了跨领域融合，为用户提供一站式智能生活服务。

手机的创新之路：向虚实融合进发

手机创新历经从通信功能到生态链创新的变革。数字技术与社会发展是创新基石，人们对生活品质的要求是动力。未来，智能手机会朝着更沉浸、智能、虚实融合的方向发展。苹果于 2024 年 2 月 2 日推出的 Vision Pro 是发展历程中的重要标志。Vision Pro（256 GB 版本）售价为 3 499 美元（约合 2.5 万元人民币），其人工智能和增强现实技术可将数字信息叠加于环境，为用户提供新的交互体验。虽然未来智能眼镜可能取代手机的部分功能，但是要完全取代，还需通过构建生态、增加应用、解决电源、提升视觉体验等途径来解决问题。Vision Pro 预示着智能手机进入虚实融合新纪元，未来将更趋向用户与数字世界高度融合，数字产品创新边界不断拓展，未来智能世界充满无限可能。

资料来源：根据网络资料整理。

第一节　数字产品创新的实例、驱动因素、特征及定义

数字产品创新作为科技进步与市场需求碰撞产生的火花，正以前所未有的速度和深度改变着我们的生活和工作方式。本节内容将以实际案例为出发点，深入地阐述数字产品创新的特征与定义，为您揭开数字产品创新的神秘面纱。

数字产品创新的实例、驱动因素、特征及定义

一、数字产品创新的实例

在对“数字产品创新”做出规范定义之前，我们先来看看，当下生活中可以观察到的一些数字产品创新案例。

1. Kindle：从传统阅读迈向数字阅读[㊀]

Kindle 的问世具有划时代意义，它将纸质阅读变为线上阅读。亚马逊以图书业务为切入点，通过 Kindle 电子书店和产品构建生态圈，其与传统出版业合作，是数字内容盈利模式的典范，同时，它还推动了数字阅读发展。2013 年 6 月 7 日，Kindle 进入中国市场，主打产品价格为 600～1 000 元，亚马逊旨在以硬件获取用户、靠虚拟产品盈利。它还从功能和文化属性入手，开拓中国市场，如提供了生词提示、笔记分享等功能。Kindle 广受文艺青年青睐，因为它让电子阅读器变得流行，且墨水屏护眼，不易使人分神。Kindle 不仅引领了全球阅读革命，也激发了中国本土企业创新。国内的各类阅读 app 能让用户在线阅读海量书籍，还可实现个性化推荐，有更多附加功能并形成了良好的社区氛围。此外，部分产品拓展了有声书、漫画等内容和线下书店，构建了全场景阅读体系。竞争对手的高速发展，使 Kindle 逐渐遭遇困局。随着智能手机和平板计算机的普及，国内阅读 app 不断抢占市场，听书平台改变了读者的阅读习惯。2022 年，Kindle 宣布将于 2023 年 6 月 30 日退出中国市场。如今它虽然已经落幕，但作为阅读变革的开拓者，它为电子阅读打开了一扇新大门。

2. 智能手机：从通信工具迈向移动生态

手机诞生开启了便捷通信时代。20 世纪 80 年代，1G 手机基于模拟信号技术而出现，摆脱固定电话线束缚，改变了沟通和社会运作模式。随后，2G 数字技术取代模拟信号技术，通话质量提升且能提供短信服务，手机体积变小、功能增多。到了 21 世纪初，手机发生了根本性变革。2000 年前后，智能手机概念逐渐清晰，2007 年，苹果推出的手机 iPhone 从单纯的通信工具变为多功能智能终端，之后 Android 系统崛起推动其普及，4G、5G 等通信技术和应用商店满足了人们多样化的需求，智能手机走进了大众生活，在工作、学习、娱乐中都变得不可或缺。随着移动互联网和物联网的发展，手机成为智能生态的核心。各大品牌纷纷构建了自身生态，如苹果的 Apple 生态，iPhone 通过与其他设备整合，实现了数据同步等功能。而且手机在支付、办公、健康管理、社交娱乐等场景广泛应用，成为生活服务和身份认证的重要载体，强化了其在现代社会的核心地位。

3. 天猫精灵：从独立产品到智能互联生活伴侣

随着智能家居兴起，智能音箱因语音交互和物联网接入功能成为其核心入口，天猫精灵是其中的佼佼者。它以语音识别和自然语言处理能力，让用户能通过对话操控智能设备，开启智能物联世界之门。天猫精灵系列涵盖基础、高端、智能屏、智能镜、儿童

㊀ 澎湃新闻网 . Kindle 9 年，从“阅读宠儿”到“泡面神器”[EB/OL].（2022-06-06）[2024-05-25]. https://m.thepaper.cn/baijiahao_18410200?sdkver=7d05c2f1.

款等多种类型，形成产品矩阵，满足不同年龄、场景的需求。音乐爱好者、为孩子找陪伴的家长、需要可视化界面的用户在天猫精灵都能找到合适选择。随着技术升级，天猫精灵不再只是智能音箱，更像有深度学习和个性化服务能力的未来精灵。它的本质是不断进化的家庭智能终端，阿里人工智能实验室认为其终极形态是家庭机器人。2022 年，天猫精灵接入阿里通义系列模型，越来越多用户开始参与个性化大模型体验。

二、数字产品创新的驱动因素

为什么数字产品创新会广泛发生？那是因为政治、经济、文化、技术四大因素相互交织、共同作用，使得当下数字产品创新方兴未艾。

1. 政策的完善为数字产品创新保驾护航

国家对于科技创新、数字经济和信息化建设的扶持政策可以为数字产品创新提供良好的宏观环境和政策保障，如税收优惠、研发投入补贴等。另外，数据安全与隐私保护法规也对数字产品创新提出了更高的合规要求，推动企业进行技术创新以符合法律法规要求。知识产权保护力度的加强也有利于激励企业在数字产品领域的创新投入。

按照《数字中国建设整体布局规划》，5G 网络、千兆光网、算力中心等一批数字基础设施重大项目将加快投资和建设步伐，并吸引和带动更多社会投资，促进数字经济快速发展。与此同时，随着集成电路、人工智能、量子信息等技术的创新突破，以及数字技术与经济、政治、文化、社会、生态文明建设的深度融合，数字经济将涌现更多新业态、新应用，也将激发出市场对数字产品和服务的更大需求。

2. 市场需求呼吁数字产品创新加速并扩散

近年来，全球经济数字化转型加速，市场需求日益增长，消费者对数字产品的需求呈现多元化、个性化、定制化的趋势，这为数字产品创新提供了广阔的市场空间。另外，经济发展水平、产业结构调整以及消费升级等因素也直接影响到数字产品的研发方向和速度，5G 通信、人工智能等数字基础设施的建设和普及，极大地推动了相关数字产品的创新和发展。随着移动互联网的普及和电子商务的兴起，支付宝等移动支付平台的创新产品应运而生，改变了人们的消费和支付习惯。

3. 社会文化革新不断激发数字产品创新灵感

全球化进程使得跨文化交流互动更为频繁，为数字产品创新提供了丰富的灵感来源和多样的市场需求。此外，随着社会文化的全面发展和互联网的深度普及，用户对数字产品的接受度和依赖程度越来越高，对产品各方面的要求也在不断提升，这促使企业必须不断创新以满足用户的期待。例如，智能音箱的兴起，正是源于社会对智能家居、个性化娱乐和便捷生活服务的强烈需求。

4. 技术进步是数字产品创新的根本驱动力

现代科技日新月异的发展是数字产品创新的根本驱动力。其中，云计算、大数据、人工智能、区块链等前沿技术的应用，不仅改变了数字产品的形态和功能，还降低了创新成本，提高了创新效率。同时，新兴技术之间的交叉融合，如物联网与AI结合，催生出众多全新的应用场景和商业模式，为数字产品创新提供了无限可能。例如，苹果公司通过集成生物识别、人工智能等前沿技术，推出了Face ID面部识别功能，不仅增强了手机的安全性，还大幅提升了用户解锁和身份验证的便捷性。

三、数字产品创新与传统产品创新的特征比较

结合数字产品创新的实践案例，我们可以明显感知到，数字产品创新与传统产品创新在许多方面存在差异。例如，传统纸媒与电子图书、传统手机与智能手机、传统播放器与智能音箱等，在用户层的使用体验和企业层的创新逻辑上均有较大不同。在瞬息万变的科技洪流中，数字产品创新犹如一股势不可挡的力量，正在悄然重塑着产品设计、生产与消费场景的方方面面。接下来，我们将从技术基础、创新周期、用户体验和成本结构四个维度来对这两类产品创新的不同特征进行比较分析，具体见表5-1。

表5-1 传统产品创新与数字产品创新的特征比较

对比维度	传统产品创新	数字产品创新
技术基础	基于物理实体进行部件式创新	基于信息、计算、沟通和连接等数字技术
创新周期	创新周期通常较长，涉及研发、原型制作、生产测试等环节，周期内面临市场需求变化的风险	创新周期较短，流程迅速，有较高的市场敏锐度，能够快速迭代上线新功能
用户体验	产品定制化程度有限，个性化依赖手工或特殊生产线，不能及时响应用户需求	易于大规模个性化定制，带给客户更优质的产品使用体验
成本结构	原材料和生产成本占比较高，成本结构相对稳定，市场推广成本较高	前期的研发投入较高，边际成本较低，有一定的快速更新换代成本

（一）技术基础方面

传统产品创新大多依赖于物理实体与制造技术来进行部件式的创新，例如改良汽车发动机、研发新型建筑材料等。这类创新更多关注于物理形态、机械结构、生产工艺等方面的改进。而数字产品创新则是建立在互联网技术、人工智能、大数据分析等基础上，利用信息、计算、沟通和连接等数字技术进行的活动[⊖]。比如，从传统的MP3音乐

⊖ YOO Y, HENFRIDSSON, LYYTINEN K. Research commentary the new organizing logic of digital innovation: an agenda for information systems research. [J]. Information systems research，2010，21（4）：1047-7047.

播放器发展到如今的流媒体音乐服务平台，就是通过信息处理技术和计算技术革新了音乐消费模式。常见的数字技术类别如图 5-1 所示。

信息处理技术	连接技术	沟通技术	计算技术

图 5-1　常见的数字技术类别

信息处理技术。信息处理是数字技术的核心部分，指的是利用计算机系统和其他电子设备对任何形式的信息（如文本、图像、声音、视频等）进行数字化转换、存储、检索、分析和展示的过程。

连接技术。连接技术即网络通信技术，负责将计算机、移动设备、传感器及其他智能终端互相连接起来形成网络，从而实现资源共享、信息交换和协同工作等功能。物联网就是连接技术发展的一个重要方向，大量物理设备通过网络相互连接和交互，形成了一个智能化的世界。

沟通技术。沟通技术是指借助数字手段进行人与人之间、设备与设备之间或人与设备之间信息交流的技术。在数字时代，沟通技术已经极大地超越了传统电话和邮件，社交媒体、视频会议、在线协作平台等都是沟通技术不断进步的典型代表。

计算技术。计算技术是指用于执行各种数学运算、逻辑推理以及复杂的数据分析的方法和技术。包括硬件和软件的设计与应用。

（二）创新周期方面

传统产品创新的周期往往较长，从研发、原型制作、测试、生产到市场投放，需要经历较长的物理实验和供应链协调过程。比如传统汽车厂商可能需要数年才能完成一款全新车型的研发和上市，后期的用户调研与反馈更是一个耗时很长的过程。而数字产品创新的周期相对较短，虚拟产品研发迭代快，采用敏捷开发模式，产品上线后还可以快速根据用户反馈进行功能优化和版本升级，因此可以在短时间内完成多次迭代更新。例如，移动应用的开发与上线可能只需要几个月的时间，并在后续几周内根据用户反馈进行连续优化升级。此外，进入 AI 协同时代后，数字产品创新的周期可能在大模型的帮助下，实现进一步缩短。

（三）用户体验方面

以往的实体产品多注重外观设计、实用功能等方面，用户需要实地接触和试用产品才能评估效果。并且新产品的生产周期较长，定制化受限，以至于无法对用户的个性化需求进行及时的响应。而数字产品给用户带来的体验则更为多元化、个性化，企业可以快速精准地了解到用户的个性化需求，使大规模定制成为可能。例如，传统的音乐播放器只能作为一台电子设备去播放音乐，能够带给用户的体验感有限，也无法满足用户关于播放器个性化的使用需求，而智能音箱拥有更强大的个性化定制功能，除了基础的播放功能外，也可以作为远程语言控制中枢，连接整套的智能设备，部分还拥有自主学习功能，来根据用户的使用习惯不断地自我优化，带来更好的使用体验。

（四）成本结构方面

数字产品创新和传统产品创新在成本结构方面具有明显不同的特征。数字产品创新的研发成本相对较高，因为需要投入大量资源进行软件开发、算法优化等。但数字产品一旦开发成功，其复制和分发成本较低，可快速扩大市场规模。例如，数字印刷产业的创新可能涉及软件升级和技术研发，但产品可以通过网络快速传播。传统产品创新通常在原材料采购、生产设备更新等方面投入较大。而且，传统产品的生产过程相对稳定，成本结构变化相对较小，一旦生产流程确定，成本在一定时期内相对固定。传统产品创新需要通过广告、促销等方式进行市场推广，以提高产品的知名度和市场份额，该部分成本相对较高。以传统食品行业为例，如雪糕的创新需要考虑包装、原材料等成本，同时面临市场竞争和行业变革的压力。

四、数字产品创新的定义

综合数字产品创新的实践案例和特征比较，我们可以给出数字产品创新的定义：数字产品创新是融合数字技术和物理组件生产新产品的过程，依赖于计算机科学、人工智能、大数据分析、云计算、物联网、区块链等一系列现代科技手段。这一过程或是将物理组件进行数字虚化，或是对产品进行数字增值，抑或是从单一的产品发展为智能互联的生态网络。

数字产品创新迭代速度快，更注重提升用户体验，采用人性化设计、个性化推荐、交互式界面以及实时反馈机制，使用户可以更高效、舒适地使用产品。在创新时通常伴随着商业模式的变革，从一次性购买转向订阅制、模块化收费，利用广告收入、交易佣金等方式实现盈利。

其中，数字技术是信息、计算、沟通和连接技术的组合[㊀]，数字产品创新是指采用数字技术改进或重构产品形态和功能[㊁]。不同类型的数字产品创新在数字技术的使用类型和程度上存在差异。

㊀ YOO Y, BOLAND R J, LYYTINEN K, et al. Organizing for innovation in the digitized world [J]. Organization science，2012，23（5）：1398-1408.

㊁ BHARADWAJ A, ELSAYW O A, PAVLOU P. Digital business strategy：toward a next generation of insights[J]. MIS quarterly，2013，37（2）：471-482.

第二节　数字产品创新的类型、实现路径与一般过程

在数字化浪潮席卷全球的今天，数字产品创新已成为驱动产业升级、重塑经济格局的关键力量。本节内容将从数字产品创新的类型、实现路径与一般过程三个方面引领读者深入了解和领悟数字产品从孕育到落地的全过程，把握创新的脉络与节奏。

数字产品创新的类型、实现路径与一般过程

一、数字产品创新的类型

从数字产品创新的定义出发，根据数字技术应用类型和程度的差异，可以将数字产品创新划分为以下三种类型。

1. 数码化产品创新

数码化产品创新是指利用数字技术手段，对传统产品进行改造升级，使之具备数字信息处理和交换的能力。值得注意的是，数码化产品创新过程中，并不涉及改变产品价值，只是对产品的使用方式进行一定程度上的数字虚化。这一类型的产品创新通常伴随着模拟信号向数字信号的转换，比如从传统的胶片摄影过渡到数码摄影，或从纸质图书转向电子书等形式。

2. 数字化产品创新

不同于第一类数码化产品创新，数字化产品创新是基于数字化环境直接创建新的产品形态和服务模式，利用数字技术对产品的原有功能进行优化和拓展，改变原有产品的使用方式，从而创造出全新价值。这类创新通常涉及大数据、云计算、移动互联网等先进技术，旨在创造高度集成、数据驱动的智能产品。比如前述数字创新产品智能手机的出现，极大地改变了手机的产品形态和服务模式，使手机不再单一地作为通信工具使用，而成为集多种功能于一体的便携式智能终端。

3. 智能互联化产品创新

随着人工智能、物联网、5G 通信等前沿技术逐渐融入数字产品创新过程中，智能互联化产品创新占据越来越重要的位置。这一类产品创新与前两类相比，赋予了产品互联互通、自主学习、情景感知等特点，目的是在生活场景中创造出全新的产品价值或者创造出全新的使用场景。比如，智能音箱（天猫精灵），就是在“家”的场景中创新出新的使用需求，使家里的智能设备相互连接、相互作用，从而形成生态网络，创造了新的产品价值。不同类型的数字产品创新的数字技术应用情况见表 5-2。

表 5-2 不同类型数字产品创新的数字技术应用情况

数字产品创新的类型	数字技术应用的类型	典型案例
数码化产品创新	信息处理技术	智能阅读、数码摄影等
数字化产品创新	信息处理技术、计算技术	智能手机等
智能互联化产品创新	信息处理技术、计算技术、沟通技术、连接技术	智能音箱、智能家居、智能汽车等

二、数字产品创新的实现路径

数码化产品创新、数字化产品创新、智能互联化产品创新由于其数字技术应用的类型和程度不同，其创新的实现路径也有一定的差异，三种类型的数字产品创新的实现路径如下。

（一）数码化产品创新的实现路径

创意构思与概念开发：针对市场需求，结合现有技术条件，构想将传统产品进行数字虚化的可能性，比如将纸质书籍转为电子书，将胶卷照片转为数码照片等。

产品设计与开发：设计简洁易用的使用界面和流畅的体验流程，确保用户能快速上手，减少用户从传统产品过渡到数字产品所需要的学习成本。

内容移植与创作：数码化产品的核心特点就是彻底改变某一产品的使用习惯与付费方式，需要谨慎考虑将所涉及的内容资源转换为适合数码产品的形式，同时可以开发专为数字环境设计的新内容。以电子书来举例，将文字转移到一块方寸大小的屏幕上时，一方面要注重阅读体验的还原与优化，另一方面也要合理考虑到电子书排版问题。这也是阅读器 Kindle 会采用极度还原纸张阅读质感的水墨屏与类似常规书籍大小的屏幕尺寸的核心原因。

（二）数字化产品创新的实现路径

创新构思与原型设计：利用先进的数字技术，重新定义产品功能和使用模式，从而实现对产品使用价值的增加。例如，iPhone 的“滑动解锁”以一个全新的产品构思与使用体验，开启了触屏手机的全新时代。

数据采集与平台搭建：收集用户数据，深度分析用户行为和偏好，为产品优化提供数据支撑。构建稳定的后台服务，保障产品稳定运行和数据安全，并且积极与其他平台和第三方服务商开展合作，共享数据和资源，共同构建数字化生态体系。

迭代优化与持续创新：需要快速响应市场变化，利用数字技术与设施频繁迭代产品功能，始终保持产品竞争力。在如今市场竞争高度饱和的状态下，想要吸引顾客、留住顾客，就不能停下迭代优化与持续创新的脚步。比如回顾开篇提到的智能手机案例，现如今手机市场所剩余的蛋糕越分越小，优化的功能越来越细，如何在激烈的竞争中保持优势？敢于创新、持续创新或许是答案之一。

（三）智能互联化产品创新的实现路径

物联网与AI赋能：在产品中集成传感器、微处理器等组件，使其具备数据采集、计算和通信能力，并且可以将机器学习、深度学习等AI大模型应用于产品之中，实现产品的自主学习和自我优化。

设备互联与生态构建：通过统一的机器语言，实现智能设备之间的互相识别、通信和协作，从而围绕核心智能产品打造开放的生态系统，吸引第三方开发者加入，提供更多增值服务和应用选择。

场景化应用与商业模式创新：以实际生活场景和工作场景为出发点设计产品功能，或者能增强产品的使用场景特点，或者能从单纯售卖只包括硬件的解决方案转变为提供包括硬件、软件等服务一体化的解决方案。比如，智能音箱、智能家居、智能汽车等，均改变了产品以往单一使用需求为导向的创新模式，根据使用场景做出了新的设想，赋予了产品更完整的商业价值。

三、数字产品创新的一般过程

本部分内容将系统对比分析数字产品创新与传统产品创新在过程上的显著差异，从而帮助读者更好地厘清数字产品创新过程如何从根本上改变创新前后端的各个环节。

（一）传统产品创新的过程

（1）创意的产生。创新的源头是创意，充分挖掘创意，并实现对创意的有效开发和利用是企业成功进行产品创新的关键前提之一。在进行产品创新之前，企业可以利用多种方法来获得新产品的创意。例如，从顾客及外部利益相关者如供应商、竞争对手那里去挖掘创意，主动寻找已生成的新产品创意，或通过对市场的深入调研，理解并识别用户未被满足的需求、期望和痛点，进而基于潜在消费需求去获得新产品的创意。除了从外部获取创意的灵感和想法外，部分企业也鼓励组织内部创新，从内部获取创意，并提供自由发挥的空间和资源支持，通过团队成员的头脑风暴去探索新的可能性。每个创意生成的场景都是不同的，这取决于企业技术、顾客、产品本身、可用资源等因素。

（2）概念开发与设计。概念开发是产品生命周期早期的关键阶段，可以拓展为前端过程。在这个阶段中，企业识别了目标市场的需求，形成并评估了可选择产品的概念，然后选择出一个或者多个概念进行进一步的开发与测试。产品概念开发是产品设计的起点，提供了设计的方向，而设计则通过实践来实现产品的概念，满足用户的需求，同时传达出品牌的价值观。所以，对于企业来说，合理掌握产品的概念开发与设计过程是非常重要的，这将直接影响到产品创新流程的后端环节。

（3）实施开发与测试。在完成产品的概念开发与设计之后，就得到了一个或一组有开发前景的产品创新路径。产品开发和测试是一个复杂而关键的过程，主要包括以下几个阶段。①第一阶段：需求分析和规划。这个阶段需要仔细分析并明确定义产品的功能需求。这将有助于确保产品设计的准确性和有效性。另外，还需要确定项目的时间、资源和预算限制，并制订清晰的项目计划和里程碑。②第二阶段：原型设计和开发。在此阶段需要设计和开发产品的原型。原型设计是一个将概念转化为可视化和可交互模型的过程。它可以帮助企业更好地理解产品的功能和用户体验。在设计过程中，应该适当考虑到用户的需求和反馈，并进行相应的修改和改进。③第三阶段：软件开发和编码。这一阶段将开始进行软件的开发和编码工作，需要根据产品需求和设计，编写高质量的代码并进行严格的测试。④第四阶段：软件测试和质量保证。确保代码的可读性、可维护性和可扩展性，遵循开发最佳实践，并及时修复可能出现的错误并进行调整。

（4）实际生产与迭代优化。在产品完成测试并达到生产标准后，企业可以开始着手准备产品的实际生产。在激烈的竞争态势下，产品上线后需要不断地根据市场需求进行迭代，以提升产品的市场竞争力。产品上线后，需要进行持续的升级、迭代和优化，主要包括两种迭代优化策略：新一代产品研策和产品标准迭代优化。前者是在产品现有基础上，对产品未来趋势做出预判，进而形成新一代产品的价值体系和设计导则；后者则是对现有的产品标准进行全面升级迭代，并补充完善标准体系中缺失的标准，最终形成升级迭代后的产品标准化体系。传统产品创新过程如图 5-2 所示。

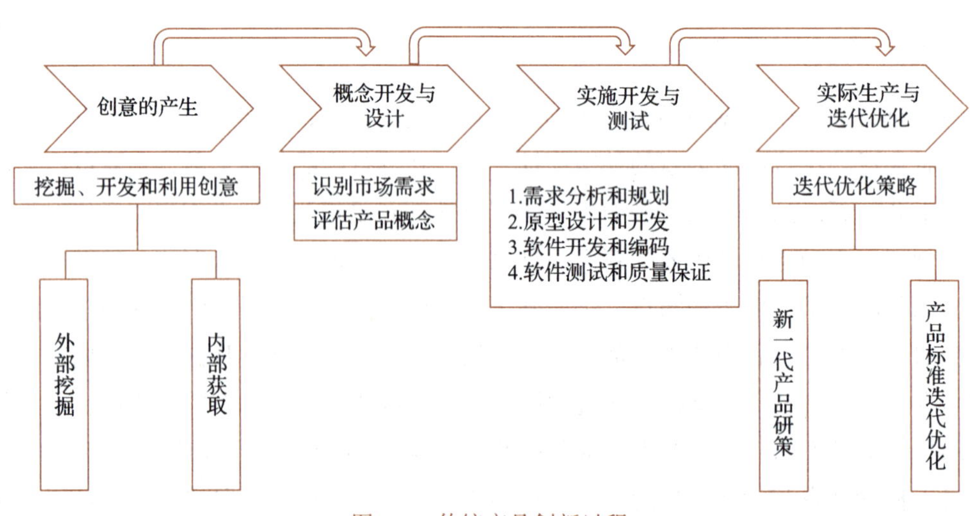

图 5-2 传统产品创新过程

（二）数字产品创新的过程

数字产品创新的过程根据其数字技术应用的情况与使用需求的不同，可以分为局部调整和整体重构两大类型。

1. 局部调整

数字产品创新时，有时并未改变产品的整体价值创造流程，只在技术原理变动的基础上进行的技术创新[⊖]，进而在传统产品创新各阶段中实现更高效、更高质的效果。

在创意的产生和概念开发与设计的前端过程，更多的是利用企业内部的数据、技术来驱动创新，同时也鼓励外向的开放式创新。数字产品创新的创意与设计理念往往源于对用户行为、需求、痛点的大数据分析。通过收集和分析用户在使用数字产品时的行为数据，企业可以更准确地把握市场需求，挖掘潜在的创新点。数字产品创新还可以基于技术的最新进展来构想新的功能和服务模式。例如，人工智能技术的引入可以催生出智能客服、智能助手等创新产品。此外，数字产品创新倾向于采用开放创新模式，鼓励内外部团队、开发者社区以及广大用户共同参与产品的构想过程。

在实施开发与测试和实际生产与迭代优化的后端过程，突出表现为“快速”与“精准”两个特点。传统产品创新从概念到实物的开发周期较长，且一旦进入开发生产环节，更改前序流程的成本较高。而数字产品创新依托于软件和数字技术，允许开发团队更快地进行优化迭代，通过敏捷开发和持续集成的方式，不断试错、快速完善产品设计。在更新优化上，基于客观数据，企业可以直接了解到产品哪些方面需要改进，一定程度上排除了用户反馈中的主观因素带来的理解偏差，做到“精准打击痛点”，用较少的成本完善数字创新产品。数字产品创新的局部调整过程如图 5-3 所示。

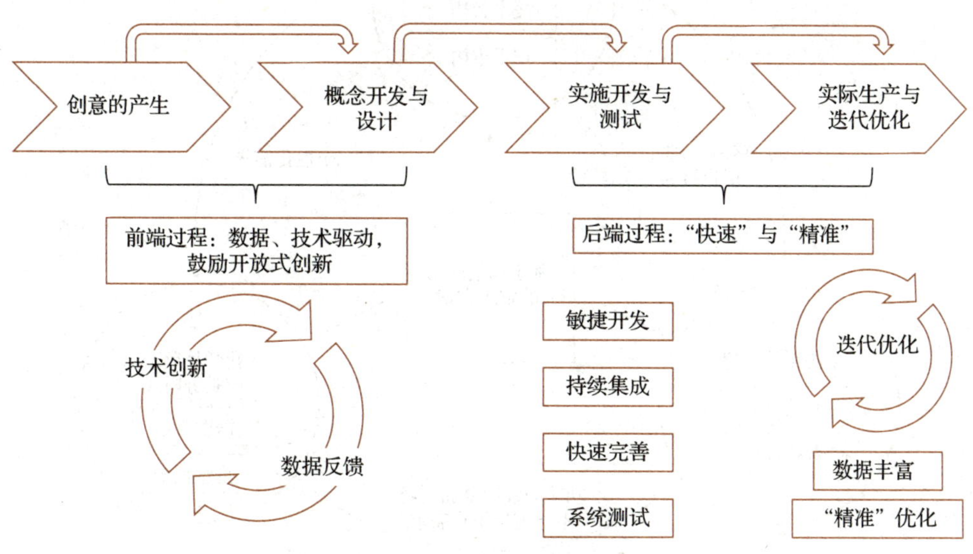

图 5-3　数字产品创新的局部调整过程

⊖ 吴贵生. 技术创新管理 [M]. 北京：清华大学出版社，2000.

2. 整体重构

随着数字技术的不断发展，人们对数字产品的需求也越来越多，简单的数码化或数字化已经难以满足人们日渐个性化的需求，市场开始更倾向服务于场景应用的解决方案[㊀]。在这样的背景下，企业需要突破固有的线性创新范式，构建可循环、可成长的创新模型[㊁]。整体重构式的数字产品创新侧重于对现有的产品或技术进行深层次的解构与重构，形成全新的产品形态或服务模式。此类创新通常涉及对产品功能、用户体验、商业模式以及与外界连接方式的深度改造和整合，而不是仅仅在现有产品的基础上进行局部改进或功能叠加。智能互联类型的数字产品创新，大多属于整体重构的范畴。此类产品并不聚焦于创新过程中单一阶段的改进，而是作用于整个创新环节。其过程往往以网络连接为载体，将产品从孤立的物理实体转变为生态系统中的关键部分，实现与产品、服务、数据、用户的互联互通。同时，在多端互联的作用下，企业通过不断收集各方反馈数据，可以进一步作用于技术改进，指导智能互联产品创新的发展方向。这种互联性不仅改变了产品的使用方式，还赋予了产品全新的感知、判断和执行能力。数字产品创新的整体重构过程如图 5-4 所示。

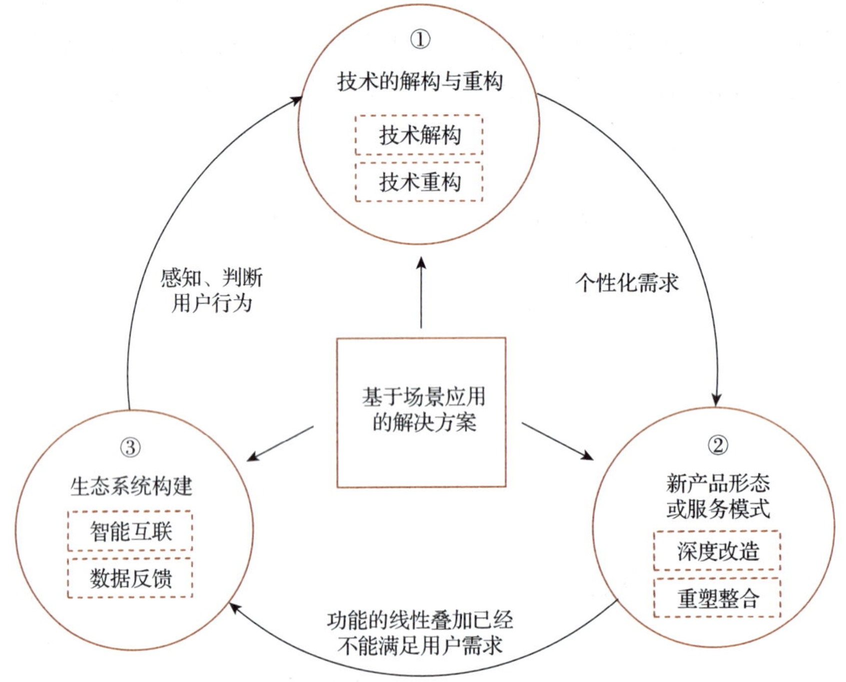

图 5-4 数字产品创新的整体重构过程

㊀ 刘洋，董久钰，魏江．数字创新管理：理论框架与未来研究 [J]．管理世界，2020，36（7）：198-217.

㊁ 薛桂波，赵一秀．“责任式创新”框架下科技治理范式重构 [J]．科技进步与对策，2017，34（11）：1-5.

第三节　数字产品创新的获利机制、风险与监管挑战及提高社会价值的策略

在数字经济高速发展的时代背景下，数字产品创新的获利机制和随之而来的监管问题引发了广泛关注与深入探讨。本节内容将系统性地分析数字产品创新的盈利模式及其背后蕴含的经济逻辑，同时阐述伴随创新过程而产生的监管问题，并探究相应的解决之道。

一、数字产品创新的获利机制

在阐述数字产品创新如何获利时，我们沿用了 Teece㊀提出的创新获利理论（Profiting From Innovation，PFI 理论），揭示其如何通过独占性机制、主导设计机制和互补性资产机制从创新中获利，并结合数字时代特征进一步探索其他可能性。

数字产品创新的获利机制与监管问题

1. 独占性机制

独占性机制是指企业通过专利、版权、商标或其他法律手段获取了排他性权利，这使得创新企业在一定期限内享有独家生产、销售或使用某项创新技术或产品的权利，从而在市场竞争中形成壁垒，实现利润最大化。数字产品具有易于复制和易于分发的特点，使得其产品保护难度增加，有时需要借助加密技术、数字水印、数字版权等新型管理方式加强保护。比如，苹果公司拥有 iPhone 的多项核心技术专利，如触摸屏操作界面、操作系统 iOS 的核心功能等，竞争对手无法直接复制这些核心创新技术，消费者若想体验该功能，就只能购买苹果的相关产品，这为苹果创造了独特的市场优势和利润来源。

2. 主导设计机制

主导设计机制是指企业通过创新实践，成功推广一种被市场广泛接受并遵循的标准或模式，成为行业内的主导标准。一旦主导设计确立，其他竞争者往往需要围绕该设计进行兼容和配合。创新者可以通过收取许可费、服务费、使用费来获利，或者利用标准的影响力扩大市场份额。比如，微软 Windows 操作系统在个人计算机市场中占据了主导地位，它能从每一台预装 Windows 系统的计算机销售中获得授权收入，并借此推动自家应用生态的发展，进一步巩固其商业利益。

3. 互补性资产机制

互补性资产机制是指企业通过构建与核心产品紧密关联且互为补充的一系列软硬

㊀ TEECE D J, PISANO G，SHUEN A. Dynamic capabilities and strategic management[J]. Strategic Management journal, 1997, 18（7）：509-533.

件、内容和服务生态系统，使得消费者为了获得完整的用户体验而对多种互补性产品产生依赖，从而为企业带来额外的盈利点。比如，亚马逊生态中的 Kindle 除了出售电子阅读器硬件外，还建立了庞大的线上数字书库，用户购买 Kindle 的设备后，为了满足自身阅读需求就会不断购买或订阅电子书，这就形成了硬件与内容服务相互促进的互补性资产模式，极大地增加了亚马逊的总体收入。数字产品创新的获利机制见表 5-3。

表 5-3 数字产品创新的获利机制

获利机制	内涵	数字产品创新中的应用示例
独占性机制	通过专利、版权、商标或其他法律手段获取的排他性权利	苹果公司的 iOS 系统
主导设计机制	通过创新实践，成功推广一种被市场广泛接受并遵循的标准或模式，成为行业内的主导标准	微软 Windows 操作系统
互补性资产机制	构建与核心产品紧密关联且互为补充的一系列软硬件、内容和服务生态系统	Kindle 电子阅读器与其配套的数字书库

二、数字产品创新的风险与监管挑战

针对数字产品创新所带来的各类风险与监管挑战，我们将探讨其在数据产权、隐私安全、市场垄断竞争等方面的复杂局面。

(一) 数字产品创新的风险

1. 数据产权风险

在数字产品创新过程中，数据产权风险是一个不容忽视的问题。随着大数据和云计算等技术的发展，数据成为驱动产品创新的关键资源。然而，在数据的所有权、使用权、转让权等方面法律界定尚不完全清晰，这可能导致企业在收集、处理和利用数据过程中面临法律纠纷。例如，一些社交媒体平台在创新功能设计时，如果没有做好数据脱敏处理或未经授权收集而使用用户数据，可能会引起大规模的隐私泄露事件，不仅丧失用户信任，还会引来监管部门的审查和处罚。

2. 隐私安全风险

随着大数据和 AI 技术的广泛应用，某些平台通过收集用户数据并利用大模型算法来实现个性化推荐，这一过程中可能因未经用户知情和同意而侵犯其隐私权。例如，在中国，iPhone16 的 Apple Intelligence 功能因严格隐私法规导致数据存储合规难题而使相关服务受限。在欧盟，亦受《数字市场法案》约束，用户数据隐私规定趋严，导致不同地区用户使用其创新功能受阻，可见数字产品创新受各国隐私法规制约而面临隐私安全保障与功能推广困境带来的风险。

3. 市场垄断风险

科技巨头通过数字产品创新形成行业主导地位后，可能滥用市场优势地位，排除或限制市场竞争，例如强制捆绑销售、排斥竞争对手等行为，也可能引发反垄断调查和法律诉讼。例如，谷歌就曾被指控在搜索业务上偏向自家服务，打压竞争对手。

（二）监管制度强弱的取舍

监管的目标是既要保护消费者的合法权益，又要支持和鼓励企业在合法合规的前提下进行持续创新。如何平衡这两者之间的关系，是监管者在制定相关策略时需要慎重考虑的因素。弱监管制度下，较宽松的监管环境可以降低市场准入门槛，鼓励更多企业投身于数字产品创新领域，大胆尝试新的商业模式和技术应用，更快地响应市场需求和技术趋势，这有利于产品迭代和技术普及，但同时有的企业可能会做出逾越法律“红线”的行为，从而损害用户利益以及破坏社会和谐；强监管制度下，企业的创新行为会在法律规定的范围之内，用户利益可以得到较好的保障，但同时过于严格和复杂的监管规定可能会增加企业的合规成本，阻碍新技术的应用以及新产品的商业化。监管者也难以实时跟进快速发展的数字科技，有时会因法规调整滞后而影响到技术创新和市场的健康发展。例如，对于新兴的数字货币领域，监管者需要把握好监管的尺度，在防范风险的同时，也要支持合理的区块链应用和金融科技发展。

（三）提升数字产品创新监管的举措

1. 基于数字技术的监管

在提升数字产品创新监管中，充分利用数字技术是关键的一环。充分利用大数据、人工智能和区块链等先进技术手段对企业数字产品创新进行实时监控和风险预警。例如，通过大数据分析，监管部门可以实时监测各类数字创新产品的市场表现、用户反馈以及潜在风险点，对可能存在的数据安全、隐私保护等问题进行预判和及时干预。另外，利用区块链技术的可追溯性和透明性特点，可以构建更为公正、公开的产品信息追踪系统，便于对数字产品全生命周期进行有效监管。

2. 基于生态协同的监管

建立一个多元主体参与、共享共治的监管生态体系，是提升数字产品创新监管水平的重要途径。以移动支付行业为例，政府监管部门可以联合各大支付平台、金融机构、消费者权益保护组织等多方力量，共同制定行业标准和行为规范，形成合力进行监管。同时，鼓励各方参与者自我约束和互相监督，如通过行业协会搭建举报投诉平台，实现对数字产品违规行为的快速响应与治理。

3. 基于制度强化的监管

不断完善法律法规和政策体系，为数字产品创新提供有力的法治保障和明确的监管规则。比如，欧盟实施的《通用数据保护条例》(GDPR) 明确规定了企业收集、处理个人数据的行为准则，对于数字产品涉及的隐私保护问题提供了严格的法律依据。在我国，针对互联网金融、电子商务等领域，也出台了一系列相关政策法规，如《中华人民共和国网络安全法》《中华人民共和国电子商务法》等，以强化对数字产品创新的合规性监管，既鼓励创新又确保不触及底线，从而促进数字经济健康有序发展。

三、提高数字产品创新的社会价值的策略

在进行数字产品创新时，该如何寻求商业价值和社会价值的平衡？企业要面临两方面的问题：一方面是企业持续经营的利润需求，另一方面是又需要充分关注到社会责任的履行。商业价值是企业的生存之本，只有实现盈利才能保证产品的研发、升级和服务的持续性。然而，过分追求企业利润可能导致产品价格过高，无法使大部分人群享受数字产品带来的便利与价值。"平衡商业价值和社会价值"是一道企业战略设计难题，并已逐步成为当代企业转型升级、实现可持续发展的重要指标。所以，如何去平衡这两者之间的关系，是当前企业在进行产品开发与迭代过程中面临的重要课题，也是一个在不断探索合理解决方法的难题。

智能护理床作为数字健康领域的一款新型产品，以智能传感技术为基础，兼具数据采集 / 监测、远程控制、自动调节等智能化功能。以下将以智能护理床为例，阐述企业在面临商业价值与社会价值平衡难题时，如何通过多方面的策略来探索平衡的可能性。

1. 组织结构分离策略

企业可以设立专门的社会责任部门或成立企业社会责任委员会，独立于主营业务之外，专门负责策划和执行社会责任项目，不以商业价值指标考核，从而确保企业在追求商业目标的同时，对社会价值的考量得到制度化保障。以智能护理床为例，为平衡商业价值与社会价值，企业可以设立专门以履行社会价值为导向的智能护理床事业部，专注于研发、生产和推广具有社会价值的产品。例如，组建独立团队负责研发面向老年人、残疾人或特殊需求群体的护理床产品，该团队不仅要关注产品的功能性、经济性，更要关注其在改善用户生活质量、减轻护理负担方面的社会效益。

2. 文化价值观引导策略

企业需要打破原有的"创造社会价值是企业发展的一项额外负担"的观念，而将设计和实施社会责任项目作为企业赢得利益相关方信任的方式，了解社会新兴的、真实的需求，从而实现内部创业、创新变革。企业领导者须明确将社会责任和以人为本的理念融入企业文化中，提倡并鼓励在产品创新时关注智能护理床对社会福祉的影响。企业可以定期举办内部培训和研讨会，提升员工对老龄化社会问题的认识，强调智能护理床对提升老龄人口生活质量、促进医养结合的重要性。同时，企业可以通过表彰和激励有突

出贡献的团队和个人，给予正向反馈，强化企业文化中的社会价值导向。

3. 利益相关方共生策略

企业创新要想实现商业和社会双重价值，谋求二者之间的平衡，就必须充分理解并积极构建企业与其利益相关方间的共生关系[㊀]。不同企业面对的利益相关方千差万别，也无法面面俱到地满足所有利益相关方的期望诉求。所以，领导者必须磨炼一双慧眼，为自身企业识别出核心利益相关方的关键期望，并将其整合到企业的战略设计当中去。智能护理床独特的社会属性，注定它会是国家、社会、普通民众都热切关注的一个产品，所以在推进智能化护理床普及时，企业可以争取政策支持和补贴，与医疗机构、康复中心合作，定期收集用户反馈意见等，从而更好地创造社会价值，实现双赢。

本章小结

数字产品创新是融合数字技术和物理组件生产新产品的过程，或是将物理组件进行数字虚化，或是对产品进行数字增值，抑或是从单一的产品发展到智能互联的生态网络。

根据创新时数字技术应用类型和程度的差异，可以将数字产品创新划分为三种类型：数码化产品创新、数字化产品创新和智能互联化产品创新。

数字产品创新过程与传统产品创新过程有明显不同，在其基础上又分为局部调整和整体重构。局部调整并未改变产品的整体价值创造流程；整体重构则强调突破固有的线性创新范式，构建可循环、可成长的创新模型。

数字产品创新过程中，可以通过组织结构分离策略、文化价值观引导策略和利益相关方共生策略来实现商业价值和社会价值的双赢。

即测即评

一、不定项选择题（从以下四个选项中选择合适的答案）

1. 数字产品创新有哪几种类型？（　　）

A. 数码化产品创新　　B. 数字化产品创新

C. 虚拟化产品创新　　D. 智能互联化产品创新

2. 数字产品创新与传统产品创新有哪些特征差异？（　　）

A. 技术基础　　B. 创新周期　　C. 用户体验　　D. 成本结构

3. 数字产品创新的过程有哪两类？（　　）

A. 局部调整　　B. 线性创新　　C. 循环创新　　D. 整体重构

4. 以下哪一项不是数字产品创新的驱动因素？（　　）

A. 数字技术的不断进步　　B. 有关数字经济政策的不断完善

C. 消费者的个性化需求　　D. 企业利润的获取

㊀ 莫申江．企业持续的领导艺术：领导者如何创造商业与社会的双重价值 [J]. 清华管理评论，2016，7（3）：46-53.

5. 哪些策略能够提升企业数字产品创新的社会价值？（　　）

A. 组织结构分离策略　　B. 持续创新策略

C. 文化价值观引导策略　　D. 利益相关方共生策略

二、简答题

1. 什么是数字产品创新？请举例说明几种典型的数字产品创新形式。

2. 数字产品创新过程中如何平衡商业价值与社会价值？

3. 如何提升对数字产品创新的监管效能？

4. 在数字产品创新的生态协同监管中，各参与方如何发挥作用？

5. 试想一下，未来数字产品创新可能具有的产品形态与服务模式有哪些？

讨论案例

杰克缝纫机：从普通产品到成套的智联功能产品

案例：杰克缝纫机

缝纫机的诞生和发展可以追溯到18世纪中叶的工业革命，1841年，法国裁缝B.蒂莫尼耶发明和制造了机针带钩子的链式线迹缝纫机。1845年，伊莱亚斯.豪也独立地发明了缝纫机，1851年，美国机械工人I.M.胜家发明了锁式线迹缝纫机，并成立了胜家公司。1859年，胜家公司发明了脚踏式缝纫机。缝纫机发展的重要节点为电动机的出现。1889年，胜家公司又发明了电动机驱动缝纫机。到1891年，胜家公司已累计生产1 000万台缝纫机，在较长的时间内基本上垄断了世界缝纫机的生产。

第二次世界大战以后，原西德、意大利以及日本的缝纫机工业发展很快，欧洲各国除了仍生产高档传统家用缝纫机的企业外，大多企业开始生产工业用缝纫机。在此时期，日本缝纫机企业在政府的资助下，开始生产廉价的缝纫机，并销往世界各地。

国内发展：缝纫机“从西到东”“从无到有”

缝纫机经历了从欧洲到中国的发展过程。第一阶段（1869—1900年）是产品引进阶段，缝纫机产品在国内出现并销售，此时国内暂时不涉及生产；第二阶段（1900—1949年）是零配件生产阶段，国内开始出现缝纫机厂家，并生产出缝纫机；第三阶段（1949—1980年）

是规模化生产阶段，国内缝纫机生产企业增多，缝纫机用途逐渐多元化；第四阶段（1980年之后）是自主发展阶段，国内缝纫机生产向高速化、系统化、自动化发展。随着国际著名企业陆续进入中国，20世纪90年代后期，民营企业也开始崛起，各行业都发展迅速。缝制机械行业从无到有、由弱变强，产品、技术不断转型升级，历经了由脚踏式家用缝纫机向普通工业缝纫机，再由普通工业缝纫机向机电一体化智能缝制设备的两次重大转型升级。行业形成了完整的产业链，建立了门类齐全的高水准缝制装备制造配套体系以及较高水平的科研及制造体系。

杰克关于工业互联网的探索：打造具有成套智联功能的产品[一]

杰克是一家以“聚焦、专注、简单、感恩”为核心价值观的，专注于工业缝制机械的研发、生产和销售的国际化民营高新技术企业。自成立以来，它将技术研发视为驱动企业发展的核心动力，拥有近千人的研发团队和院士工作站、博士后工作站、重点企业研究院。以“让天下没有难做的服装”为目标的杰克，在数字化的风口上，积极构建“杰克服装智造工业互联网平台”，完成了传统缝纫设备的物联升级，实现了设备效率分析、产量统计、设备管理及工艺远程批量修改等功能。

杰克从2015年开始探索工业互联网平台的建设，定位于服装智能制造成套解决方案服务商，从智能裁剪、智能缝制到注重对服装智造的全流程改善，积极建设服装智能缝制工业互联网平台并联合多方共同开发了多款相关应用软件，进一步赋能服装企业数字化转型，实现智能制造。杰克在工业互联网平台建设上的探索大致经历了以下两个阶段。

第一阶段（2015—2017年），杰克初次尝试，效果并不理想。一方面，因为转换服务对象时，主要关注大企业，围绕某一家企业做定制化的产品和服务，这一思路限制了平台的搭建与完善；另一方面，受限于当时的技术条件，探索智慧工厂工业互联全套设备的研发项目并没有取得良好的成效。

第二阶段（2017年至今），杰克致力于实现服装智能制造全流程数字化，主要包含“设备互联互通+智能吊挂+应用软件”三个环节。其中，设备互联互通是基础，通过智能设备的生产目前已实现；智能吊挂是核心，通过智能设备自主采集和第三方外挂数字采集也已基本实现；而应用软件是目前的重点和难点，也是数据价值挖掘和呈现的重点，需要集合不同的软件开发生态伙伴来完成。

杰克工业物联网平台由物联网缝纫机（设备层）、芯片与通用网络（连接层）、云平台（平台层）、应用软件（应用层）组成。杰克提供物联网设备，实现产品和设备的智能通信，为服装企业信息系统数据采集和处理提供保障。其中，设备层由杰克提供基础智能设备，如物联网缝纫机（C4+物联网缝纫机，产生于2019年）。连接层基于树根互联的设备连接平台，将信息上传。平台层由杰克与树根互联共同打造云平台，提供设备运行数据实时上传、任务指令下发、设备效率分析、数据报表呈现、设备参数远程设置、故障状态及时提醒等应用[二]。应用层主要运用第三方软件开发商的软件来实现。

㊀ 吴奕萱，邬霁霞．杰克首家自建智联数字化服装工厂揭开面纱[N]．证券日报，2022-08-26.

㊁ 台州日报．让缝纫机从“会说话”成长到“会思考”，杰克发布首款物联网缝纫机[EB/OL].（2019-04-18）[2024-06-10]. http://tz.zjol.com.cn/tzxw/201904/t20190418_9933486_ext.shtml.

在市场环境较为不利、行业不景气、中美贸易存在不确定性等因素的影响下，国内的缝纫机企业面临巨大的压力。2020 年，全球经济形势面临巨大压力，同行表现乏力，杰克的销量在国内百家同行中占比达到 43.96%，呈现增长趋势。杰克的逆势增长，一方面，基于其不断创新的企业精神；另一方面，其打造的工业互联网平台击中了中小服装企业的“痛点”，联合了最广大的用户群体。

资料来源：根据网络资料整理。

【讨论题】

1. 杰克采取了什么样的方式打造成套智联产品？面临的主要挑战有哪些？杰克采取了哪些策略来应对这些挑战？
2. 杰克打造成套智联产品属于哪一种类型的数字产品创新？这类创新具有什么样的特征？
3. 请你谈谈杰克的产品创新未来可能面临哪些挑战。假如你是杰克的负责人，你将如何应对？

第六章
CHAPTER 6

数字服务创新管理

§ 学习目标

- 从数字服务创新的实践案例出发，梳理数字服务创新的驱动因素。
- 比较数字服务创新与传统服务创新的特征，掌握数字服务创新的定义。
- 分析不同的服务创新方向，掌握数字服务创新的不同类型，包括标准化数字服务创新、定制化数字服务创新。
- 理解企业如何从数字服务创新中获利，了解数字服务创新的风险以及提升数字服务创新社会价值的策略等。

§ 引例

衣邦人：新时代的服装定制服务

服装定制产业正处在一个大变革的时代，既面临重重危机，又迎来了前所未有的机遇。长期在互联网行业奋战的衣邦人创始人方琴，敏锐地洞察到传统服装定制所存在的弊端：定制价格昂贵、周期长以及流程复杂。与此同时，消费者的个性化需求也在激增。这使她深刻意识到，移动互联网和数字技术的结合将会为服装定制行业开启“涅槃重生”的新篇章。

传统定制受限，创立衣邦人

在一次阿里巴巴组织的研讨会上，青岛红领集团分享的服装个性化定制模式深深地触动了方琴。2014 年 12 月，方琴组建团队以商务男装切入，首创“互联网 +

上门量体＋工业 4.0”的 C2M（Customer to Manufacturer）模式，创立了服装定制平台衣邦人。C2M 模式是指客户直连制造商，强调生产与消费的衔接。借助这一模式，企业一是用上门服务取代实体门店服务，省去了传统门店模式中占 25%～50% 的租金成本，让利消费者；二是能够为消费者提供个性化的服务，同时改造供应链、降低库存。

引入互联网服务新思路

基于对互联网运营的熟悉，方琴首先运用数字化工具收集碎片化的客户需求，尝试引爆服装定制市场。客户一旦在线预约，专业的着装顾问就会在 24h 内联系预约客户，提前了解客户的定制意向，免费安排上门量体，采集并录入身材数据，并基于面料、款式、着装搭配等知识对客户进行选购指导。同时，量体师们会随身携带 iPad，可以实时反馈某个数据是否属于正常范围。

提升供应商管理水平

为解决市场繁荣而生产能力跟不上导致的交付速度受影响的问题，经过内部讨论，衣邦人计划从事前、事中、事后三个方面提升供应商管理水平。事前，要找到优秀的供应商开展合作，国内的服装生产厂商部分操作不规范、标准化程度低，如果和这些厂商合作将难以实现规模化；事中，通过数字化的对接和赋能供应商，提升供应商的交付能力；事后，以 C 端客户端售后评价体系为依托，衣邦人建立一套评估机制，根据产品质量确定合作工厂后续的订单数量分配，形成反馈闭环。

构建供应链数字系统

为推进供应链的数字化管理，衣邦人从 2019 年下半年开始搭建更完整的底层数据中台。公司构建起一套“云裁剪”系统，涵盖整个供应链流程。在数据中台的支撑下，衣邦人通过 ERP 系统进行供应链管理，还搭建了供应商开放平台，连接前端数据与后端工厂，实现客户信息的实时传送。此外，相比之前很多工厂需要人力去推版、复核，衣邦人“云裁剪”系统则实现了全自动化的推版和排料，进一步提高了工厂的版师团队效率。

开拓新品提升客户体验

在数据挖掘的指引下，衣邦人加速了面料升级和品类拓展。过去，由于工厂不能精准预测销量，因此只能准备经典款面料，且储备现货相对有限，不能根据消费者的需求及时升级、拓展面料款式。衣邦人采用 C2M 的模式，则可以直接对接消费者，并借助大数据服务系统对未来的产品结构做出精准预测。

衣邦人利用数字技术发展 C2M 定制模式，以相对低的产品定价切入，逐渐发展成为服装定制领域的标杆企业。整体而言，衣邦人是带着消费互联网的用户运营思维切入服装定制这一市场的，但做的事情已经属于产业互联网的范畴，不仅仅要获客、有流量，还要对接和赋能制造工厂。

资料来源：娄淑珍，施宇，王节祥，等. 服装定制领域的数字化升级：衣邦人的 C2M 模式 [Z]. 中国管理案例共享中心，2022.

第一节 数字服务创新的实例、驱动因素、特征及定义

数字服务创新能够为用户带来更加便捷、个性化和智能化的服务体验。通过数字服务创新，企业可以不断提升服务质量、拓展市场边界，满足用户多样化的需求，并实现业务的可持续发展。本节将以几个典型的数字服务创新案例为钥匙，打开数字服务创新的神秘大门。

数字服务创新的实例、驱动因素、特征及定义

一、数字服务创新的实例

数字化已经成为世界经济发展的潮流，世界各国纷纷提出要推进数字产业化、产业数字化，引导数字经济和实体经济深度融合，构建以数据为关键资源要素的数字经济。在我国，这种数字化时代潮流已经与整体经济的服务化发展趋势相融合，共同推动了数字服务经济的快速发展。接下来，我们将围绕几个典型的数字服务创新案例，来探索和总结数字服务创新的特征与内涵。

1. 医脉通：从线下问诊到线上医院

医脉通的前身特科能成立于 1996 年，最初的业务是为医师提供在线平台，让医师可以获取最新医学信息和科研成果。随着移动技术的发展，医脉通不断创新，致力于帮助医师做出更好的临床决策。2010 年左右，公司构建了覆盖全国的医师网络，成为中国最大的在线专业医师平台。2020 年，医脉通意识到人工智能在医疗领域的潜力，开始研发与业务发展相结合的垂直 AI 大模型，并于 2023 年成功推出，推动了 AI 技术在医学翻译、信息搜索及文献整理等领域的广泛应用。此外，智能医学顾问系统 Medlive3.0 也随之问世，为医师、患者及其他医学专业人士提供精确的信息支持和智能化交互体验，有效提升了医师的工作效率。Medlive3.0 还为药械企业的员工培训提供支持，进一步巩固了医脉通在互联网医疗领域的领军地位，助力我国医疗行业向更高水平迈进。

2. 可汗学院：AI 颠覆教育的前沿尝试

可汗学院（Khan Academy）自 2007 年成立以来，一直致力于提供高质量、免费且

全球可访问的教育资源。特别是从 2022 年起，可汗学院与微软、OpenAI 展开合作，推出了基于 GPT-4.0 的 AI 助手 Khanmigo，给教育领域带来显著变革。在传统的教学方式中，学生往往接受统一模式的教育，而可汗学院通过 AI 助手 Khanmigo 为每位学生提供个性化的学习体验。例如，借助 Khanmigo，学生们不仅能够深入理解文本内容，还能够与虚拟的莎士比亚进行互动，探讨作品的背景和创作动机。在学习科学史时，他们可以通过 Khanmigo 与虚拟的爱因斯坦对话，深入了解相对论的基本原理及其研究背景。而在阅读《了不起的盖茨比》时，学生们也能与书中主人公盖茨比进行“面对面”交流，从而更好地理解关键情节。

3. 盒马鲜生：数据和技术驱动的零售平台

盒马鲜生的智慧零售之路始于 2016 年，由阿里巴巴集团孵化，旨在融合线上线下购物体验。最初，盒马通过 O2O 模式，允许消费者在移动端下单，并享受快速的门店配送服务，提升了购物便利性。随着大数据的应用，盒马不断优化库存管理，并提供个性化推荐。2017 年，盒马鲜生迅速扩张，结合了餐饮与购物的模式，使顾客不仅可以购买新鲜食材，还能享受现场制作的美食，增强了顾客购物的趣味性和体验感。随后，面对激烈的市场竞争，盒马推出了“盒马履约”服务，提升了物流配送效率，并探索无人配送等新技术。此外，盒马加大对人工智能和智能仓储的投入，推动零售智能化进程，包括建立线上商城、与阿里巴巴生态系统深度融合等。如今，盒马鲜生不仅是新零售的先锋，还通过持续的技术创新和用户体验优化，在激烈的市场竞争中占据了重要地位[㊀]。

4. 美团外卖：精准高效的智能调度

用户和商家在选择外卖平台时，配送服务的效率是一个关键因素。美团外卖在该领域的布局始于 2015 年，彼时平台刚刚建立配送事业部，旨在增强外卖配送的服务能力。随后，平台开发了初期的“智能调度”系统，该系统最初只是一个派单系统，用于取代线下数千个站长的人工派单工作。2016 年，美团外卖升级了“智能调度”系统，加入了预计到达时间（ETA）功能，全面取代了人工派单。2019 年，系统增加“智能感知 + 配送地图”功能，实现了更加精确的室内外定位、兴趣区域（AOI）的画像描绘，以及骑行路线的规划。2021 年，美团外卖针对实际订单分配中存在的技术挑战，特别是在高架桥密集等信号差的场景下，因难以即时获取骑手准确位置而导致派单不合理、骑手来回折返等问题，进行了有效改进。美团外卖让骑手能够在平台上实时更新并标记自己的当前位置，以此作为订单分配的重要依据，从而显著提升了派单效率和骑手的工作体验。

㊀ 肖迪，方慧敏，郑祺凯．为传统零售插上隐形的翅膀：盒马鲜生的服务创新 [Z]. 中国管理案例共享中心案例库，2019.

二、数字服务创新的驱动因素

数字技术在推动数字服务经济发展中占据了核心位置，而与此同时，服务需求、产业融合以及生态合作等非技术性因素同样对数字服务创新发展起到至关重要的作用。下面将依次介绍数字服务创新的各类驱动因素。

（一）数字技术拓展交互方式

传统服务创新可在没有技术参与的情况下独立发生，而数字服务创新必须有数字技术深度参与。在当今数字时代背景下，数字技术已经深度嵌入组织的服务运营中，改变了服务创新的本质㊀。数字技术的快速发展不仅拓宽了服务的边界、突破了传统限制，还进一步丰富了服务内容，提升了服务质量，显著增强了服务业劳动生产率。这一变革的核心影响是通过运用最前沿的数字技术，尤其是人工智能与大数据，创造出多样化和智能化的交互方式，从而提升了用户体验和服务效率。组织为了更好地满足利益相关者的需求，往往倾向于采用数据收集与分析技术，来增加产品或服务的可用性和个性化程度。

在数字服务创新实践中，有很多针对特定部门的技术，如医脉通在医疗领域应用垂直领域的AI大模型，自主研发的智能医学顾问系统Medlive3.0，为医师、患者及其他医学专业人士提供了更加专业、全面的信息支持和智能化交互体验。通过将医疗行业的丰富专业知识和实践经验整合到大模型的训练和微调过程中，医脉通迅速推动了AI技术在医学翻译、医学信息搜索以及医学文献的整理和归纳等关键场景的应用。

（二）需求升级引领服务数字化

用户对更加便捷、智能化、个性化的数字服务需求，促使数字服务提供商不断探索和开发新的服务模式和功能，以满足用户需求，提高用户体验。例如：在网上购物领域，用户希望能够通过更智能的推荐系统找到符合自己口味的商品；在数字化教育领域，用户需要更加灵活、互动性强的在线学习方案。人工智能等技术为创业企业创新活动提供了技术基础，使创新创业企业可以借助数字技术提供新服务或者开拓新市场，并推动企业进行数字服务创新。数字服务提供商通过不断倾听用户的需求和反馈，结合数字技术的创新应用，推出更具创新性和差异化的数字服务，满足用户需求，提高用户满意度。因此，需求升级促使企业不断进行服务数字化创新，推动着数字服务领域的不断发展和进步。

㊀ 简兆权，肖霄．网络环境下的服务创新与价值共创：携程案例研究[J]. 管理工程学报，2015，29（1）：20-29.

为满足教育市场对更个性化、互动性强和可跨平台应用的需求，可汗学院借助 AI 技术，提出“每个学生都有一个私人导师，每个老师都有一个超级教学助手”的新服务理念㊀，为学生提供了更加开放、自主和灵活的学习方式，实现了根据学生的兴趣、学习进度因材施教。在可汗学院，课程的知识点都是完整、清晰且具有条理的，其模式的有趣之处在于提前向孩子列明课程的“通关点”和“通关数量”，在讲解时采用循序渐进的顺序，先易后难，从而让孩子在学习的过程中做到心中有数、聚焦重点，并达到积跬步、行千里的效果。

（三）产业融合与生态合作催生综合性数字服务

产业融合与生态合作是驱动数字服务创新的另一大关键力量。各行业通过合作实现资源共享、数据流通，为数字服务创新开辟了更广阔的空间。在数字技术的催化作用下，跨界融合成为常态，不同企业或组织以生态合作的形式，协同开展商业活动，以此实现互利共赢。这一模式不仅促进价值链上下游企业共同参与数字服务创新，而且通过生态系统的协同发展，增强参与企业对市场需求的精准响应水平，从而推动整个产业良性升级。

作为新零售领域的领先者，盒马鲜生整合了传统零售行业和互联网科技行业，打破传统零售业务的边界，实现了食品零售业的产业融合。通过整合供应链管理、商品购买、支付结算等环节，盒马鲜生实现线上线下一体化的零售模式，提供了优质的商品和服务。为实现在生态系统中资源共享和互利共赢，借助阿里巴巴的技术和数据能力，盒马鲜生建立了一个数字化的生态系统，与供应商、物流企业、金融机构等各方构建合作关系，为用户提供更便捷的支付、购物和服务体验。

三、数字服务创新与传统服务创新的特征比较

服务创新是企业在顾客多元化需求的驱动下，对产品和服务价值进行改善优化的过程。伴随数字技术的快速发展，用户深度参与、海量数据汇聚以及知识无界流通的现象已成为常态，赋予服务创新更多的特征与内涵。接下来，我们将从服务内容、服务方式、服务流程和服务结果四个核心层面出发，比较数字服务创新与传统服务创新之间的特征异同（见表 6-1）。其中，服务内容层面关注服务本质的变化，服务方式层面探讨服务交付模式的改变，服务流程层面揭示服务过程的优化，服务结果层面则评估服务创新所带来的实际成效。

㊀ 可汗．在美国，AI 颠覆教育的最前沿尝试是怎样的？ [EB/OL].（2024-06-13）[2024-07-28]. https://www.sohu.com/a/785573609_121124322.

表 6-1　数字服务创新与传统服务创新的特征比较

比较维度	数字服务创新	传统服务创新
服务内容	注重利用数字技术和数据分析等手段，为客户提供个性化、定制化的服务体验	侧重于提高服务质量、效率和顾客体验
服务方式	借助数字技术促进服务交付，可以实现线上线下消费全方位协同	基于面对面的方式优化服务交付模式，改进空间相对受限的服务范围
服务流程	借助科技手段如人工智能、大数据分析等，实现了流程自动化和智能化	依赖面对面的人工操作的方式，流程优化相对较为线性且依赖人力
服务结果	借助数字技术手段，实现了服务结果的多样化	服务结果受限于个人技能和经验，质量水平可能存在波动

（一）服务内容方面

服务内容创新是指企业员工在自身权限和能力范围内，根据客人的实际需求状况，进行服务内容的更改或完善，包括服务项目的增加或删减等。[㊀]传统服务创新通常侧重于提高服务质量、提升服务效率和改善服务体验，通过改进已有服务流程或引入新的服务理念来满足客户需求。数字服务创新则更注重利用数字技术和数据分析等手段，为客户提供个性化、定制化的服务体验，如智能推荐、虚拟现实体验等。数字服务创新还更加强调实时性、便捷性和互动性，在跨平台、跨界合作方面更具灵活性。总的来说，数字服务创新更强调科技和数据驱动，为用户带来更具个性化和创新性的服务体验。

酒店智能服务机器人的开发和应用是数字服务创新的典型案例。相较于传统服务创新，智能服务机器人利用人工智能技术和大数据分析技术，实现了更智能、便捷的服务方式。它能够提供全天候的服务，包括自助办理入住、提供酒店信息和送餐服务等，为客人提供个性化、新颖的服务体验。通过语音识别、人脸识别等技术，智能服务机器人还能与客人进行互动，实现了更高水平的自动化服务。

（二）服务方式方面

服务方式创新是指企业借助新工具、新技术等进行服务方式上的改进或创新，其目的是提高服务交付效率、提升用户体验。在信息技术革命以前，服务交付需要面对面完成，这种传统的服务方式导致消费者享受服务的时空范围受到限制，新服务模式难以快速推向市场，供需匹配效率较低。随着数字时代的到来，消费者服务消费数字化水平逐渐提高，企业通过运用数字技术全面深入分析、动态跟踪服务消费态势，搭建线上服务渠道，拓展线上搜索、智能化预约、线下交付模式等，逐步实现线上线下消费全方位协同，数字技术赋能的新型服务方式有助于增加服务消费多样性，并提高服务匹配效率。

㊀ HEANY D F. Degrees of product innovation[J]. Journal of business strategy，1983，3（4）：3-14.

传统的服装定制通常需要客户亲自前往实体店面，与专业的设计师进行面对面沟通，选择面料、款式、尺码等，整个过程需要耗费一定的时间和精力。而衣邦人则通过在线平台或手机应用提供定制服务，客户可以在家里或任何地方通过网络选择款式、输入尺码等信息，进行个性化定制。这种方式不仅能够节省客户时间和交通成本，还提供了更灵活和便捷的定制体验。此外，衣邦人还可以通过虚拟试衣间、智能推荐等技术提供更具有个性化的定制服务，以满足客户的不同需求，进一步推动数字服务创新。

（三）服务流程方面

服务流程创新是指根据当前顾客的实际需求进行服务流程的简化或调整，是对已有标准化服务流程的突破，在更大程度上提高了顾客满意度。传统服务创新通常采用人工操作和面对面沟通，流程相对较为线性和依赖人力。而数字服务创新则借助科技手段如人工智能、大数据分析等，实现了流程的自动化和智能化。从服务流程上进行创新，简化不必要的复杂服务流程，一切以高效和快速作为目标，既减少了人力，又降低了成本，使得服务更加高效和便捷。数字服务创新可以通过在线平台、移动应用等实现全天候服务，用户可以随时随地享受服务。

医脉通与传统的医疗服务相比，在服务流程上有明显区别。传统的医疗服务通常需要患者亲自前往医院或诊所，排队等候医生问诊，其就诊流程较为烦琐耗时。而医脉通作为在线专业医师平台，可以让患者通过手机应用或网站随时随地进行在线咨询，避免了排队等候的烦恼。患者可以在平台上选择适合的专业医师，进行远程会诊和诊断，极大地节省了时间和交通成本。此外，医脉通平台还提供在线处方、医疗咨询等服务，让患者能够更便捷地获取医疗建议和服务。

（四）服务结果方面

传统服务创新通常侧重于人工劳动和面对面交流，服务结果受限于个人技能和经验，质量和一致性可能存在波动。而数字服务创新则借助技术手段，如人工智能、大数据分析等，实现了结果的标准化和多样化。数字化服务提供更精确、高效的服务结果，能够通过数据分析和反馈不断优化服务质量，确保一致的用户体验。此外，数字服务创新还可以实现个性化定制，根据用户需求和偏好提供定制化的多样化服务结果，从而提升用户满意度。

可汗学院与传统教育机构相比，在服务结果上存在明显区别。传统教育机构侧重于课堂教学和传统的学习模式，学生需要根据固定课程表上课，学习成绩受限于教师教学质量和学生自身学习情况。而可汗学院采用在线自学的模式，学生可以根据自身节奏和兴趣学习，灵活选择学习内容和学习时间。通过各种互动式教学工具和个性化学习路径，可汗学院能够为学生提供更个性化、精准的学习结果，帮助他们更有效地掌握知识和提升技能。

四、数字服务创新的定义

所谓服务，就是通过生产者和消费者的交互来产生价值的过程，这个过程非常依赖于人和人之间的互动，且互动效果直接影响服务效果和服务体验。服务产品的特点是一次性的、不可重复的、非标准化的。比如，教育、旅游、餐饮、咨询、培训行业提供的服务都具有此类特点，服务结果以产品的形式创造价值，服务过程的互动也在创造价值。以咨询行业为例，咨询结果以报告形式呈现，但是这个结果离不开咨询过程及其细分环节。

服务创新主要是指在服务过程中应用新思想和新技术，改进和改变现有服务，提高质量和效率，扩大范围，更新内容，增加客户价值，最终提升企业竞争力。服务创新的过程包括概念、发展和保护阶段[㊀]。Hertog 提出了著名的服务创新四维模型，即新的技术、新的服务理念、新的服务传递系统和新的顾客界面[㊁]。面对激烈的市场竞争，旅游企业进行创新时更倾向于引进最新技术和新设备、提出吸引客人的新概念、为客人提供服务的新系统和改善与客人互动的新界面。

数字服务创新是指在供给端、通道端和需求端不同程度地嵌入数字技术，以实现供给端服务内容丰富化和方式多样化，通道端服务沟通便捷化和高效化，需求端服务结果个性化的过程。数字服务创新的实质，就是依靠数字技术推进服务的分工分化和效率提升，更好地满足人民群众不断增长的对美好生活的需求[㊂]。

第二节　数字服务创新的类型、实现路径与一般过程

数字技术支持下，数字服务创新可以拓展商业边界、提升用户体验、创造新的商业模式，为企业带来竞争优势和盈利增长，推动着经济社会的发展，引领着未来数字化时代的潮流和趋势。本节内容将从数字服务创新的类型、实现路径以及一般过程三个方面引导读者了解和掌握数字服务的创新过程。

数字服务创新的类型、实现路径与一般过程

一、数字服务创新的类型

根据创新方向不同，可以将数字服务创新划分为标准化数字服务创新和定制化数字

㊀ SUNDBO J. Management of innovation in services[J]. Service industries journal，1997，17（3）：432-455.

㊁ HERTOG P D. Knowledge-intensive business services as co-producers of innovation[J]. International journal of innovation management，2000，4（4）：491-528.

㊂ 吴晓羚 . 加快推动浙江数字服务高质量发展：“数字服务创新座谈会”专家学者及企业代表发言要点综述[EB/OL].（2022-06-07）[2024-07-28]. https://www.fx361.cc/page/2022/0607/14441277.shtml.

服务创新。

（一）标准化数字服务创新

标准化数字服务创新是指基于海量的标准文本，通过运用知识图谱、自然语言处理、大数据等技术，实现标准内容的解构和提取、标准参考数据的处理与分析、标准知识的发现和关联分析等，从而为用户提供成套、成体系的标准化创新服务㊀。在数字化浪潮下，运用人工智能、大数据等数字技术，促进新时期标准管理、制定、应用推广、实施监督等方式的改革和创新，并为相关方提供智能高效的标准数字化服务，已成为夯实标准化发展基础、提升标准化技术支撑水平的关键举措。伴随现代计算机技术的广泛融入，服务的标准化水平正不断提升。

服务标准化是爱玛为用户持续提供稳定服务的根本保证。2020 年，爱玛搭建专业化呼叫中心，统一服务入口，丰富服务形式，通过标准化的话术、处理流程、处理时效等，给予了用户规范化的交互服务。在终端服务方面，2021 年，爱玛集团发布了爱玛服务时效新标准“1330”，即提供“1 分钟接单、3 分钟响应、3 千米内 30 分钟到达”的标准化救援，让用户享受到方便快捷的救援服务。

（二）定制化数字服务创新

定制化数字服务创新是指企业利用数字技术，将每一位客户都视为一个单独的细分市场，根据其需求进行服务组合，从而提升客户满意度。20 世纪中后期，随着制造业的快速发展，物质产品极大丰富，客户的需求也趋于多样化，从传统的对产品功能的需求转移到个性化、体验化等更高层次的需求，对专业化服务的需求尤其强烈㊁。于是，许多企业开始将目光投向了个性化与定制化服务。通过收集、分析和利用客户数据，企业能够更精准地满足客户需求，提供定制化的产品或服务，从而增强客户黏性和忠诚度。定制化相对于标准化而言，针对每个客户的特点和需要设计产品和服务，并鼓励客户参与产品设计，最终达到客户满意和企业获益双赢。

作为新时代服装定制领域的佼佼者，衣邦人专注于为每一位顾客提供个性化、精准的定制服务。首先，衣邦人会为顾客提供一对一的专业咨询服务。企业的顾问团队会与顾客进行深入沟通，全面了解其风格偏好、穿着场合及身材特点。其次，衣邦人运用先进的 3D 量体技术，为顾客精确测量身体数据，确保数据的准确性和精细度。最后，基于这些详细数据，衣邦人的设计师团队会结合顾客需求，从面料选择、款式设计到剪裁

㊀ 崔静．标准数字化服务探索 [R/OL].（2022-11-25）[2024-07-28]. https://mp.weixin.qq.com/s/m3yLqxHjGk35Niz-CqfGnA.

㊁ 江志斌．服务型制造创新发展方向：定制化服务 [EB/OL].（2020-12-14）[2024-07-28]. https://baijiahao.baidu.com/s?id=1686013684874398932.

工艺，为每位顾客量身打造独一无二的服装。整个定制过程中，衣邦人还通过数字技术实现全程可视化，让顾客能够实时跟踪订单进度，确保最终成品完全符合顾客期待。

二、数字服务创新的实现路径

因创新方向不同，标准化数字服务创新和定制化数字服务创新的实现路径也有差异，本部分内容将结合贝壳找房和衣邦人这两个典型的标准化数字服务创新和定制化数字服务创新案例，对两种数字服务创新的实践路径进行剖析。

（一）标准化数字服务创新的实现路径

标准化数字服务创新是一个渐进的过程，需要在大量调查研究的基础上，结合现实情况、科学精神和创造思维设计每一项服务的标准。在不断变化的商业环境中，标准化数字服务创新是确保企业经营方针和战略目标得以实现的关键之一。具体而言，标准化数字服务创新的实现路径包括以下内容。

1. 服务需求与流程拆解

服务需求和流程拆解是指将一个服务需求或服务流程进行逐步分解、细化，以便更好地理解、设计和优化该服务的实施过程。企业标准化的任务随着内外部环境的变化而变化。标准化数字服务创新工作者需要敏锐洞察市场的服务需求，将服务流程进行标准化拆解，并提供模块化服务。以贝壳找房为例，通过对客户的房产需求进行细致分析，了解客户的预算、地域偏好、房型需求等，进而根据客户的需求条件，通过智能算法将符合条件的房源与其匹配和进行推荐。为在最短时间内向客户提供合适的房源并促成交易，贝壳将传统中介服务流程分解为客户咨询、信息匹配、线上线下带看等环节，并为后续数字技术的智能化改造奠定基础。

2. 服务目标与流程重构

服务目标与流程重构是指在服务设计或服务优化过程中，通过重新审视和调整服务的目标和流程，来提高服务的效率、质量和客户满意度。在服务需求与流程拆解的基础上，企业对客户需求的理解得到了进一步提升，开始调整原有的服务目标定位，聚焦服务对象与范围，并有针对性地重构当前的服务流程，使客户可以享受到更加高效、精准的服务。以贝壳找房为例，其从客户角度出发，借助数字技术和数据分析，对房产搜索、浏览、比较、选房、预约看房等服务流程进行了全面优化，不仅简化了客户操作，还显著提升了企业的服务效率与客户体验，并增强了企业的市场竞争力和持续发展能力。

3. 数字标签与数据采集

数字标签是一种数字化的身份标识，通常基于特定的标准编码，用于标记、识别和管理特定的产品、物品或信息，例如产品的生产批次、物流信息、产品规格等。数据采集是指通过各种传感器、设备或系统来收集、记录和存储数据的过程，例如采集环境数据、用户行为数据、交易数据等，帮助企业实时了解和监控业务运营状况。数字标签与数据采集可以帮助企业实现产品溯源与全生命周期管理，提升运营效率与质量管理，并实现数据驱动的决策过程。贝壳找房通过构建“楼盘字典”来统一楼盘的信息标准，包括采集楼盘名称、地址、户型、价格等详细信息与更新状态数据，实现楼盘标准化管理，改善行业信息不对称的情况。

4. 数据分析与服务优化

数据分析与服务优化是指利用数据分析技术和工具，深入研究用户行为、市场趋势、业务表现等方面的数据，基于分析结果制定和实施服务优化方案的过程，包括产品功能调整、服务流程改进、用户体验优化等措施。收集到客户数据后，企业可以借助人工智能等先进算法，对数据进行深度挖掘和分析，以发现客户潜在的需求和偏好。例如，贝壳通过对用户数据的分析，实现智能化的推荐服务，提高了用户找房效率和准确性。同时，贝壳基于用户数据分析结果，不断进行产品创新与优化，引入新的服务功能和工具，成功实现平台竞争力和用户满意度的提升。

（二）定制化数字服务创新的实现路径

定制化数字服务创新可以根据客户的特定需求、行业特点、市场趋势等因素，定制化地设计出符合客户需求的数字服务产品或解决方案，帮助企业针对市场细分领域，打造独特的产品或服务，提升企业的竞争力，拓展市场份额。具体而言，定制化数字服务创新的实现路径包括以下内容。

1. 用户需求分析与分层策略

用户需求分析与分层策略是指通过对用户不同层次、不同需求的分析和研究，以便为不同层次的用户提供定制化的服务解决方案。这种策略将用户按需求进行分类，然后针对不同用户群体提供相对应的服务、产品或体验，从而更好地满足用户需求并提升用户满意度。提供个性化与定制化服务的前提是全面了解客户，数字化升级使企业能够通过多种渠道收集客户数据，不仅包括客户的基本信息，如姓名、年龄、性别等，还包括客户的消费习惯、兴趣爱好、行为轨迹等。通过对这些数据的整合和分析，企业能够勾勒出更加立体的客户画像，为后续的个性化服务提供有力支持。衣邦人通过云裁剪系统收集客户对服装定制的期望、偏好、尺码需求等信息，将客户群体进行分层，如定位不同年龄层次、职业类型、风格喜好的用户群体，然后针对不同分层用户群体提供相应的定制化服务方案。

2. 利用数字技术建立服务模块

企业利用现代数字技术，能够将服务功能和流程拆解成独立模块，并通过数字化方式进行组织整合，构建起完备的服务体系。这种模块化设计不仅增强了服务管理的灵活性与效率，为客户提供了个性化、定制化的体验，还可以灵活搭配各类模块，不断拓展服务范围，满足用户群体的多元化需求，开拓新服务领域和商机，从而使企业可以建立差异化竞争优势。以衣邦人为例，其利用数字技术建立了自动化的定制流程模块，涵盖订单处理、面料选择、设计定制等工作环节，通过云裁剪系统将服务模块呈现于平台上，用户可以根据自己的需求选择不同的服务模块，自由组合搭配，形成个性化的服务流程。

3. 智能响应个性化服务需求

在了解客户需求和偏好的基础上，企业可以为客户提供定制化的服务，满足其个性化服务需求，包括根据客户的个人喜好定制产品、提供个性化的购物体验、为客户提供专属的咨询服务等。通过定制化服务，企业能够满足客户的个性化需求，提高客户满意度和忠诚度，为企业带来更高的附加值和更大的利润空间。衣邦人接收到客户在线预约后，客服团队会提前了解客户的定制意向并在 24h 内联系预约客户，采集并录入 19 个部位的 26 项身材数据，并基于面料、款式、着装搭配等知识对客户进行选购指导。与此同时，借助数字系统的赋能，量体师们随身携带的 iPad 可以实时反馈某个数据的合理性，实现实时复核。

4. 服务体验持续优化提升

企业可以通过持续改进服务过程、服务设计和服务交互，以满足用户需求、提升用户满意度，并不断提高整体服务质量和效率。这种持续优化提升可以通过收集用户反馈、分析用户数据、改进服务流程和技术来实现，使用户感受到更加个性化、高效和愉快的服务。而企业也在不断尝试新服务模式和技术的过程中，探索更具创新性和个性化的数字服务，进而为用户提供更多选择和价值。在数据挖掘的指引下，衣邦人加速了面料升级和品类拓展，并在数据技术的支持下搭建了更完整的底层数据中台，解决了此前不能精准预测销量以及无法准确把握市场流行趋势等痛点，基于用户反馈，持续地改善和优化服务体验。

三、数字服务创新的一般过程

从创新过程的内容来看，数字服务创新与数字产品创新有一定的相似性，但由于服务自身的特点，数字服务创新过程具有更大的灵活性和互动性，体现为创新各阶段之间的联系更为紧密、界限更为模糊。结合前文转化标准化数字服务创新和定制化数字服务创新的实现过程，我们将数字服务创新的一般过程总结如下。

1. 识别数字服务创新机会

识别数字服务创新机会是寻找和评估在当前市场环境中可能存在的、能够提高用户体验的、满足用户需求或创造商业价值的创新点。通过市场分析、趋势识别和竞争对手研究，企业可以深入了解行业现状、用户需求的变化以及潜在的创新领域，从而开发出更具竞争力和吸引力的服务，提升用户满意度与忠诚度。此外，及时把握创新机会可以引导技术的有效应用，促进资源的优化配置，并推动跨部门的协作与持续改进，从而增强企业的整体创新能力和市场适应性，最终降低风险并提升品牌形象，使企业实现可持续发展。创新团队可能会通过市场调研、技术分析和用户反馈等手段，识别潜在的市场需求和机会点。这一阶段的关键在于发现问题、明确目标，并为后续的设计和开发工作奠定基础。以衣邦人为例，因为传统服装定制贵、慢且过程复杂，以及消费者个性化需求的倍增，在数字技术的冲击下，个性化服装定制的数字需求与日俱增。基于对市场需求的准确判断，衣邦人引入互联网服务新思路，尝试用数字技术收集碎片化的客户需求，以此为据改进服务，提升客户满意度。

2. 创新方向选择与方案制定

数字服务创新方向选择与方案制定是企业在进行创新管理过程的关键环节，涉及识别适合企业战略和市场需求的数字服务创新领域，以及如何设计和实施具体的创新方案。创新方向选择是指在众多可能的数字服务创新机会中分析和筛选出最具潜力和市场价值的方向。这一过程通常包括市场调研、行业趋势分析、用户需求评估以及竞争对手分析等，以识别能够带来竞争优势和商业机会的创新主题。合理的创新方向选择能够帮助企业集中资源于高潜力的服务创新，从而提高市场竞争力和客户满意度。方案制定则是在确定了创新方向后，针对具体的数字服务目标开发详细的实施计划与方案。企业需要考虑技术可行性、用户体验、市场需求以及风险管理等因素，确保创新方案不仅具备可实现性，还能有效满足市场和用户的需求。在发现服装定制领域的机会后，衣邦人选择从商务男装切入，制定“互联网＋上门量体＋工业 4.0”的 C2M 模式，立志构建一个服装定制平台，并逐渐发展成为服装定制领域的标杆企业。

3. 服务流程重构与数字化

服务流程重构与数字化是指对现有服务流程进行分析和拆解，将新兴数字技术（人工智能、物联网、大数据分析等）融入服务流程中，利用数字技术重新设计和重构服务流程的过程，其旨在优化现有服务流程，提升效率，降低成本，提高服务质量和用户体验。在这个阶段，创新团队一般根据前期识别的数字服务需求，拆解原有流程，基于分析和拆解的结果，重新设计和重构服务流程，利用数字技术优化流程环节、简化流程步骤、提高效率和加强协作，以确保新服务流程能够满足用户数字需求并具有可行性，使之更加符合市场需求和用户期望。而数字技术的嵌入可以促进服务的创新设计，提升企业在市场中的地位；利用数据分析和人工智能技术，对大量数据进行智能化处理和分析，能够帮助企业做出更明智的业务决策。相比之前很多工厂需要人力去推版、复核，负担一个比较大的版师团队，衣邦人构建了“云裁剪”系统，实现了全自动化的推版和排料，不再需要大量人工介入，大大提高了工厂的版师团队效率。

4. 数字服务优化与迭代

数字服务优化与迭代是指利用数据分析技术对各种数据（用户行为数据、市场数据、业务数据等）进行深入分析，以识别潜在的问题、瓶颈或优化机会，发现用户的行为模式和趋势，并根据这些分析结果不断优化和改进服务的过程。企业基于数据分析结果，可以诊断出服务中存在的问题或瓶颈，确定需要优化和改进的方向，并根据问题诊断的结果，制定服务优化方案，包括改进服务流程、提升服务质量、提供个性化服务、优化用户体验等，以提高服务效率和用户满意度。衣邦人采用 C2M 模式，强调生产与消费的衔接，直接对接客户并积累了大量数据，借助大数据分析系统预测未来的产品结构。基于对同一客户多种购买需求的敏锐感知和对客户需求的收集和反馈，衣邦人不断开启品类拓展，以更好地迎合市场需求。

第三节　数字服务创新的获利机制、风险与应对措施及提高社会价值的策略

数字服务创新的获利机制可帮助企业设计和实施更有效的商业模式，提高市场竞争力。然而，随着数字服务创新的发展，企业面临的风险也越来越多。本节将重点说明数字服务创新的获利机制和可能面临的风险，并指出应对风险的策略。

数字服务创新的获利机制与风险应对策略

一、数字服务创新的获利机制

鉴于数字服务创新的多样性和多维特性特点，通常需要综合运用多种保护举措，来构建起多维的获利机制，以确保其创新组合的专用性及创新收益的独占性，以及积极影响其服务市场的能力，进而保护企业数字服务创新、获取持续收益[㊀]。

（一）基于数字服务合约的产权保护机制

在数字经济浪潮中，基于数字服务合约的产权保护机制越发重要。这一机制融合了

㊀ 魏江，李拓宇，胡胜蓉，等. 专业服务业创新独占性机制及其作用机理 [J]. 科学学研究，2018，36（2）：324-333.

精细的合约设计与先进的数字技术，为创新者在数字世界的权益提供了明确界定和有效保护，并促进了数字服务的交易效率提升与信任建设。特别是以区块链技术为核心的产权保护机制，凭借其数据不可篡改的特性，确保了数字服务创新成果的唯一性与全程可追溯，提升了交易可信度。同时，该机制借助区块链智能合约的自动执行功能，让交易各方能够严格按照约定获取权益，使服务交易过程更加安全、透明，有效降低了维权成本。此外，区块链的去中心化结构也能进一步防范数据泄露和数据遭受攻击的风险，为数据的匿名化和隐私保护提供了有力支持。与传统的版权保护机制相比，基于数字服务合约的产权保护机制打破了物理世界的局限，能够灵活地适应数字服务市场的快速变化，进而保障创新者的利益。

作为专业从事版权资产管理和运营服务的科技型公司，腾瑞云打造了“CPSP-数字版权资产服务平台”，旨在为版权所有者提供完善保护。该平台运用“数字指纹”技术，对相关作品进行全网筛查和对比，筛选范围覆盖头部内容平台、垂直类定制平台及IP版权库，从而有效检测作品的原创性并快速登记版权。登记后，系统会自动生成版权所有者唯一身份标识和区块链存证证书，实现数字版权的可靠存证。此外，腾瑞云还能在视频中嵌入难以被察觉的数字暗水印，一旦遭受侵权，版权所有者可通过水印信息追踪资产流出渠道及分发用户等信息。平台支持在同一个平台的多个渠道设置不同水印，以进一步确认流出信息，为创新者的数字维权提供了坚实可靠的司法依据。

（二）基于体验价值的数字资产互补机制

人工智能和机器学习技术的兴起，推动了交互式服务和个性化体验的飞跃，重塑了传统的资产互补模式。传统的资产互补机制是指在经济活动中，不同类型的资产或资源通过有效的组合和协作，增强彼此的价值和效用，从而实现整体效益的提升。基于体验价值的数字资产互补机制则是指将不同类型的数字资产结合起来，以增强用户体验和提升服务价值。这一机制更强调用户在使用数字服务过程中的主观感受和实际需求，促使服务提供者在设计和实施过程中，考虑数字资产之间的互补性，利用多样化的资源和能力，创造出具有差异化和高度吸引力的数字服务。企业通过与利益相关者合作，获取外部互补性数字资产与能力，突破资源和能力限制，同时，企业内部互补性资产对其数字服务创新获利机制的增值和价值分配也起到重要作用[⊖]。总之，基于体验价值的数字资产互补机制，有助于打造更高效、更具吸引力的数字服务生态系统。

自2011年起，腾讯启动开放战略，历经5年搭建腾讯众创空间，联合地方政府、运营方、服务机构等多方社会资源，打造了线上线下一体化创新生态系统。考虑到客户

⊖ 郭韬，曹路苹，乔晗．互补性资产、技术商业化能力与科技型在位企业商业模式创新：基于商业模式冰山理论的系统动力学仿真分析[J].系统工程理论与实践，2023，43（7）：2122-2141.

价值体验，腾讯众创空间在充分调研后，为入驻的企业提供全面的支持，包括利用云计算、人工智能等相关互补技术，帮助企业提升产品和服务水平；通过投资和融资渠道，帮助企业获得必要的资金、人才等其他互补资源。许多入驻企业在众创空间的支持下获得了市场认可和投资，腾讯则通过众创空间提升了自身在创新创业领域的影响力，推动了创业生态的繁荣与发展。

（三）基于顾客参与的顾客锚定机制

随着顾客对个性化和定制化服务的期望不断提高，企业需要不断通过数据分析来更好地理解顾客需求，从而提供量身定制的体验。然而，如何满足顾客千差万别的需求，成为企业的一大挑战。顾客锚定机制是指在数字服务过程中，企业通过数字技术深入洞察和利用顾客需求、偏好及行为模式，指导数字服务的设计与优化，这一机制旨在吸引和留存顾客，使其成为服务提供商的忠实用户，从而实现长期稳定的盈利与效益增长。这一机制将顾客置于创新过程的中心，通过与顾客进行密切的互动获得顾客的反馈，采用个性化定制服务、会员权益体系及增值服务等手段，确保数字服务创新成果能够真正满足用户的需求。

Netflix 作为一家全球领先的视频流媒体平台，成功运用顾客锚定机制，吸引并留住了大量用户，实现了稳定的盈利和效益增长。通过个性化的内容推荐系统和定制化的观影体验，Netflix 不断满足用户的需求，提升用户体验，增强用户黏性。Netflix 还推出了会员权益体系，如高级会员可以提前观看新剧集，或者享受更多的高清内容，从而提高会员续订率。除此之外，Netflix 还不断创新增值服务，如原创影视内容制作、跨平台的观影体验等，不断拓展用户体验的边界，吸引更多用户加入和留存。

二、数字服务创新的风险与应对措施

数字服务的不断发展和普及，虽然带来了巨大的机遇和便利，但也伴随着一系列潜在的风险和挑战。接下来，我们将讨论面对数字服务创新中可能出现的风险，以及组织可能采取的应对措施。

（一）数字服务创新的风险

数字技术的应用加速了企业对客户知识的收集与转化，增强了企业供需交互关系、服务创新精度和服务提供转化效率[1]，为此，制造企业基于产品能够为客户提供更为主动、更具预见性和更加丰富的服务。

---

[1] YOO Y，BOLAND R J，LYYTINEN K，et al. Organizing for innovation in the digitized world[J]. Organization science，2012，23（5）：1398-1408.

1. 数字服务价值低估风险

随着数字技术的广泛应用及其水平的提高，数字服务创造的价值越来越容易被客户认为是“理所应当”的，从而产生服务价值低估[一]。实践中，客户是否一次性与产品捆绑购买数字服务或服务组件，取决于客户的知识储备、兴趣偏好与安全意识，如电信服务、汽车延保服务市场中，客户在初始时点往往对服务价值感知偏高，然而，由于客户所储备知识的有限性，其可能忽视了混合产品所蕴含的专有服务，倾向于低估衍生数字服务的价值，进而对其利用混合产品创造价值的能力形成桎梏。

在智能驾驶服务中，IMU（惯性测量单元）可以通过实时监测车辆的运动状态和方向变化，为自动驾驶系统提供重要的数据支持。然而，尽管 IMU 在车辆定位、导航、姿态控制等方面起着至关重要的作用，但由于其在视觉传感器和雷达等技术的光环下显得相对不引人注目，IMU 的智能驾驶应用往往被低估。

2. 数字服务悖论风险

服务创新被普遍认为是企业获取竞争优势、实现绩效持续增长的有效战略，但并非所有实施数字服务创新的企业都可以赢得竞争优势。开发或者创新服务业务可能会对企业绩效产生负面影响，这一现象被称为服务悖论[二]。虽然服务成本可以由服务销售作为补偿，但企业拓展新的服务业务需要较高的投入成本，当协同效应带来的收入小于支出时，数字服务创新将弊大于利[三]。

2018 年 10 月，京东首家“ X 未来餐厅”在天津滨海新区中新生态城商业街进行试营业。这是一家从点菜、做菜到传送全程由机器人参与的无人化智能餐厅。京东斥巨资打造了一套智能系统和一系列机器人，致力于通过技术手段提升餐饮服务体验。顾客可通过智能点菜系统选择菜品，机器人负责炒菜和传菜，餐厅还设有体感游戏机、无人售卖柜和 180° 投影包间。虽然初始阶段餐厅凭借机器人吸引了大量充满好奇的顾客，但是随着顾客新鲜感的消逝，以及机器人给不了食客烟火气等弊端，该模式最后在时代洪流中逐渐暗淡。

3. 数字服务安全风险

数据双层结构理论认为“数据是信息的载体，信息是数据的内容”[四]。随着数据蕴含的商业价值逐渐凸显，数据隐私泄露风险也随之显现。数据隐私泄露不仅侵犯了客户的个人隐私权，还使数据被不当利用，如用于商业目的或其他恶意目的。在服务应用场景

㊀ 罗建强，杨轩 . 客户低估服务价值情境下混合产品定价策略 [J]. 系统工程，2021，39（2）：150-158.

㊁ GEBAUER H，FLEISCH E，FRIEDLI T. Overcoming the service paradox in manufacturing companies[J]. European management journal，2005，23（1）：14-26.

㊂ BUSTINZA O F，LAFUENTE E，RABETINO R，et al. Make-or-buy configurational approaches in product-service ecosystems and performance[J]. Journal of business research，2019，104:393-401.

㊃ 姜程潇 . 论数据双层结构的私权定位 [J]. 法学论坛，2022，37（4）：119-126.

中，硬件故障、软件错误或人为操作失误均可能导致数据损坏或丢失，进而对服务质量产生不良影响。

智慧图书馆服务过程所涉猎的数据资源，在规模、密度、效率、多样性等方面越来越趋近于大数据，也将逐步持续创造间接的经济效益。在智慧图书馆服务流程内部，数据安全悖论可能存在于数据的产生、存储、使用、共享以及发布的各个环节，如数据存储阶段中，数据的多类型、多来源、多维度的价值体现，也加剧了智慧图书馆服务数据管理的难度，使数据的安全与服务质量难以保证，导致泄露的风险增加。

（二）应对数字服务创新风险的举措

1. 明确价值主张并提供增值服务

明确价值主张并提供增值服务是避免企业数字服务价值被低估的重要策略。这两者的结合不仅可以增强客户的理解，还可以提升客户对服务的整体满意度与忠诚度。明确并清晰地定义服务的核心价值，突出服务的独特优势，有利于帮助客户理解通过使用服务能获得什么，比如解决的问题、降低的成本、提高的效率或创造的机会。而增值服务是指在基础服务之外，提供的一些额外的、能增强客户体验的服务。例如，在服务过程中提供免费培训、持续的技术支持，并为客户提供使用指南和最佳实践，帮助客户充分利用产品。清晰的价值主张能够帮助客户理解增值服务的必要性和重要性，而有效的增值服务又能验证和增强价值主张的个人感受。这形成了一种正向循环，增强客户对服务整体价值的认可。

2. 论证客户痛点并设计针对性服务方案

论证客户痛点并设计针对性服务方案是指企业通过深入了解客户的需求、挑战和优先事项，从而确定客户面临的真实问题和困难（即痛点），并基于这些痛点开发出特定的服务解决方案。首先，企业通过市场调研、客户反馈和数据分析等手段，准确捕捉客户在使用产品或服务的过程中遇到的问题和障碍。然后，对识别到的痛点进行深入分析和验证，确保理解客户的真实需求，避免服务不足或过度服务化的现象。最后，基于对痛点的理解和分析，开发出具有针对性的服务解决方案。这些方案应当精确地针对客户的特定需求，通过创新和优化来解决现有的问题，并提供额外的价值。通过论证客户痛点并设计针对性服务方案，企业能够在精确识别客户问题的基础上，创新针对性的数字服务内容，提供集成解决方案，降低服务悖论风险。

3. 围绕技术和制度设计提升数字服务安全管控水平

围绕技术和制度设计提升数字服务安全管控水平是指企业通过整合先进技术和健全制度，加强对数字服务的安全管理和控制能力，以保护用户的数据和信息安全。在技术方面，企业可以采用加密技术、访问控制、身份验证、漏洞扫描等工具和方法，来加固系统和应用程序的安全性，防范各类网络攻击和数据泄露风险。在制度设计方面，企业可以建立完善的安全管理制度和规范，明确责任和权限分工，建立安全审计和监控机制，加强员工的安全意识培训，确保数字服务的安全性和稳定性。通过技术和制度的有机结合，企业可以提升数字服务的安全管控水平，提高系统的安全性和稳定性，为用户提供更可靠的数字服务体验。

三、提高数字服务创新的社会价值的策略

为了提高数字服务创新的社会价值，企业需要结合需求识别、组织设计、生态战略和社会层面的策略，以促进数字服务的可及性和包容性，加强数据隐私和安全保护，促进利益相关者参与和合作，确保数字服务创新为社会带来更多积极影响和更大价值。

（一）以金字塔底层服务需求为牵引

以金字塔底层服务需求为牵引，是指根据社会金字塔中底层人群的基本需求和实际情况来引导数字服务的创新和发展。金字塔底层服务需求包括基本的医疗、教育、就业、社会保障等方面的需求，直接关系到底层人群的生活质量和社会稳定。针对区域发展的不平衡，企业更应该以金字塔底层需求为指引，努力提高数字服务创新的社会价值。例如，阿里巴巴集团以发展内需为战略目标，在 2014 年实施“千村万县”计划，进军农村电子商务业务，进而催生出如今蓬勃发展的“淘宝村”现象。平台专门选址设点、建立村级服务站，打通农村与城市的物流与信息通道，并招募、扶持农村淘宝合伙人，为当地带来更多的电商创业机会。通过关注类似的底层服务需求，打造基础设施建设，可以促进数字服务向更多底层人群渗透，缩小数字鸿沟，实现数字创新服务的普惠性和公平性。

（二）多重制度逻辑的组织嵌入

多重制度逻辑的组织嵌入是指在一个组织或机构中存在多种不同的制度逻辑，这些逻辑可能来自不同的文化、价值观念、规范或政策要求等，组织需要在这些不同的制度逻辑之间进行平衡和整合，在内部建立起一套符合创新和社会责任的价值制度体系。这意味着组织要将社会责任融入创新战略的规划过程中，并考虑到环保、社会公益、员工福祉等多方面的影响。例如，义乌復元医院作为区域性民营医院，经常会面临市场逻辑、社区逻辑和专业逻辑交叉共存的复杂情境：医院既要盈利，又要体现“救死扶伤”的专业程度，还要满足社区的医疗卫生需要，提升社区价值。对此，医院在不同阶段强调不同的使命追求，并以“身兼数职、内部培养”为核心策略，努力培养认同混合身份的复合型人才，从而支撑医院更好地展开跨界合作，实现服务创新。通过有效平衡多重制度逻辑，组织得以综合不同利益相关者需求，促进创新与合作，创造出更大的社会价值。

（三）以长期主义指引服务生态战略设计

长期主义是一种注重长远影响与可持续性的理念和管理方法，强调在决策和规划过程中锚定未来发展方向以及长期价值实现。组织将长期主义融入服务生态（包括数字服务）的战略设计中，旨在确保自身战略考量始终聚焦于长期价值和可持续发展，以期达成更持久、更有益的成果。在数字服务创新领域中，这一导向有利于团队保持长期竞争力，并为利益相关方创造更大的社会价值。总之，长期主义的战略设计能够鼓励组织超越短期利益，积极投资和探索创新，为社会提供更加有益的数字服务，促进社会共享和共赢。

本章小结

数字服务创新是指在供给端、通道端和需求端不同程度地嵌入数字技术，以实现供给端服务内容丰富化和方式多样化，通道端服务沟通便捷化和高效化，需求端服务结果个性化的过程。

根据创新方向不同，可以将数字服务创新划分为标准化数字服务创新和定制化数字服务创新，且两者实现路径各有不同。数字服务创新的一般过程包括识别数字服务创新机会、创新方向选择与方案制定、服务流程重构与数字化、服务优化与迭代。

由于服务创新的多样性和多维特性，往往需要通过不同保护手段的组合建立起多维的获利机制，具体包括产权保护机制、数字资产互补机制和顾客锚定机制。

在数字服务创新中，企业可以通过以金字塔底层服务需求为牵引、多重制度逻辑的组织嵌入和以长期主义指引服务生态战略设计等策略提升社会价值。

即测即评

一、不定项选择题（从以下四个选项中选择合适的答案）

1. 数字服务创新的驱动因素有哪些？（　　）

A. 数字技术赋能　　B. 服务需求拉动　　C. 产业融合与生态合作　D. 数字创新

2. 数字服务创新与传统服务创新有哪些特征上的差异？（　　）

A. 服务内容　　B. 服务方式　　C. 服务流程　　D. 服务结果

3. 根据创新方向划分，数字服务创新的类型有哪些？（　　）

A. 标准化数字服务创新　　B. 自动化数字服务创新

C. 定制化数字服务创新　　D. 智能化数字服务创新

4. 请按顺序选择数字服务创新的一般过程。（　　）

A. 识别数字服务创新机会　　B. 创新方向选择与方案制定

C. 服务流程重构与数字化　　D. 数据服务优化与迭代

5. 数字服务创新的获利机制有哪些？（　　）

A. 数字资产互补机制　B. 产权保护机制　　C. 主导设计机制　　D. 顾客锚定机制

二、简答题

1. 什么是数字服务创新？请举例说明几种典型的数字服务创新企业。

2. 请简要论述数字服务创新与传统服务创新的区别是什么。

3. 企业进行数字服务创新的一般流程是什么？

4. 数字服务创新过程中有哪些潜在的风险，企业该如何应对？

5. 结合现实案例，你认为还有哪些提高数字服务创新社会价值的举措？

讨论案例

青团社：灵活用工服务平台的创新成长

青团社是一家秉持“一米宽、一公里深”的发展理念，专注为大学生等青年群体和企业提供灵活用工的平台服务。截至2023年4月，平台已为超过120万家企业提供招聘与人员管理服务，为7.5亿人次提供兼职岗位，单日报名人次稳定在85万以上。

案例：青团社：灵活用工服务平台的创新成长

打破常规，聚焦成长

2013年7月，全国首家免费兼职服务平台——青团社正式成立，邓建波等创办者希望给兼职中介行业带来积极的变化，为新时代大学生提供更多成长机会。青团社与传统兼职中介不同，它并不推崇一份兼职能给学生带来多少收入，而是从学生的成长入手，更加关注兼职岗位的质量。青团社建立了严格的商家审核制度，不仅会人工审核所有发布岗位信息的公司的营业执照，还会对岗位信息的真实性、工作岗位背景（公司整体信息）、工作地点以及一个岗位能给学生支付多少薪水等方面进行电话核实，并进行录音。为了全方位加强对安全的保障，青团社还将为学生提供保额为10万元的保险。除此之外，平台通过系统梳理兼职岗位，将其分为长尾岗位、流量岗位、精品岗位和爆款岗位四种类型，为每个兼职岗位打上更多维的“成长”标签。

引领行业，扩大影响

在持续深挖大学生需求及产品创新的过程中，青团社实现了用户数量的快速增加和口碑的提升。为了引领整个行业向着更有利于大学生成长的方向发展，也为了不断强化已经取得的领先地位，青团社采取了一系列举措持续扩大影响。

（1）采取双边互评积分机制。该机制改变了传统兼职中，中介重视企业远超过学生的惯例，为企业和学生营造了良好的兼职氛围。在同等条件下，青团社优先满足高积分学生的岗位需求。青团社还分别根据企业和学生评价意见，改进平台算法、优化推荐服务，提高双边的匹配度和满意度。

（2）倡导“报名人次”指标。最初，兼职行业互联网企业普遍采取“用户数量”“新用户数”等互联网行业常用指标。但是，青团社认为有竞争力的平台提供的兼职岗位应该是受到C端用户追捧的，“报名人次”比“用户数量”更能反映一个兼职平台所提供的岗位的吸引力，这体现了青团社引领行业发展从重视岗位数量向岗位质量的转变，“能提供有吸引力的岗位的平台，才是好的兼职平台”。在2021年，青团社兼职岗位年均报名次数突破了40次，而行业平均水平仅为2～3次。

（3）开发兼职人员专用管理模块。虽然兼职人员的工资成本较低，但是更替率高，每名兼职人员的多项信息都需要录入人力资源部门的系统中，并根据工作时长和绩效发放工资。因此，对于有着成百上千兼职岗位的企业，其人力资源部门工作强度很高。利用该模块，用人单位可以一键导入兼职者个人信息，兼职者也可以利用手机进行上下班快捷打卡，兼职市场中供需双方的效率都有了极大提升。

灵工管家，直击痛点

邓建波从率领团队着手进行项目开发，再到深度打磨各项功能，整整花了一年时间，终于在2019年年底推出功能较为完善的灵活用工管理系统——灵工管家。灵工管家不仅为企业人力管理提供了便利，还改善了兼职者体验。例如，开创性实现了工资“秒结”功能，即“上一秒打卡下班，下一秒工资到账”。根据青团社的数据统计，实现工资“秒结”后，用人单位的兼职员工更替率下降了50%。“‘秒结’功能看似简单，但其实需要灵工管家系统与企业数字化系统全面深度对接，对系统稳定性、准确性和反应速度都提出了极高要求。”为此，青团社承诺对“秒结”导致的误发工资将全额赔偿。为验证系统和功能的可靠性，青团社自身也使用了“秒结”功能，员工每天下班打卡后，当日工资立刻到账。

回首过往，邓建波将青团社的顺利成长归纳为：始终秉持“一米宽、一公里深”的发展理念；聚焦满足大学生等青年群体的兼职和成长需要；积极回应企业人力部门的成本节约和效率提升诉求；在平台成长的过程中主动承担相应的社会责任。面对新形势，邓建波开始思考青团社的未来发展，他注意到从中央到地方，政府、社会和企业都越来越关注实现共同富裕，而青团社所从事的其实就是助力共同富裕事业。如何进一步深化和改进青团社的数字服务，成为目前需要解决的一个重要问题。

资料来源：邱毅，周亚铭，王节祥，等.青团社：一家互联网垂直平台的成长[Z].中国管理案例共享中心，2023.

【讨论题】

1. 相较大型互联网综合平台，青团社是如何聚焦细分领域并提供服务的？
2. 青团社的整个成长历程，大致分为几个阶段？不同阶段的数字服务体现了哪些特征？
3. 请列举青团社数字服务创新过程中提升社会价值的举措，对此并提出你的建议。

第七章
CHAPTER 7

数字组织创新管理

§ 学习目标

- 掌握数字组织创新的基本概念及其在现代商业环境中的关键作用。
- 学习数字赋能、网络嵌入和产业融合等关键因素如何推动组织创新。
- 从组织模式和自身定位的不同出发，了解平台型、生态型、互补型和主导型等不同数字组织创新类型及其实施路径。
- 了解数字服务创新的获利机制，分析企业如何通过创新实现盈利和增长，探讨如何通过完善治理、强化技术治理等措施提升数字组织创新的社会价值。

§ 引例

蘑菇街：发展在于不断创新

按照蘑菇街创始人陈琪最初的设想，是想要做一个关于女性的社区："在这个社区里，女性可以扎堆聊天、晒购物、分享时尚心得……"经过不懈努力，蘑菇街在2011年的情人节上线，并在女性用户中迅速推广。彼时，蘑菇街的主要收入来源是撮合成交带来的佣金。根据不完全统计，2012—2013年，蘑菇街80%～90%的收入来自淘宝佣金。2013年，蘑菇街凭借导购引流业务从淘宝平台拿到的日均佣金为50万～60万元，转化率高达10%。

惨遭"封杀"

2013年，蘑菇街作为第三方导购平台，凭借独特的定位和创新的运营模式，吸引了大量用户的关注和使用。后来，淘宝开始对各类导购网站实行“封杀”，由于导购网站对电商平台的寄生依赖，靠导流维持生意的蘑菇街等创业公司的命运急转直下。突如其来的打击使蘑菇街的业务遭受了重创，用户访问量骤降，商家合作也受到了严重影响，蘑菇街不得不迅速寻求转型之路，以摆脱困境并重新赢得市场。

垂直电商

2013 年，醒悟过来的蘑菇街上线在线交易体系，转型电商平台，专注于女性时尚消费。淘宝“封杀”风波后，蘑菇街重新构建了供应链体系，与众多知名品牌商建立紧密的合作关系，确保商品的品质和供应的稳定性。官网数据显示，2014 年 6 月，蘑菇街月度活跃用户达 6 000 万名，在近半年时间里增长超过 200%。另外，蘑菇街也在这次新品牌战略中自主开发了新的快捷支付，并与平安银行合作上线钱包系统，以弥补导购网站出生的短板，从而打造完整的电商交易链条。

社交电商

2015 年，陈琪发现电商格局基本定型，面对阿里巴巴和京东的双强格局，蘑菇街为了实现差异化竞争，重新调整战略，推出蘑菇街买手集市，重新聚焦“社交 + 电商”模式。在这个平台上，用户不仅可以购买到心仪的商品，还可以分享购物心得、晒单评价，并通过社交关系链进行商品推广。据数据监测平台 Trustdata 发布的《中国移动互联网发展报告（2015）》中的数据显示，蘑菇街是仅次于淘宝、京东、唯品会和天猫之后的移动电商平台，位列第五。

电商 + 直播

2016 年 3 月，蘑菇街率先上线直播功能，主打购物直播，试图构建“直播 + 内容 + 电商”平台。2017 年初，随着蘑菇街对直播战略重做调整，决定定位为女性服装渠道商，并把重心全部投在商家和产品上。2018 年，蘑菇街在腾讯等资本的帮助下艰难上市。但长期摇摆不定的战略，以及不断错失的风口，让蘑菇街难以寻得新机会。2019 年，蘑菇街宣布“All in 直播电商”，并于当年启动“双百计划”“候鸟计划”等大力发展直播业务，全网招募主播、机构和供应链企业。蘑菇街 2021 财年一到三财季的总体商品交易总额（Gross Merchandise Volume，GMV）整体上涨，直播业务 GMV 在总体 GMV 中的占比从 72.6% 提升至 80.28%。

然而，在直播领域，面对阿里、抖音、快手等巨头平台，蘑菇街依然是在夹缝中生存。如何在数字时代风口准确把握创新方向，又该进行怎样的组织创新才能带领蘑菇街突破同质化困境，仍是蘑菇街未来一段时间亟须解决的难题。

资料来源：根据网络资料整理。

第一节 数字组织创新的实例、驱动因素、特征及定义

数字组织创新是指在竞争激烈的商业环境中，企业通过采用最新的数字技术和工具，提高运营效率，创造更多价值，拓展市场份额，并满足客户需求，使组织能够更灵活、敏捷地应对变化，保持竞争力并实现效益持续增长。

数字组织创新的实例、驱动因素、特征及定义

一、数字组织创新的实例

数字化时代，许多企业通过创新性的数字化转型取得显著成就。以阿里巴巴、腾讯、微信和伊芙丽等著名企业为例，它们通过数字组织创新重新定义了行业标准，提升了生产效率，拓展了业务边界，实现了持续创新。这些成功案例激励着更多企业积极探索数字组织创新之路。

1. 阿里巴巴：从集市到云端，做平台的织梦者

阿里巴巴的辉煌旅程始于 1999 年，它创立于杭州，从一个连接小企业与全球买家的 B2B 平台，拉开了电商革命的序幕。2003 年，淘宝网的推出如同一阵春风，迅速捕捉到了消费者对在线购物的渴望，以其简单易用的界面和零佣金的政策，吸引了无数买家和卖家。2009 年，阿里云的问世标志着阿里巴巴向云计算领域的大胆迈进，其迅速成长为全球顶尖的云服务提供商。2015 年后，阿里巴巴开始加速多元化，布局金融科技、数字娱乐（优酷、阿里影业）以及本地生活服务（饿了么）等多个领域，逐步构建起一个庞大而综合的生态系统，涵盖电商、支付、物流及云计算，推动各行各业不断进行数字化转型。

2. 腾讯：全方位生态进化战略的践行者

腾讯创立于 1998 年，凭借敏锐的洞察力，腾讯意识到社交网络的巨大潜力，于是推出了 QQ，并逐步优化其功能，使其不仅仅是一个聊天工具，更成为用户生活中不可或缺的社交平台。随着时间的推移，腾讯也开始涉足游戏、音乐、视频等多个领域，逐渐构建起一个全方位的数字生态系统。2011 年，腾讯积极整合了一批优秀的企业和创业者，共同构建一个开放、协同、共赢的数字生态网络，不断推动技术创新，为合作伙伴提供强大的技术支持和服务保障。

3. 微信：从简单聊天到生活全场景的超级入口

自 2011 年推出以来，微信凭借着简洁的界面和流畅的使用体验迅速在社交领域崭露头角，吸引了大量用户。2012 年，微信推陈出新，推出公众号功能，使品牌和内容创作者能够直接与粉丝互动。为了向用户提供多样化服务，2017 年，微信推出小程序，开发者可以在微信平台上创建各种应用，用户无须下载任何额外的程序就能享受到丰富

的服务。通过一系列的创新，微信逐渐演变为一个集社交、支付和多种服务于一体的超级平台，覆盖了社交、金融、教育、医疗等众多领域，满足了用户日益多样化的需求。

4. 伊芙丽：街店及电商渠道的均衡发展

当电子商务和移动互联网的浪潮席卷而来时，传统零售业似乎站在了悬崖边。2013 年，伊芙丽面对巨大的挑战和转型压力，果断决定拥抱变革，积极转型，加入天猫平台。在天猫的助力下，伊芙丽利用大数据客户画像等技术手段，精准把握消费者需求和市场趋势，不断推出符合市场需求的时尚女装。2017 年，伊芙丽加强与阿里巴巴集团的合作，成为首家新零售试点女装品牌，借助天猫平台的大数据资源和智能化技术，升级成为全链路数据化、智能化时尚平台型企业。

二、数字组织创新的驱动因素

大数据驱动和数字化转型情景下，海量企业正蓬勃开展高品质组织创新实践，基于大数据驱动快速迭代、进化寻优、即时响应等特质的新型数字组织创新实践加速涌现。数字化时代，驱动组织不断创新的因素大致可以归纳为数字技术赋能、用户场景牵引、跨界融合三个方面，使企业得以保持竞争优势，适应快速变化的市场环境，并持续创造价值。

（一）数字技术赋能模式创新

数字技术作为数字组织创新的核心驱动力，正以前所未有的方式重塑着企业的运营管理模式和价值创造过程。随着云计算、人工智能、大数据分析及物联网等技术的深度融合与应用，企业能够构建起高度灵活、智能且响应迅速的数字生态系统。这一系统不仅实现了业务流程的自动化与智能化，还赋予了企业实时分析市场趋势、精准预测消费者行为的能力。通过深度挖掘数据价值，企业能够发现潜在的市场机会，优化资源配置，从而在激烈的市场竞争中占据先机[㊀]。

阿里巴巴通过整合后台的技术、数据等资源，构建了强大的中台，为前台的业务创新提供支持。例如，基于中台的技术和数据能力，阿里巴巴快速孵化出了钉钉、飞猪、口碑等一系列创新品牌，这些品牌的业务能够更加敏捷地适应市场变化，满足用户的多样化需求。

（二）用户场景牵引模式创新

在数字经济时代，用户需求的多样化和个性化趋势日益凸显，而用户场景则成为连

㊀ 邱泽奇 . 清华大学计算社会科学与国家治理实验室：数字治理：技术赋能与组织创新 [EB/OL].（2024-01-21）[2024-06-01]. http://lcg.tsinghua.edu.cn/info/1029/1583.htm.

接用户需求与企业创新的桥梁。企业需深入洞察用户在日常生活中的各种场景需求，通过用户画像、行为分析等手段精准捕捉用户的痛点与期待。在此基础上，企业可针对性地优化产品设计、改进服务流程，以提供更加贴合用户需求的解决方案。这种以用户场景为导向的创新模式不仅有助于提升用户体验与满意度，还能增强用户黏性，促进企业的品牌忠诚度和市场份额的提升。同时，用户场景的精准牵引还能激发企业的创新灵感，推动企业在产品、服务、商业模式等多个领域进行持续创新，以满足市场不断变化的需求。

微信小程序无须下载和安装，用户可以在微信中直接搜索和使用，用完即关，不会占用过多的手机存储空间。这种轻量化的应用模式符合现代人快节奏的生活方式，提高了用户的使用效率和便捷性，吸引了更多用户尝试和使用各种小程序服务。例如，美团外卖、大众点评等小程序，既方便了用户的生活，又为商家带来了更多的流量和订单。

（三）跨界融合催化模式创新

在全球化和数字化的背景下，不同行业之间的界限逐渐模糊，跨界合作成为企业获取竞争优势、实现创新发展的关键途径。通过跨界融合，企业能够整合不同领域的资源、技术与管理经验，实现优势互补与资源共享[㊀]。这种合作不仅有助于降低企业的创新成本和风险，还能加速新技术、新产品的研发与应用。同时，跨界协作还能促进知识交流与思维碰撞，激发新的创新灵感与商业模式。在构建开放共赢的创新生态过程中，企业需要保持开放心态和合作精神，积极寻求与不同行业、不同领域伙伴的合作机会，通过共同研发、联合营销等方式深化合作关系，实现互利共赢、共同发展的目标。

伊芙丽积极开展淘宝直播活动，邀请专业主播和品牌导购员进行直播带货，通过直播展示新品、讲解穿搭技巧、分享时尚资讯等，吸引消费者的关注和购买。同时，其利用阿里巴巴的直播平台和流量资源，扩大品牌的影响力，增加品牌的曝光度，提升品牌的知名度和美誉度，联动阿里巴巴旗下的高德地图、淘票票、手机淘宝、支付宝等app，实现营销矩阵的全链路打通。

三、数字组织创新与传统组织创新的特征比较

与传统组织创新相比，数字组织创新具有诸多特征和优势，结合数字组织创新的实践案例，我们发现数字组织创新与传统组织创新在诸多方面存在差异。接下来，我们将从典型模式、模式内涵、参与者角色和协同方式四个层面将数字组织创新与传统组织创新的特征进行对比分析[㊁]，具体见表 7-1。

㊀ 跨界协同：不同领域的创新交汇 [EB/OL].（2023-08-21）[2024-06-01]. https://baijiahao.baidu.com/s?id=1774798467336209583&wfr=spider&for=pc.

㊁ JACOBIDES M G，CENNAMO C，GAWER A. Towards a theory of ecosystems[J]. Strategic management journal，2018，39（8）：2 255-2 276.

表 7-1　数字组织创新与传统组织创新的特征对比

对比维度	数字组织创新	传统组织创新
典型模式	平台生态模式	供应链整合模式
模式内涵	不同参与者通过共享资源、信息和技术，形成的一个相互依存、相互促进的生态系统	在供应链中各个环节之间进行协调和整合的一种管理方式
参与者角色	参与者的角色更加灵活，可以是供应商、合作伙伴、开发者或用户等	参与者通常是有明确角色和地位的，如供应商、制造商等
协同方式	通过数字化平台实现实时信息共享和资源协作，灵活性高	基于供应链的线性关系，灵活性较低

1. 典型模式方面

传统组织创新的典型模式是供应链整合模式，因为传统组织更注重内部的垂直整合和控制。在供应链整合模式中，组织通过垂直整合和协调供应链上的各个环节，实现更高效的生产和交付。这种模式下，组织通常会与供应商、分销商等合作伙伴建立长期的合同关系，以确保供应链的稳定性和可控性。而数字组织创新的典型模式是平台生态模式，因为数字化时代的组织更注重外部的横向整合和合作。在平台生态模式中，组织通过建立开放的平台，吸引和整合各种参与者，共同创造价值。在这种模式下，组织更加注重与生态系统中的各个参与者建立合作关系，通过共享资源和互相依赖来实现创新和增长[㊀]。平台生态模式相比于供应链整合模式具有创新速度更快、灵活性更高、创造价值更大的特性。

2. 模式内涵方面

传统组织创新的典型模式是供应链整合模式。供应链整合模式是指在供应链中各个环节之间进行协调和整合的一种管理方式，旨在优化供应链的运作，提高效率和降低成本。供应链整合模式可以通过模块化的方式连接不同的组织，实现各个组织之间的协调和合作。在这种模式下，各个组织既可以在一定程度上保持独立性，自主设计、定价和运营自己的模块，又能够与其他组织按照约定和预定的方式进行连接。而数字组织创新的典型模式是平台生态模式。平台生态模式是指在一个平台上，不同的参与者通过共享资源、信息和技术，形成一个相互依存、相互促进的生态系统。在这种模式下，平台提供基础设施和服务，吸引和整合各方参与，参与者之间通过合作和交互，实现资源的共享和价值的创造，共同推动平台的发展和壮大。平台生态模式在互联网行业和数字经济中得到广泛应用，如在电商平台、社交媒体平台等。

3. 参与者角色方面

在供应链整合模式中，参与者角色主要包括供应商、制造商、分销商和零售商等。

㊀ 王节祥，陈威如．平台演化与生态参与者战略 [J]. 清华管理评论，2019，10（12）：76-85.

供应链整合模式强调的是供应链各个环节之间的协调和整合，以实现高效的物流和供应链管理。参与者之间的关系通常是线性的，即上游供应商向下游分销商提供产品或服务。而在平台生态模式中，参与者角色更加多样化。除了供应商、制造商、分销商和零售商等传统参与者外，还包括开发者、用户、合作伙伴等。平台生态模式强调的是通过共享平台和互相依赖的关系来实现创新和价值创造，参与者之间的关系通常是多边的，即各个参与者之间相互合作、互相依赖。因此，供应链整合模式和平台生态模式的参与者在数量和类型上存在差异。供应链整合模式更加注重供应链各个环节之间的协调和整合，而平台生态模式更加注重参与者之间的合作和互相依赖。

4. 协同方式方面

在供应链整合模式中，参与者之间的协同方式主要是基于供应链的线性关系，即上游供应商向下游客户提供产品或服务。在这种模式下，参与者之间的关系通常是单向的，上游供应商负责生产和供应产品，下游客户负责购买和使用产品。参与者之间的互动主要是通过订单、交付和支付等传统的供应链管理方式进行的。而在平台生态模式中，参与者之间的系统方式更加复杂和多样化。平台作为中介，连接了多个参与者，包括供应商、客户、开发者等。参与者之间的互动不仅限于产品的生产和销售，还包括合作、创新和共享资源等方面。平台提供了支持共享的基础设施和规则，使参与者可以在平台上进行交互和合作。参与者可以通过平台共享信息、合作开发新产品、提供增值服务等，实现互利共赢。总的来说，供应链整合模式更注重线性的供应链关系，而平台生态模式更注重多方参与者之间的互动和合作。平台生态模式提供了更灵活和开放的参与方式，使参与者可以更好地协同工作和创新。

四、数字组织创新的定义

组织创新是指企业在其内部运营环境及与外部机构交互的过程中，引入并实施新的组织方法、流程或结构，以提升效率、增强竞争力并适应不断变化的市场环境[㊀]。这种创新不仅涉及组织架构的调整，还包括管理模式的革新、工作流程的优化以及企业文化的重塑，旨在为企业带来持续的竞争优势。通过引入新的组织方法，企业能够打破传统束缚，激发内部活力，提高决策效率和执行力。同时，组织创新还能促进跨部门协作，增强团队凝聚力，为企业的创新活动提供有力支持。从长远视角来看，组织创新有助于企业适应市场变化、抓住新兴机遇，从而在激烈的市场竞争中脱颖而出，实现可持续发展。

数字技术的飞速发展对组织创新产生了深远影响，不仅改变了企业的管理方式，使决策更加科学、高效，还催生了新的盈利模式，如数据驱动的服务和产品定制化。数字

㊀ 王喜刚．组织创新、技术创新能力对企业绩效的影响研究 [J]. 科研管理，2016，37（2）：107-115.

技术使企业能够实现供应链的透明化管理，优化资源配置，降低成本。此外，数字化还促进了企业间的合作与共享，构建了更加开放、协同的商业生态。这些变化共同推动了企业从传统组织模式向数字组织创新模式的转变。

因此，我们认为数字组织创新是指利用数字技术全面重塑或深刻改变组织的形式、结构和运作方式。数字组织创新旨在构建一个以数据为驱动、以用户为中心、以价值共创为目标的新型组织体系，从而让企业创造更大的商业价值和社会价值。

第二节 数字组织创新的类型、实现路径与一般过程

在本章第一节中，我们深入探讨了数字组织创新的重要性及其在现代商业环境中的关键作用。通过分析阿里巴巴、腾讯等企业的创新实例，我们见证了数字技术如何帮助企业提升效率、创造价值并实现效益持续增长。然而，数字组织创新并不是一蹴而就的，它涉及多种类型和路径的选择。在这一节，我们将详细探讨这些创新类型，并进一步分析实现这些创新的路径和一般过程。

数字组织创新的类型、实现路径与一般过程

一、数字组织创新的类型

数字组织创新的类型丰富多样，它们不仅体现了企业在数字化转型中的策略差异，还反映了企业根据自身特点和市场环境所做出的不同选择。根据组织模式和自身定位的不同，我们可以将数字组织创新划分为多种类型，每种类型都有其独特的创新逻辑和价值创造方式。

（一）根据组织模式划分

1. 平台型组织创新

平台型组织创新是指企业借助互联网平台或类似技术，通过构建一种新型的组织形态，实现资源的有效整合与优化配置，进而提升企业的创新能力和市场竞争力。这种组织形态强调开放、协同、共赢，通过连接两个或多个群体，提供双方或多方的互动机制，来满足所有群体的需求并从中获利。平台型组织创新的核心在于通过“连接”再“聚合”的方式降低交易成本，促使网络效应发生作用，从而创造更大的价值。

阿里巴巴作为平台型组织创新的典范，通过其强大的电商平台和云计算服务，不仅连接了数以亿计的买家与卖家，还构建了涵盖金融、物流、数据服务等多领域的生态系统，展现了平台如何通过聚合资源、促进互动与共创价值，实现跨越式发展，引领数字经济新潮流。

2. 生态型组织创新

生态型组织创新是指在数字时代背景下，企业等社会经济主体构建一种以利益相关者为中心的，基于数字化、信息化和智能化技术的共生共存、共创共赢的关系协作网络。这种组织形态强调去中心化、无边界、自组织、自演化的特点，旨在通过各主体间的相互依赖、互惠互利，实现系统整体的可持续发展。生态型组织创新不仅关注内部资源的整合与优化，还注重与外部环境的互动与协同，以构建一个开放、动态、适应性强的生态系统。

腾讯通过投资、并购和合作等方式，将众多优秀的企业和创业者纳入其生态系统之中，共同打造了一系列创新产品和服务。同时，腾讯还积极为生态系统内的合作伙伴提供技术支持、市场推广等全方位服务，助力其快速成长和发展。此外，腾讯还注重生态系统的自我更新和升级，通过不断优化和完善生态系统内的规则和机制，吸引了更多优秀的主体加入并淘汰了不适应的主体，保持生态系统的活力和竞争力。

（二）根据自身定位划分

1. 主导型组织创新

主导型组织创新是指某一组织或企业在其所在领域或生态系统中，通过突破性的创新活动，引领和推动整个行业或生态系统的变革与发展[㊀]。这种创新不仅涉及产品或服务的创新，还包括组织结构、业务模式、管理流程等多个方面的深刻变革。主导型组织创新的核心在于主导者能够率先识别市场需求、技术趋势或社会变革的先机，并通过有效的创新策略和执行能力，将这些先机转化为实际的竞争优势和市场地位。

微信通过精准洞察市场需求与技术趋势，持续推出了一系列具有颠覆性的创新功能与服务。从最初作为即时通信工具的简洁界面与流畅体验，到后来推出公众号功能，为企业和个人提供了全新的内容传播方式与用户互动平台，微信不仅丰富了自身的服务维度，还构建了数字生态的雏形。随后，微信进一步拓展其生态边界，支付功能、企业微信与小程序的推出，将微信的生态体系推向了新的高度，共同推动了生态的繁荣与多元化发展。

2. 互补型组织创新

互补型组织创新是指企业在现有数字平台生态基础架构下，通过识别并填补市场中的空白或不足，与平台企业形成互补关系，从而提升自身在特定细分市场中的竞争力和市场份额。这种创新方式要求企业具备敏锐的市场洞察力、强大的技术研发能力和灵活的市场适应能力，以便在快速变化的市场环境中抓住机遇，实现快速发展。

㊀ 王节祥，刘双，瞿庆云．数字平台生态系统中的创业企业成长研究：现状、框架与展望 [J]. 研究与发展管理，2023，35（1）：72-88.

伊芙丽在电商浪潮中敏锐洞察市场变化，通过与天猫等数字平台深度合作，不仅实现了线上线下无缝融合，还借助大数据与智能化技术，精准捕捉消费者需求，打造全链路智能化管理体系，形成了独特的品牌矩阵，从而在竞争激烈的时尚女装市场中脱颖而出，成为互补型组织创新的典范。

二、数字组织创新的实现路径

平台型组织创新、生态型组织创新、主导型组织创新、互补型组织创新由于其创新内容的不同，其创新的实现路径也有一定的差异。四种类型的数字组织创新的实现路径如下。

（一）平台型组织创新的实现路径

为了拥有更多有价值的核心交互，平台必须发挥三个关键功能：吸引（Pull）、促进（Facilitate）、匹配（Match）。平台必须将生产者和消费者吸引至平台上，以便使核心交互在他们之间发生。平台要通过提供方便且易于联系和交换的工具与规则来促进交互的完成。另外，平台还要利用信息，有效地匹配生产者和消费者，让他们互惠互利[㊀]。

1. 吸引

吸引策略是平台型组织创新的起点，关键在于构建一个能够激发用户兴趣和参与度的价值主张。通过精心设计的市场定位和品牌传播，平台能够吸引目标用户群体，并利用社交证明、个性化推荐和激励机制等手段，增强用户的归属感和忠诚度。此外，平台还需解决“先有鸡还是先有蛋”的难题，通过早期用户的精准定位和种子用户策略，快速建立起用户基础和内容生态。Airbnb（爱彼迎）[㊁]通过提供一个独特的价值主张“住进当地人家”，成功吸引了全球旅行者和房东。它通过精心设计的品牌形象和故事讲述，营造了一种归属感和探索精神，这不仅吸引了寻求独特住宿体验的用户，还吸引了愿意分享自己的空间的房东。Airbnb 还通过提供保险和信任与安全措施来解决用户的顾虑，从而增加了平台的吸引力。

2. 促进

促进功能是平台型组织创新的核心，它涉及为用户和生产者提供无缝交互的基础设施和工具。平台需要通过简化的用户体验设计、高效的内容管理系统和创新的交互机制，降低用户参与门槛，激发创造力和协作精神。同时，平台应制定清晰的规则和标准，以确保交易的公平性和安全性，从而建立起用户对平台的信任和依赖。Airbnb 为了

㊀ 帕克，埃尔斯泰恩，邱达利．平台革命：改变世界的商业模式 [M]. 志鹏，译．北京：机械工业出版社，2017.

㊁ Airbnb 是一个将旅游人士和有空房出租的房主联系起来的服务型平台，为用户提供多样化的住宿信息。

促进用户和房东之间的交易，开发了一系列工具和功能。例如，房东可以轻松管理他们的房源和预订手续，而旅行者可以通过直观的搜索和预订流程找到合适的住宿。此外，Airbnb 还提供了评价系统，允许用户分享他们的体验，这不仅提高了平台的可信度，还促进了社区的健康发展。

3. 匹配

匹配机制是平台型组织创新的关键环节，它通过高效的算法和数据分析，实现用户需求与服务供给之间的精准对接。平台必须收集和分析大量的用户行为数据，以构建精细化的用户画像和需求模型。在此基础上，平台可以利用机器学习和人工智能技术，不断优化匹配算法，提高交易的成功率和用户满意度，从而实现资源的最优配置和价值的最大化。Airbnb 利用先进的匹配算法，根据用户的搜索历史、偏好和行为数据，为其推荐最合适的住宿选项。这种个性化的推荐系统不仅提高了用户满意度，还增加了房间预订的可能性。同时，Airbnb 还通过收集和分析大量的用户反馈和评价数据，不断优化其匹配算法，以确保用户和房东之间能够实现高效的匹配。

（二）生态型组织创新的实现路径

1. 识别数字价值节点

生态是一群通过某种契机聚在一起，形成了相互依赖关系的主体[㊀]。在数字商业生态系统中，许多学者将价值节点等同于企业个体。在生态型组织创新的进程中，企业首先需要深入洞察并精准识别生态系统中的各类价值节点[㊁]。这些节点不再局限于传统意义上的企业边界，而是涵盖了所有参与价值创造与传递的多元主体，如消费者、供应商、合作伙伴、科研机构乃至政府机构等。通过细致分析每个节点的独特优势、资源禀赋、价值诉求及潜在能力，企业能够更清晰地理解生态系统中的价值流动与分配机制，为后续构建高效协同的生态系统奠定坚实基础。例如，海尔集团识别了智能家居领域的消费者需求、物联网技术提供商的创新能力以及家电制造供应链的资源优势，为构建智能家居生态系统打下了基础。

2. 连接数字价值链条

在识别出数字价值节点后，企业需致力于构建和优化连接这些节点的数字价值链条。企业不仅要在内部实现流程再造和效率提升，还要跨越组织边界，与生态系统中的其他节点建立紧密的联系与合作。通过构建数据链、商品链、创新链等多条价值链条，

㊀ 侯宏 . 商业模式、商业生态与生态演进的原理 [EB/OL].（2019-09-17）[2024-01-21]. https://mp.weixin.qq.com/s?__biz=MzA4NjkyMDY1MQ==&mid=2650028202&idx=1&sn=8241aa793aa8f6fc66c476429ebe8019&scene=19#wechat_redirect.

㊁ 范志刚，孙柳寒 . 数字商业生态系统视角下平台赋能理论研究与展望 [J]. 科学与管理，2025（1）：56-65.

企业能够确保资源、信息、资金等关键要素在生态系统内自由流动，促进价值的高效创造与传递。海尔集团通过其COSMOPlat工业互联网平台，连接了设计、制造、物流、销售等各个环节，实现了从用户需求到产品交付的全链条优化，同时与供应商、开发者等合作伙伴共享数据资源，共同推动创新。

3. 构建数字价值生态

企业的目标聚焦于构建一个高度协同、开放包容且持续优化的数字价值生态系统。在这个生态系统中，各数字价值节点通过紧密的价值链条相互连接，形成了一个复杂而有序的数字价值网络。企业作为生态系统的核心或关键节点之一，需积极发挥引领和协调作用，推动生态系统内部的资源共享、知识交流、技术创新和市场拓展。海尔集团通过其智能家居生态系统，将消费者、家电制造商、物联网技术提供商、服务提供商等多方紧密连接在一起，形成了一个协同创新的生态系统。在这个生态系统中，各节点共同推动技术创新和市场拓展，实现了共赢，巩固了海尔在智能家居领域的领先地位。

（三）主导型组织创新的实现路径

1. 主导提出价值主张

构建平台生态价值主张是指通过形成一个开放、协同的生态系统，提供多方参与者所需的资源、服务和支持，以创造共同的价值。它强调通过生态合作而非单纯的竞争来实现商业目标，更加注重用户、开发者和合作伙伴的共同利益。而主导型企业通过聚集不同的参与者，形成协作网络，共享并优化资源配置，共同推动技术和服务的创新。科大讯飞推出了“讯飞开放平台”，为开发者提供语音识别、自然语言处理等AI技术接口，吸引了大量开发者入驻。

2. 制定参与者准入原则

参与者准入原则是指在平台生态系统中，对参与者设定的进入和参与的标准和条件，其旨在确保参与者的品质和能力，以维护平台生态的稳定性和创新能力。明确的参与者准入标准，可以确保参与到平台生态中的各类企业和个人具备足够的技术能力和商业诚信，能更好地配置资源，集中力量于高潜力的合作伙伴和项目，有助于提高整个生态的产品和服务质量，优化投资效益。科大讯飞对希望接入其“讯飞开放平台”的开发者和合作伙伴进行技术能力评估，确保只有符合一定标准的参与者能够提供产品和服务。在教育、医疗等行业，科大讯飞参与制定行业标准，并将这些标准纳入参与者准入原则中。

3. 价值主张融合与协同

价值主张融合与协同是指在企业或组织的整体战略框架内，不同的价值主张、产品和服务之间，通过资源共享、能力互补和合作创新，形成一种更为强大的综合效应，从而提升整体竞争力和市场价值。它强调不同参与方之间的合作与协作，通过融合各自的优点，创造出新的价值主张，满足更加复杂和多样化的市场需求。通过跨部门或跨组织的价值主张融合，企业能够将不同领域的知识、技术和资源进行整合，从而激发出更多的创新思想和解决方案。科大讯飞不仅在教育领域提供语音识别和人工智能服务，还应用于医疗、金融、政务等多个行业。通过跨行业的价值主张融合，科大讯飞能够调整和优化产品组合，提供更全面的解决方案。

（四）互补型组织创新的实现路径

互补型组织创新的企业不仅仅满足于现有平台架构下的机会，它们通过识别和满足用户尚未被现有平台满足的需求，构建新的架构功能或服务，对现有平台生态进行补充和扩展。

1. 单一生态内成长：多重身份策略

多重身份策略是一种组织在单一平台生态系统内通过扩展其业务范围和市场定位，以实现多样化角色扮演的创新路径。此策略要求组织深入分析平台生态系统的多元需求，进而构建一个能够覆盖多个子群的服务模式。组织需通过整合内部资源，如技术、人才和资本，来支持这一多元化服务的实施。同时，组织应通过塑造或调整品牌形象，确保其能够反映并支持其在生态系统中的多重身份，从而在提升对平台企业的互补性的同时，增强市场竞争力和用户黏性。蘑菇街通过创建女性购物分享社区，实现了从单一导流服务到社区运营商的转型，这一策略不仅增强了其对淘宝平台的互补性，还增强了用户黏性和提升了市场竞争力。

2. 跨生态成长：多栖定制策略

多栖定制策略涉及组织跨越不同平台生态系统，通过深度定制产品和服务以适应各个生态系统的独特需求。这一策略要求组织具备跨平台的市场洞察力和快速响应能力，通过对不同平台用户偏好的深入分析，实现产品和服务的本地化定制。此外，组织需要在多个平台间进行有效的知识转移和学习，以积累通用性能力，这不仅能够提升组织在特定平台的互补性，还能够降低对任何单一平台的依赖度，构建起一个灵活且稳健的跨平台运营模式。韩都衣舍通过在多个电商平台如淘宝、京东和当当网提供差异化的品牌孵化和代运营服务，展现了多栖定制策略，有效分散了对单一平台的依赖并扩大了市场影响力。

3. 自主构建生态：平台镶嵌策略

平台镶嵌策略是指组织在现有平台生态系统的基础上，通过创新性地嵌入共生性质的子平台来实现与平台企业的互补和依赖度的解耦[㊀]。这种策略要求组织对现有平台架构有深刻的理解和分析能力，以识别并把握嵌入子平台的机遇。子平台的设计应旨在扩展平台的功能边界，同时为多边用户提供独特的价值主张。通过构建跨边界的连接和增强社会性防御机制，组织不仅能够提升对平台企业的互补性，还能够在生态系统中建立起更为独立和多元的价值获取路径，从而实现可持续发展。云集通过在微信生态中嵌入S2B2C模式（集合供货商赋能于渠道商并共同服务于顾客的新模式）的社交电商平台，连接品牌商和消费者，实现了平台镶嵌策略，这不仅为微信用户提供了增值服务，还为云集创造了新的经济增长点。

三、数字组织创新的一般过程

在大数据驱动的情景下，数字组织创新不再局限于单一的技术或产品层面，而是深入到企业的价值网络中。基于数字价值主张动态校准、数字价值创造场景优化和数字价值捕获网络拓展，数字组织创新的一般过程如图7-1所示[㊁]，三者共同构成企业从数据资源积累到价值共创的完整路径。

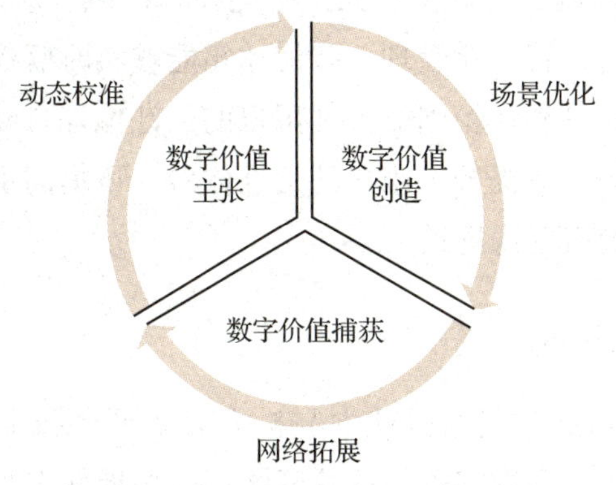

图7-1　数字组织创新的一般过程

（一）数字价值主张动态校准

数字价值主张的动态校准是数字商业模式创新的第一步。企业通过对海量数据的收集、分析和挖掘，洞察市场趋势、消费者偏好以及竞争对手的动态，从而动态地调整和优化自身的价值主张。在数字价值主张动态校准阶段，企业不仅要有强大的数据处理能力，还需要有敏锐的市场洞察力和灵活的决策机制。企业通过数据驱动的方式，更准确地识别目标客户需求，并据此构建或更新其产品或服务的价值主张，而后结合自身情况

㊀ 王节祥，陈威如，江诗松，等．平台生态系统中的参与者战略：互补与依赖关系的解耦[J]．管理世界，2021，37（2）：126-147+10.

㊁ 孙新波，王昊翀，张媛，等．大数据驱动制造企业数字商业模式创新实现机理[J]．技术经济，2023，42（6）：60-72.

与市场需求，选择数字组织创新的方向和策略，以满足市场的不断变化。

在海尔食联网的创新中，企业借助大数据平台，持续追踪并分析用户健康饮食需求、烹饪习惯及反馈，据此动态校准其产品与服务的价值主张，如推出定制化食谱和健康饮食建议。这种精准的价值主张不仅提升了用户体验，还增强了品牌的市场竞争力。

（二）数字价值创造场景优化

确定数字价值主张后，企业需要进一步优化价值创造的场景，包括通过数字技术改善产品或服务的交付方式、提升客户体验以及优化内部运营流程等方面。数字技术的应用使企业能够构建更加智能、高效和个性化的价值创造场景。通过大数据分析，企业可以实现对客户的精准画像，从而提供定制化的产品和服务；通过物联网技术，企业可以实时监控产品的使用情况，提供及时的售后服务；通过人工智能技术，企业可以优化生产流程，提高生产效率和产品质量。数字技术的应用使得企业创造数字价值的场景进一步优化，同时为企业间的价值共创提供物理空间。

海尔食联网通过物联网、大数据和人工智能技术的融合应用，实现了从食材采购、存储、加工到烹饪的全链条智能化管理。智能冰箱能够实时监控食材的新鲜度，提供智能化的购物清单；智能灶具和烤箱则能根据用户的烹饪偏好自动调节烹饪参数，实现个性化烹饪。这些优化措施不仅提升了用户的烹饪体验，还提高了烹饪效率，创造了更加智能、高效和个性化的价值创造场景。

（三）数字价值捕获网络拓展

数字价值捕获网络拓展是指通过建立与扩大数字平台和生态系统，实现数字产品和服务的创新与商业化。拓展数字价值捕获网络可以拓展数字组织的创新边界，包括建立更广泛的合作伙伴关系、构建多渠道的营销网络以及优化收益模式等方面。通过建立与各种合作伙伴的合作关系，数字组织能够获得更多的创新资源和知识技术，促进自身创新能力和创新水平的提升，更好地了解市场需求和用户需求，及时调整和优化产品和服务，满足市场不断变化的和多样化的需求。数字组织创新的显著特点是开放性和互联性，企业需要通过与各方合作，共同创造价值并分享价值。通过推动价值网络的拓展，企业可以吸引更多的合作伙伴和客户加入其中，实现价值共创。

海尔食联网通过构建多渠道的营销网络和生态系统，积极与食品供应商、健康管理机构等合作伙伴建立广泛的合作关系，不仅丰富了企业的产品线和服务内容，还通过联合营销、定制化健康套餐等方式，实现了数字价值的捕获和增值。同时，海尔食联网还利用数字平台优势，优化收益模式，如推出会员制度、提供增值服务等，进一步拓展数字价值捕获网络，实现与合作伙伴和用户的价值共创。

第三节　数字组织创新的获利机制、风险与应对措施及提高社会价值的策略

在深入探讨了数字组织创新的类型、实现路径及一般过程后，我们认识到，创新不仅是技术层面的突破，更是商业模式、组织结构乃至社会价值的全面革新。这些创新活动不仅塑造了企业的核心竞争力，更为其带来了丰富的获利机会。然而，与机遇并存的是挑战与风险。因此，本节我们将从获利机制、风险与应对措施以及社会价值提升三个维度，全面剖析数字组织创新的深层内涵与实践策略，以期为企业实现可持续发展提供有力指导。

一、数字组织创新的获利机制

在数字化转型的浪潮中，企业如何通过创新实现盈利增长，是每一个决策者都需要深思的问题。数字组织创新的获利机制，正是揭示了这一过程背后的内在逻辑与路径。通过深入挖掘客户需求、优化资源配置、创新服务模式等手段，企业能够开辟新的收入来源，提升运营效率，从而实现盈利的持续增长。接下来，我们将详细探讨这些获利机制的具体表现与实现方式。

数字组织创新的获利机制与风险应对策略

（一）瓶颈控制机制

瓶颈控制机制是指企业通过控制技术瓶颈或者战略瓶颈来获得相对于竞争对手的竞争优势，主要可以分为技术控制点机制和战略控制点机制两种类型。技术控制点机制在数字化商业生态系统中指的是控制一种技术性要素或解决方案，它能够为企业提供独特的竞争优势。这种机制的核心在于通过技术创新或技术整合，掌握关键的技术资源或能力，从而在市场中占据有利地位。战略控制点机制是指控制不太容易被构建、被模仿、被超越的中长期优势。其核心在于通过制定和实施有效的战略，使企业在市场中获得长期的竞争优势。

苹果公司的 iPhone 系列产品之所以能够在全球范围内持续热销，很大程度上归功于其独特且难以模仿的 iOS 操作系统和 A 系列芯片。这些核心技术不仅让 iPhone 提供了流畅的使用体验和拥有卓越的性能表现，还促使苹果在智能手机市场形成差异化优势。这种技术控制点机制为苹果公司带来了丰厚的利润回报，并推动其不断向前发展。而在电商领域，亚马逊作为全球最大的电商平台之一，则通过战略控制点机制获得了巨大成功。亚马逊拥有强大的品牌影响力，还通过不断拓展市场份额，加强与国际品牌的合作，以及推动物流体系的创新等方式，进一步巩固了其在电商行业的领先地位。这种战略控制点机制为亚马逊带来了持续增长的收入和利润，并推动了其全球业务的不断扩张。

（二）商业模式互补机制

商业模式互补机制是指不同企业或组织之间，通过识别并填补彼此在资源、能力、市场覆盖等方面的空白或不足，从而形成一种相互依赖、相互促进的合作关系。这种机制的核心在于双方或多方能够识别出各自的优势与劣势，并通过合作实现优势互补，共同提升市场竞争力。

特斯拉通过与生态合作伙伴紧密合作，共同推动智能汽车领域的突破，利用各自的技术优势和资源，实现了全面的创新。例如，特斯拉与电池和动力系统供应商合作，提升电动汽车的续航和充电效率，同时与软件开发公司携手，优化自动驾驶算法，提高车辆智能化水平。此外，特斯拉积极参与汽车行业的标准制定，推动电动汽车充电基础设施的建设，以促进行业的可持续发展。通过与平台生态内的其他参与者在商业模式上的互补，特斯拉不仅提升了自身产品的竞争力，还推动了整个智能汽车生态系统的繁荣与发展。

在数字化商业生态系统中，瓶颈控制机制和商业模式互补机制同样重要。通过制定和实施有效的策略，企业能够构建独特的竞争优势，并在市场中获得长期的成功。同时，企业还需要关注外部环境的变化，不断调整和优化战略，以保持竞争优势的持续性。数字组织创新的获利机制见表 7-2。

表 7-2 数字组织创新的获利机制

对比维度	瓶颈控制机制	商业模式互补机制
内涵	企业通过控制关键技术或战略资源获得竞争优势	企业间合作，通过资源、能力、市场等方面的互补，提升整体竞争力
适配情景	适用于技术密集、竞争激烈的行业，强调技术或战略的重要性	适用于各种行业，特别是需要资源共享、能力互补、市场协同的合作场景
实现方式	通过技术创新、整合或战略部署来巩固竞争优势	通过识别合作机会，建立合作伙伴关系，实现资源与能力的互补
风险与挑战	可能面临技术创新失败、竞争者模仿、战略无法适应市场变化等风险	可能遭遇价值分配、利益冲突以及资源过度依赖等挑战
示例	苹果公司的 iOS 操作系统和 A 系列芯片，让 iPhone 提供流畅的使用体验和拥有卓越性能	特斯拉与电池和动力系统供应商合作，共同解决电动汽车充电难题，推动市场发展

二、数字组织创新的风险与应对措施

创新之路从来非坦途，数字组织创新在带来丰厚回报的同时，也伴随着诸多风险与挑战。因此，识别并有效应对潜在风险，对保障企业创新活动的顺利进行至关重要。接下来，我们将分析数字组织创新面临的主要风险，并提出应对措施。

（一）数字组织创新的风险

1. 平台模式垄断风险

平台模式垄断是指特定平台或者生态系统占据市场主导地位，阻碍其他企业进入市场，限制竞争和创新的一种现象。平台模式垄断风险包括以下几个方面。

资源与技术壁垒强化风险。平台模式垄断者通过累积并控制关键资源（如用户数据）和技术专利，构建起强大的市场进入壁垒，阻碍了潜在竞争者的进入与现有竞争者的成长。这种壁垒在巩固了垄断者的市场地位的同时，也限制了市场的多元化和创新活力，导致技术进步放缓和市场效率降低。

创新抑制与信息不对称风险。平台模式垄断者通过控制关键资源和技术，以及利用其在数据和信息方面的优势，构建了强大的市场地位。这种地位不仅削弱了其他企业的创新动力和能力（因为创新者难以获取必要的信息和资源来推进创新），还加剧了市场中的信息不对称。垄断者可能利用这种信息优势进行不公平的竞争，进一步限制了市场的创新活力，导致创新活动的整体减缓和市场发展停滞。

客户权益损害风险。平台模式垄断下，垄断者为实现自身利益最大化，可能会采取一系列措施，如提高价格、降低服务质量、限制消费者选择权等。客户在垄断市场中往往处于弱势地位，难以有效维护自身权益。因此，垄断行为不仅损害了客户的直接利益，还可能对整个市场的公平性和可持续性造成负面影响。客户权益的损害将削弱市场的信任基础，限制市场的进一步发展和创新。

2. 生态治理失衡风险

生态治理失衡风险是指在商业生态系统中，各参与方之间的利益、责任、资源分配等存在失衡和不协调，可能会对整个商业生态系统的稳定性、可持续发展和创新效果造成负面影响。具体包括以下几个方面。

创新生态系统失衡。数字组织在创新过程中，可能会面临创新生态系统中各方利益的失衡，包括企业、政府、学术界、消费者等。如果各方在创新过程中的权利和责任没有得到平衡和协调，导致创新生态系统失衡，可能会影响创新的效果和社会效益。

产业链合作关系不稳定。数字组织的创新过程中依赖于生态系统中其他企业和机构，如果产业链合作关系不稳定，合作伙伴之间缺乏信任和协作，或者存在信息不对称等问题，就可能会导致创新效率下降、研发周期延长，最终影响创新的成果和市场竞争力。

生态系统治理机制不完善。良好的治理机制有利于实现各方利益平衡和协作，但如果生态系统的治理机制不够健全、决策机制不够民主、监督机制不足，就可能会导致权力滥用、信息不对称、利益冲突等问题，进而影响数字组织创新的稳定性和可持续发展。

（二）数字组织创新风险的应对措施

1. 平台反垄断的合规治理

平台反垄断的合规治理可以有效预防和化解平台模式垄断风险，推动数字组织创新，有利于构建更加健康、公平、创新的经济体系。

推动技术共享与标准化。为了降低市场进入壁垒，政府和行业组织应积极推动技术共享与标准化工作。这包括鼓励企业适当开放其技术专利，参与制定行业通用的技术标准，以及通过政策支持和资金激励，促进技术成果的广泛应用和创新技术的快速迭代。

加强创新激励与信息透明度。为了激发市场创新活力，政府可以通过设立研发基金、提供税收优惠等措施，激励企业增加研发投入。同时，应加强对市场信息的监管，确保信息的公开透明，让所有市场参与者都能公平获取必要的市场数据和信息，减少信息不对称现象，提升信息透明度。

强化消费者保护与市场监管。为了维护消费者权益和市场公平性，应加大消费者权益保护法规的执行力度，提高消费者在市场中的议价能力和选择权。此外，监管机构需要加强对市场行为的监督，及时发现并制止任何可能损害消费者权益的垄断行为，确保市场的健康发展。

2. 生态价值的合理分配

合理分配生态价值可以有效预防和化解商业生态治理失衡的风险，促进企业合作与互利，优化资源配置与利益分配，促进创新与效益增长，同时，还可以保护消费者权益，为商业生态的健康与可持续发展提供保障。

建立多方协作机制。促进生态系统中各方的合作与协同，建立多层次、多元化的合作关系，鼓励生态内企业与不同领域的合作伙伴合作，共同开展创新项目，实现资源优势互补，提高创新的多样性和弹性，共同促进创新生态系统的平衡发展。

建立稳定的产业链合作关系。加强产业链上下游企业的沟通与合作，建立长期稳定的合作关系，提升整个供应链的合作效率和生态系统的稳定性。

完善生态系统治理机制。建立透明、公平、包容的生态系统治理机制，加强信息共享和沟通，对生态进行规范引导，强化治理机制对市场秩序和创新活力的影响，提高生态系统的开放性和共治性，以促进生态平衡和可持续发展。

三、提高数字组织创新的社会价值的策略

在追求经济效益的同时，企业还应关注其创新活动的社会价值。数字组织创新不仅能够推动企业自身的发展，更能够带动整个社会的进步与繁荣。通过提高创新活动的社会价值，企业不仅能够赢得社会的广泛认可与尊重，更能够为其长期发展奠定坚实的基础。因此，探索提高数字组织创新社会价值的策略，对于企业的长远发展具有重要意

义。接下来，我们将从多个方面进行探讨。

（一）促进平台生态内的联合技术攻关

在推动平台企业创新和提升生态系统竞争力的过程中，构建开放的创新平台和协作网络显得尤为关键。通过这一策略，平台企业能够与生态内的合作伙伴、研究机构和用户等多方利益相关者形成战略联盟，共同投入资源和专业知识，对关键技术领域进行集中攻关。这种跨界合作不仅促进了技术突破和应用创新，还有助于形成共性技术解决方案，从而增强整个平台生态系统的竞争力和可持续发展能力。在此基础上，通过建立平台成员模块化分工机制㊀，可以明确各主体在创新链中的角色和责任，如高水平研究型大学主导战略性基础研究，科技领军企业和国家实验室主导关键技术攻关和产业化，企业和投资机构主导产品应用和市场创新，从而实现资源的优化配置和协作效率的最大化。

华为鸿蒙生态通过持续的创新和研发，已经取得了显著的进展。从 2019 年 8 月 9 日正式发布至今，鸿蒙生态中的设备数量已超过 9 亿台，吸引了超过 254 万名开发者投入鸿蒙世界的开发。鸿蒙生态的最新里程碑是 HarmonyOS NEXT 的开发者预览版发布，这标志着操作系统的全面升级换代，包括端云垂直整合的全新系统架构、AI 能力的融入以及安全体系的重建等。华为通过组织创新，与开发者和合作伙伴共同推动技术进步，实现了跨端能力、AI 支持和安全特性的突破，为国产软件自主研发提供了强有力的支持。

（二）深化平台生态社会责任实践

在推动平台生态持续健康发展的同时，深化平台生态的社会责任实践成为不可或缺的一环。这要求平台企业不仅要关注经济效益，更要积极履行对社会、环境及利益相关者的责任。平台生态应致力于构建全面、系统的社会责任管理体系，将社会责任融入日常运营和业务发展中。通过发起或参与公益项目，平台企业可以运用其技术、资源和影响力，为社会带来正面影响。例如，支持教育公平、促进就业创业、改善环境质量等。平台生态还应注重可持续发展，推动绿色低碳转型。通过采用环保材料、优化能源利用、减少废弃物排放等措施，平台企业可以降低自身运营对环境的负面影响。同时，还可以利用数字技术赋能传统产业，推动其转型升级和节能减排。这种绿色发展模式不仅有助于平台企业应对全球气候变化的挑战，还能为平台生态带来长期的经济效益和社会效益。

蚂蚁集团通过其公益基金会，一直积极履行社会责任，特别是在支持女性发展和绿色低碳等方面。2022 年，蚂蚁集团公益捐赠实际支出为 7.9 亿元，累计公益捐赠支出

㊀ 中国社会科学网．产学研协同推动关键共性技术攻关 [EB/OL].（2023-02-23）[2024-06-01]. https://m.gmw.cn/baijia/2023-02/23/36386930.html.

达到 27 亿元，主要用于支持相关公益项目。蚂蚁公益基金会发起的“数字木兰”计划，利用数字技术和平台力量，从基础保障、就业支持、多元发展等层面助力女性，已为欠发达地区困难女性送出 375 万份公益保险，建立了 17 个数字就业中心，并资助了多支乡村校园女足球队。蚂蚁集团的社会责任实践体现了其用科技普惠理念解决社会问题的决心和行动。

本章小结

本章深入探讨了数字组织创新的实例、特征、驱动因素及其与传统组织创新的特征对比，并通过多个实际案例，如蘑菇街、阿里巴巴、腾讯、微信和伊芙丽等企业的转型与发展，展示了数字组织创新在推动企业效益增长和保持竞争力中的重要作用。

数字组织创新是指利用数字技术全面重塑或深刻改变组织的形式、结构和运作方式。

数字组织创新的驱动因素主要包括三个方面：数字技术赋能、用户场景牵引和跨界融合催化。数字技术赋能通过人工智能、大数据分析等技术优化产品、服务和创新流程；用户场景牵引促进企业内外部信息共享和协作，推动创新活动；跨界融合通过跨行业合作和数据共享，拓展创新空间和市场机会。

与传统组织创新相比，数字组织创新在典型模式、模式内涵、参与者角色、协同方式等方面展现出显著的差异性和多样性。

从组织模式的角度来看，数字组织创新可以细分为平台型组织创新和生态型组织创新；从自身定位的角度分析，数字组织创新又可分为主导型组织创新和互补型组织创新。

即测即评

一、不定项选择题（从以下四个选项中选择合适的答案）

1. 数字组织创新在模式层面的主要区别不包括以下哪一项？（ ）

A. 从战略引领转为模式引领　　B. 价值创造逻辑的重构
C. 依赖传统业务流程优化　　D. 强调跨界合作与创新

2. 下列哪一项不是数字组织创新在组织层面的需求？（ ）

A. 扁平化管理　　B. 稳定的执行能力　　C. 跨部门协同能力强　　D. 构建共赢生态

3. 平台型组织创新的核心特点是什么？（ ）

A. 构建封闭系统，控制资源流动　　B. 强调单一产业内的竞争与合作
C. 打造开放、协同的生态系统　　D. 仅关注内部流程的数字化

4. 生态型组织创新的核心驱动力是什么？（ ）

A. 单一技术的突破　　B. 跨界融合与产业协同
C. 低成本生产　　D. 市场营销策略

5. 在数字组织创新中，互补型组织创新与主导型组织创新的主要区别在于什么方面？（ ）

A. 是否注重人才培养　　B. 企业在创新过程中的定位与角色不同
C. 是否采用先进的技术　　D. 是否构建中台系统

二、简答题

1. 请简述数字组织创新在价值创造逻辑上是如何进行重构的。

2. 平台型组织创新与生态型组织创新在构建方式上各有哪些特点？

3. 数字组织创新在人才层面需要哪些关键能力？为什么？

4. 请解释互补型组织创新与主导型组织创新在创新过程中的不同作用。

5. 数字组织创新对于传统企业转型升级的意义是什么？

讨论案例

寄宿生态谋发展：遥望网络的数字组织创新

杭州遥望网络科技有限公司（简称遥望网络）自创立以来，经历了快速的成长与转型。从开展网络广告代理业务，到构建私域流量池，再到跻身直播电商的头部企业之列，遥望网络一度成为市值百亿的行业巨头。

案例：寄宿生态谋发展，遥望网络的数字组织创新

初出茅庐，定位网络广告代理

2010 年，谢如栋领导的杭州遥望网络有限公司正式成立，主营网络广告代理业务，并专注于打造自己的大数据技术平台。2011 年，遥望网络曾与淘宝合作，自建网站帮淘宝进行导购。2012 年，遥望网络加入了一个名为“网盟”的广告联盟，利用自建的 Web 站群流量为厂商提供广告投放业务。之后，遥望网络退出网盟，推出了互联网广告分发平台“2F.com”。

然而好景不长，危机很快来临。2014 年，移动互联网开始崛起，并深刻地影响了遥望网络的业务：不但流量被移动端大幅度掠夺，而且 PC 端用户逐渐向多渠道分散。

嵌入安卓生态，搭建营销平台

随着移动互联网的崛起，不但遥望网络的业务受到巨大影响，而且网页游戏的人气逐渐下降，游戏公会也渐渐凋零。经过调研，谢如栋兴奋地发现：手机游戏精准分发的商机潜力巨大。与半封闭的 iOS 生态不同，安卓生态为众多软件商提供了近乎免费的开发平台和宽松的审核标准。这为遥望开发 app 带来便利的同时，也使安卓生态中一下子涌入了大量游戏商，它们对流量有着庞大的需求。

2014 年 11 月，遥望网络开始打造手游营销平台，推出手游公会社区服务，以聚集游戏玩家。公会社区的首要目标是服务玩家，除了提供基础的海量手游 app 下载功能外，还提供了以“手游公会”为核心的全套服务。遥望网络的公会模式在市场上获得了巨大成功，在极短的时间内吸纳了大量用户。

利用微信生态，构建私域流量池

2016 年，App Store 应用商店为苹果带来了超过 200 亿美元（约合 1 378 亿元人民币）的收入，华为、联想等国内厂商纷纷效仿，在手机内默认安装自家应用商店，形成半封闭的平台生态，每当用户下载其他版本的游戏时，就会不断地弹出“安全提示”，将用户导流至自家的官方应用平台。遥望网络的日子一天比一天难过。与此同时，公会业务在迅速成长后渐渐进入冷静期，销售收入的增速逐渐下降。

正当一筹莫展时，以微信为代表的社交媒体平台的崛起让谢如栋看到了新的希望。“构建自己的流量池”就成了 2017 年遥望网络的首要战略目标。于是，谢如栋选择从外界直接收购内容。2017 年 4 月，遥望网络推出了其自运营公众号的代表作“静雅女人”公众号，该公众号面向 25～45 岁的女性，依据数据监测细分领域，为其推送自我提升、穿衣打扮、理财等其感兴趣的相关内容，一时间吸粉无数。

2017 年 6 月，遥望网络成立“微小盟”平台，为公众号的号主提供代运营服务。首先，提供按广告的点击量计费、按实际的销售量计费、按投放公众号的数量计费等多样化的流量变现方式；其次，为号主提供营销工具，自由进行其他形式的粉丝裂变营销，如抢购、秒杀、直播、公众号 / 个人号引流等；最后，实现收益分成透明化，保证号主的收益真实可控。自运营和代运营双管齐下，为遥望网络积累了深厚的私域流量池。遥望网络在短短一年时间内，粉丝总数已达 7 000 万人，“微小盟”平台累计公众号授权数达 1.2 万个。

桥连多生态，形成运营网络

当初手机硬件商从底层直接封闭生态、占领市场的行为，着实让谢如栋心有余悸。为避免再次出现面对剧烈冲击时的窘迫，谢如栋认为问题出在“只连接了单一供求”上，如果能“匹配多种生态的多种供需”，会大大减少威胁。

2018 年，“微小盟”承担了连接多个平台生态的重任，一方面汇聚多生态的流量，另一方面针对流量特性进行多生态的营销。从流量来源来说，遥望网络广泛地跨生态收集流量，从微信到微博，从抖音到快手，汇聚流量，进行数据沉淀和画像绘制，使之成为私域流量池的一部分。从用户与流量的匹配来说，遥望网络的流量变现也不再局限于某一生态之中，遥望网络成为跨越生态的连接者。生态间的连接为遥望网络创造了巨大的价值，根据年报数据，互联网广告业务已经为遥望网络提供了每月 3 000 万元左右的营收。

从安卓生态内部的连接，到微信多生态的连接，再到短视频、网红电商、明星等多方的连接，遥望网络实现了赢家通吃。在大生态边界不断拓展的时代，遥望网络如何构建起自身的小生态，持续占据一席之地？让我们拭目以待。

资料来源：王节祥，邱逸翔，翟庆云. 如何寄宿大生态谋发展：遥望网络的平台镶嵌之道 [Z]. 中国管理案例共享中心，2020.

【讨论题】

1．结合案例，请分析驱动遥望网络进行创新的因素有哪些。

2．遥望网络共进行了几次数字组织创新？分别属于哪种类型？每次创新有哪些特征？

3．假如你是遥望网络的管理者，在大生态不断拓展的情景下，你将如何构建属于遥望网络的小生态？

第三篇

PART 3

数字创新变革管理

第八章　支撑数字创新的认知变革

第九章　支撑数字创新的组织变革

第十章　支撑数字创新的文化变革

第八章

CHAPTER 8

支撑数字创新的认知变革

§ 学习目标

- 从数字创新企业实例出发，理解和提炼支撑数字创新的认知能力特征，并掌握支撑数字创新的认知内涵。
- 理解数字创新过程中认知变革的内涵与障碍，了解数字创新认知变革的方向，掌握数字创新企业认知变革的路径。
- 了解企业实践中加快数字创新认知变革的举措及具体的案例实践。

§ 引例

大润发：从“陆战之王”到输给了时代？

大润发的创始人黄明端被誉为零售业的“陆战之王”，于 1997 年创立了大润发，并凭借其敏锐的市场洞察力和扩张战略，迅速在我国市场占据一席之地。然而，随着电商的兴起，黄明端不得不重新审视自己的商业模式，着手展开一场数字创新的认知变革之旅。

从领先到挑战：如何面对电商的冲击波

2010 年，大润发以 404 亿元的年营收额超越家乐福，成为大陆零售业的领头羊。但随着电商的崛起，传统零售业面临着严峻挑战。黄明端开始隐约意识到，传统零售模式已经难以满足新时代消费者的需求。为验证该猜测，大润发采取了一系列措施：一方面，大润发通过收集行业报告和市场研究数据了解零售行业的整体发展趋势，特别是电商的增长速度和市场份额；另一方面，通过在线调查、社交媒体分析以及消费者访谈等方式，深入了解消费者的购物习惯、偏好以及对线上线下购物渠道的态度和使用情况。最终，大润发通过市场趋势分析和新兴商业模式评估等一系列手段，捕捉消费者购物习惯的变化、技术的进步以及竞争对手的动态。

从门店到云端：电商时代的生存挑战

在电商浪潮下，大润发站在了传统与现代交汇的十字路口。黄明端及其团队通过外部环境感知和扫描，发现消费者越来越多地倾向于在线浏览和购买商品，门店的人流减少。这不仅意味着销售量下滑，更是关乎大润发生存和发展的深层问题——如何将线下优势（如品牌信誉、供应链管理等）转化为线上竞争力。大润发需要创新商业模式，满足消费者对便捷、个性化、即时性的消费需求。然而，大润发识别到的问题只停留在电商冲击的表层，并未真正认识到问题的本质——如何在数字化时代中自我定义。

从数据到决策：信息洪流下的系统分析

大润发通过一系列系统化方法对收集到的海量信息进行深入挖掘。首先，大润发团队整合了市场研究、消费者行为、竞争对手动态、技术趋势等多方面数据，并通过数据清洗确保信息的准确性。随后，大润发团队通过多维度分析，提取关键指标，预测市场趋势，并全面评估企业优势、劣势、机会和威胁。然而，该过程中大润发团队仅仅关注了数据的收集和整合，未充分认识到数据深度分析和应用的重要性。尽管大润发团队建立了决策支持系统，但并不能确保分析结果能够为决策者提供实时、基于数据的洞察和建议。

从货架到屏幕：数字创新中的认知反思

为了指导企业在数字创新过程的每个阶段，在信息处理与分析的基础上，大润发高管团队建立了一个综合的决策框架。该框架涵盖了对市场趋势的快速响应机制、风险评估与缓解措施以及资源分配策略。其核心在于对数据驱动的洞察，确保每次战略调整能够最大化企业利益并最小化潜在风险。然而，由于大润发高管团队可能没有充分考虑电商模式对供应链、物流、顾客服务等方面的全新挑战，导致线上商城飞牛网的探索陷入了持续亏损的窘境。此外，决策框架形成过程中可能存在认知偏差，这种“确认偏误”使企业难以打破传统思维定式应对新兴商业模式，从而影响了对新市场机会的把握。最终，飞牛网还是没有“飞”起来，大润发还是那个大润发。

大润发的故事是一段从“陆战之王”到面临时代挑战的转型之旅。从外部环境扫描到问题识别和定义，再到信息处理与分析，大润发团队进行了一系列的自我审视和市场适应工作。虽然大润发团队意识到了数字创新的必要性，但其决策中的认知偏差和对新兴商业模式的适应不足，导致了线上商城飞牛网的探索并未成功。因此，大润发的故事，不仅是一家企业的自省，还为所有面临认知变革挑战的数字创新企业提供了启示。

资料来源：根据网络资料整理。

第一节 支撑数字创新的认知特征与内涵

数字创新的成功不仅依赖于技术的有效运用，同时体现了认知能力的实践，即如何寻求创造价值和获取价值。拥有与外部情境相匹配的认知能力，对助力价值共创和推动数字创新至关重要。

数字创新的认知冲击

一、支撑数字创新的认知能力特征

（一）支撑数字创新认知能力的实例

现代管理学之父彼得·德鲁克曾指出，企业在转型过程中需要具备自我认知的能力，理解自身的优势和局限，以及市场的需求和变化。那么，在技术快速发展的数字时代，支撑企业数字创新的认知能力与以往有何不同？具备哪些新的特征？我们不妨来看看一些具体的实例。

1. 微信诞生：腾讯如何洞察移动互联网的新需求

腾讯微信的开发始于对移动互联网用户需求的深刻理解。通过持续监测市场趋势、用户行为和竞争对手动态，腾讯准确捕捉到了移动互联网用户对即时通信工具的新需求，认识到传统的QQ已无法完全满足移动时代用户的沟通需求。基于实时环境扫描的结果，微信团队不断对产品进行迭代更新，从最初的即时通信功能，到朋友圈、微信支付、小程序等多样化功能的推出，不断满足并引领用户需求的变化。2016年4月，腾讯经过对AI技术和用户期望的扫描分析，成立了AI Lab（腾讯人工智能实验室），专注于机器学习、计算机视觉、语音识别和自然语言处理等领域的技术研发。这些技术被广泛应用于腾讯的产品中，以期提高服务的智能化水平。

2. 驶向未来：小米从智能手机到智能汽车的跨越

小米进军新能源汽车行业是一项战略性举措。借助其在智能手机、智能家居等领域积累的大量用户数据和市场经验，小米深入分析了消费者对智能化、环保出行解决方案的需求，并识别出新能源汽车领域潜在的爆发式增长机会。同时，小米注意到全球范围内对新能源汽车的支持政策和环保法规的不断完善，这些政策变化为新能源汽车行业的发展提供了推力。因此，小米于 2021 年宣布进军智能电动汽车领域，计划未来 10 年投入 100 亿美元用于研发智能电动汽车。小米决定充分利用自身在智能硬件和软件方面的优势，通过整合智能技术，将智能化技术应用于汽车产品，实现车辆与用户智能设备的无缝连接，为用户提供更加个性化和智能化的驾驶体验，以满足市场对智能化出行的新需求。

3. 文本革命：开放人工智能公司的 GPT 模型的发展

开放人工智能公司（Open AI）是一家专注于开放人工智能研究和部署的公司。通过深入分析 AI 技术发展的长期趋势，Open AI 认为客户对自然语言处理能力的需求将大幅增长。于是，借助在深度学习领域的专业知识和大数据分析支持，Open AI 开发了一系列 GPT（生成式预训练转换器）模型，包括 GPT-1、GPT-2 和 GPT-3 等。这些模型通过理解复杂的语言，生成连贯、自然的文本，满足用户在内容创作、自动摘要、语言翻译等方面的多样化需求。另外，伴随着“独乐乐不如众乐乐”的市场理念的转变，且大数据分析显示市场对 AI 技术集成需求迫切，Open AI 提供 API 服务[㊀]，允许第三方开发者和企业将 AI 技术集成到自己的产品和服务中。

4. GPU 进化：英伟达 CUDA 平台的生态共赢战略

英伟达（NVIDIA）是一家全球知名的人工智能计算公司，以其在图形处理器（GPU）领域的领先地位而闻名。最初，NVIDIA 以其 GPU 在游戏和专业图形设计领域的卓越性能占据领导地位。随着对 GPU 技术的深刻认知转变，通过与游戏开发者、设计师和企业等多方利益相关者合作，NVIDIA 不断推动 GPU 技术在不同领域的应用和创新。基于生态共赢理念，NVIDIA迅速将 GPU 技术应用于通用计算领域，推出了统一计算设备架构（CUDA）平台，使 GPU 能够处理复杂的计算任务，推动人工智能和深度学习的发展。此外，NVIDIA 还意识到生态参与者对于高性能计算的需求，推出基于 GPU 的虚拟化技术，允许多个虚拟机共享和利用 GPU 资源，提高了数据中心的计算效率和灵活性。

（二）支撑数字创新认知能力的特征

认知能力是指个体或组织在思维和信息处理方面的能力，涵盖了感知、记忆、推理和决策等一系列心理过程，是解释价值转型的重要视角。尽管每个案例都有其独特之处，但在对以上企业数字创新案例的分析中，我们仍可以观察到支持企业数字创新的认知能力存在一些共性特征，主要包括以下几个方面。

第一，实时环境扫描。实时环境扫描是数字创新认知能力的前提，是指企业有意

㊀ 全称 Application Programming Interface，即应用程序编程接口。API 是软件组件之间进行交互的一套规则和定义，允许不同的软件应用程序之间进行数据交换和功能集成。

识地对外部环境变化进行持续监测和分析。这种监测包括对市场趋势、消费者行为、竞争对手动态以及政策和法规变化的即时了解。借助先进的信息技术，如物联网、社交媒体分析和大数据分析工具，企业能够快速捕捉到关键信息，以便及时做出战略调整。以腾讯的微信为例，通过持续扫描和分析外部环境，腾讯能够及时捕捉用户需求的变化，并快速响应，如推出微信小程序，从而在竞争激烈的移动互联网市场中保持领先地位。

第二，智能问题识别。智能问题识别是数字创新认知能力的核心，是指企业利用先进的人工智能技术和机器学习算法，有目的地分析环境扫描所收集的信息和资料。该过程不仅包括企业自动化地识别现有问题，还包括预测潜在问题的发生，理解数据情境，进行多维度分析，并根据用户的反馈进行自适应学习，以提高问题识别的准确性和效率。小米利用大数据、机器学习等技术和工具，深入分析市场趋势、政策环境、消费者需求和技术优势，准确识别并把握住新能源汽车市场的发展机遇，从而制定了进军新能源汽车行业的战略决策。

第三，大数据分析支撑。大数据分析是数字创新认知能力的重要支撑，是指企业利用大数据分析工具处理和分析海量数据，以获取深入洞察和知识，包括使用数据仓库、数据挖掘、预测分析和可视化技术来揭示数据的潜在价值。通过大数据分析，企业能够更好地了解客户需求，优化产品和服务，提高运营效率，并制定基于数据的决策。在大数据分析的支撑下，通过开发深度学习模型和提供 API 服务，OpenAI 不仅满足了市场对自然语言处理能力的需求，还促进了技术的创新和集成。

第四，生态共赢决策。生态共赢决策体现了数字创新认知能力的全局观和长远视角，强调企业在创新过程中需要考虑整体生态系统的健康和可持续发展，包括合作伙伴、供应商、客户，以及社会和环境因素。这种决策方式有助于建立协同创新、共享价值的生态系统。NVIDIA 强调与各方利益相关者共创价值，通过开放 CUDA 平台的决策，允许第三方开发者和企业利用 GPU 强大的计算能力，推动人工智能和深度学习等领域的发展。这种开放和共赢的认知不仅加速了技术的应用和普及，还为整体生态系统发展带来了新的机遇。

二、支撑数字创新的认知内涵

认知通常是指个体或组织对环境信息的接收、处理和理解的过程。它涉及如何通过信息加工来形成对事物的认识，进而影响决策和行动[⊖]。在数字技术发展和企业转型升级的背景下，认知对企业数字创新起到至关重要的作用，不仅影响企业的识别机会、评估风险和问题解决，更关乎企业对新兴技术趋势的敏感度和适应能力，以及对复杂数据的

⊖ 唐孝威. 统一框架下的心理学与认知理论 [M]. 上海：上海人民出版社，2007.

深度分析和利用。

支撑数字创新的认知是一个多维度的概念，要求组织和个人能够深入理解和应用相关能力，以应对数字技术的快速发展和市场环境的不断变化。这涉及组织和个人如何实时进行环境扫描，快速捕捉市场动态和消费者行为的变化，在海量数据中挖掘数据价值并智能识别问题，以及在数字创新过程中考虑生态系统的整体利益，实现多方共赢。

因此，支撑数字创新的认知是指有限理性组织及组织成员基于对外部情境变化（数字技术、市场趋势、用户需求等方面）的深入理解和应用，在环境扫描和识别问题的基础上，依托大数据分析支撑，兼顾生态多方利益，将其具备的知识转化为行为的信息筛选过程。

第二节　支撑数字创新过程中的认知变革

数字创新认知变革是数字时代背景下的一个重要发展趋势，不仅影响着技术层面的发展，更在认知层面上引领个体和组织对世界的理解方式和行为模式的转变。

数字创新认知变革的挑战

一、数字创新认知变革的内涵与障碍

（一）数字创新认知变革的内涵

数字创新认知变革涉及企业内部各个层面，从员工个人认知到组织整体战略。具体而言，企业需要深刻理解并应用人工智能、大数据、云计算等前沿技术，重塑业务流程和运营方式。同时，员工决策从经验驱动转向为数据驱动，利用数据分析指导行动，有助于提高决策效益。在产品开发上，具有敏捷性的企业能够通过快速迭代的产品逻辑，满足不断变化的用户需求，通过构建开放、协作的生态系统，实现资源共享和风险共担，促进协同创新。

支撑数字创新的认知变革具体内涵是指个体或组织在认知层面上发生对现有数字技术、产品开发和决策过程等方面的重新评估和调整的变化。在个体层面，员工需要通过不断的学习提升自身对数字技术的接受和应用能力，以适应快速变化的工作环境。员工必须重新思考职业发展路径，以及如何将数据分析、数字工具等新技能运用到工作中。在组织层面，认知变革则体现为企业对产品开发和决策过程的深度调整，企业需要重新扫描和审视内外部环境，利用数字技术工具洞察组织与环境之间的复杂动态关系，从而制定更成熟的商业策略。例如，企业可以利用人工智能算法理解客户需求，优化产品设计和改进服务流程。

（二）数字创新认知变革的障碍

数字创新认知变革在实践中可能会面临各种各样的障碍，不仅来自组织层面，还可能存在于组织成员的个人认知中。这些障碍可能限制组织和员工在充分发挥利用数字技术方面的潜力，进而影响企业的数字创新进程。

1. 组织的认知障碍

抗拒新技术。对新技术的抗拒往往源于对变革的恐惧和对未知的担忧。这种抗拒不仅限制了组织探索和应用新技术的能力，还可能导致企业错失市场先机。例如，一些传统零售商因担心线上销售会冲击线下门店，而迟迟未采取有效的数字化转型措施，从而失去市场竞争力。智能手机发展初期，诺基亚由于低估了移动互联网和智能手机的潜力且抗拒新技术，错失转型良机，最终被苹果等竞争者取代。

缺乏数字化战略。企业若无明确的数字化战略，可能无法认识到数字创新的重要性，更无法有效利用数字技术推动业务发展。数字化不仅是数字技术应用，更是一种全新的商业模式和思维方式。企业需要将数字化渗透到企业战略的每一个层面，从产品开发到市场营销，从客户服务到内部管理。缺乏数字化战略的企业可能只视数字化为削减成本的手段，却未能认识到其在创新和增长中的潜力。

低估数字化潜力。许多企业在面对数字创新时，往往只注重眼前的成本和挑战，而忽视了数字化带来的长远利益。这种短视行为可能导致企业在竞争中处于劣势，错失行业变革的机遇。柯达公司就是一个典型案例，柯达在数字摄影技术兴起时未能及时认识到其对传统胶片业务的颠覆性影响，最终导致公司的没落。

2. 组织成员的认知障碍

战略短视行为。组织成员若过分关注短期规模和业绩，可能表现出战略短视行为，导致企业在数字创新方面缺乏长远规划和持续投入。例如，企业高管可能因担心数字创新影响短期股价，而避免投资推动可能带来重大变革的新技术，选择维持现状，从而错失了长期增长和创新的机会。

传统思维定式。组织成员可能受到传统思维模式的束缚，难以适应新的工作方式和思维模式。这种思维定式可能限制企业在数字创新中的创新能力和灵活性。例如，习惯于传统工作流程和决策模式的员工，可能对引入新的数字化工具和流程感到不适应，从而抗拒数字化工具和流程。

数据价值认知偏差。在数据驱动的商业环境中，组织成员对数据价值可能存在认知偏差，未能充分意识到数据分析在优化业务流程、提高决策效率、增强客户体验等方面的重要作用。例如，一些企业虽然收集了大量的客户数据，但由于缺乏有效的数据分析能力，无法将数据转化为有价值的商业洞察和行动。

二、数字创新认知变革的阻碍和方向

数字创新认知变革是一个持续发展的过程，涉及多个方面的思维和实践转变。数字创新认知变革的方向具有多样性，这取决于不同领域和行业在面对数字化转型时的差异化需求和战略选择。接下来，我们将从认知观念、思维方式和决策模式三个维度，讨论不同方向的认知变革对企业的要求有何异同。

数字创新认知变革的方向

（一）认知观念的转变：从静态封闭到动态开放

企业在数字创新过程中，认知观念的更新往往是数字创新认知变革的基石。在传统的认知观念中，许多企业固守着静态封闭的认知模式，这种模式让它们在面对外部世界的快速变化时显得迟缓和无力。它们往往沉浸在过往的成功中，对于新观念和新方法持有排斥的态度。然而，随着数字技术的快速发展，企业开始意识到，要想在竞争激烈的市场中保持领先，就必须拥抱动态开放的认知观念。这意味着企业需要接受变化作为常态，积极探索创新的商业模式和未知的市场领域。更重要的是，企业需要打造一种氛围，这种氛围鼓励持续学习和适应变化，让员工敢于尝试新思路，乐于接受外界的信息和反馈。

谷歌作为全球搜索引擎科技公司，其认知观念不断转变。谷歌的搜索技术从最初的简单网页索引和排序，逐渐发展为智能化搜索服务。这种变化不仅体现在搜索结果的准确性和相关性上，更在于谷歌能够实时地根据用户的搜索行为和反馈来优化搜索模型，体现了从静态封闭到动态开放的认识观念转变。人工智能浪潮席卷而来，谷歌凭借动态开放的认知观念，积极探索创新的商业模式，不断推出新的 AI 技术和产品，如 Google Assistant、Google DeepMind 等，不仅推动了 AI 领域的发展，还改变了人们与技术的交互方式。

（二）思维方式的演进：从线性思维到生态思维

企业在数字创新过程中，思维方式的演进往往是数字创新认知变革的核心驱动力。在数字时代中，企业逐渐从传统的线性思维模式中解放出来，转而拥抱更加复杂、多维的生态思维。线性思维倾向于强调直接的因果关系，往往忽略了系统内部各要素之间的互动，以及外部环境对系统的影响。与之相对，生态思维提供了一种全面、系统的视角，它看重系统内部各部分的相互依存和协同发展，以及系统与外部环境之间的动态平衡。在生态思维下，企业不再孤立地看待自身的发展，而是将自身视为一个生态系统中的一部分，积极寻求与上下游企业、客户、合作伙伴乃至竞争对手之间的共生共赢关系。

阿里巴巴通过构建庞大的电商生态系统，覆盖了从交易、支付到物流的各个环节，并且不断向云计算、大数据、人工智能等技术前沿领域拓展。在这个过程中，阿里巴巴不仅与众多商家、服务商建立了紧密的合作关系，还通过投资、并购等方式不断扩展生态版图，形成了一个跨越零售、金融、物流、娱乐等多个领域的综合生态体系。这种生态思维不仅推动了阿里巴巴自身的持续增长和盈利能力的提升，还为整个行业树立了新的标杆。

（三）决策模式的革新：从经验依赖到数据驱动

随着数字技术的深入应用，企业的决策模式也在发生深刻变革。传统决策模式往往基于个人或团队的经验，然而，随着大数据和人工智能技术的发展，企业越发依赖数据分析来指导决策。这种数据驱动的决策模式强调通过收集、分析和解读海量数据，来揭示潜在模式、趋势，从而做出更加精准和有效的决策。因此，企业需要培养一种数据思维，鼓励员工积极利用数据支持其工作和创新。同时，企业还应投资于数据基础设施，如数据仓库、分析工具和数据科学团队，以确保数据的质量和可用性。这不仅是技术的升级，更是认知方式的变革，要求企业领导者和员工重新审视如何利用数据来优化决策过程。

通过数据驱动的思维模式，淘宝实现了从传统电商到智能电商的认知革新。淘宝收集用户的行为数据，并运用机器学习算法进行分析，以深入了解用户的购物习惯和偏好。基于数据分析结果，淘宝开发了“千人千面”推荐系统，为用户定制个性化的购物体验，不仅提升了用户满意度，还显著增强了淘宝在电商领域的核心竞争力。

三、数字创新认知变革的路径

数字创新认知变革的路径是组织在数字化时代适应和引领变革的关键过程，主要涉及“数字创新意识觉醒”“数字创新认知适应”“数字创新实践内化”三大阶段，具体如图 8-1 所示。其中，数字创新意识觉醒是认知变革的起点，数字创新认知适应是变革过程中的关键过渡阶段，而数字创新实践内化则是变革的深化和巩固阶段。

数字创新认知变革的路径

（一）数字创新意识觉醒

数字创新意识觉醒阶段是认知变革的起点，标志着组织或个体开始认识到现有认知模式的局限性，并感受到变革的紧迫性。这一阶段对于启动整个变革至关重要，因为它是触发变革的关键。在意识觉醒阶段，组织通过环境扫描和内部评估来识别数字创新的机会和挑战。意识到传统的认知可能无法有效指导未来发展，促使组织摒弃惯性思维，打破现状的束缚。同时，领导者在过程中扮演着关键角色，他们通过展现坚定的认知变革承诺和领导力，以沟通和示范的方式，激发组织成员对认知变革的理解。

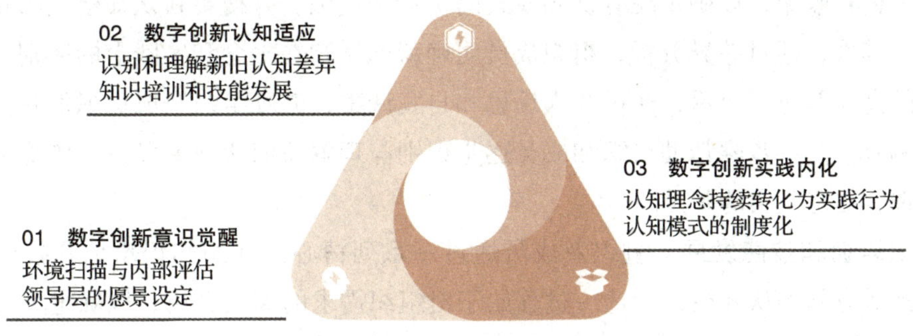

图 8-1 数字创新认知变革路径

实施路径

环境扫描与内部评估。环境扫描与内部评估通过提供深刻的洞察力，帮助组织和成员意识到传统认知的局限性。环境扫描涵盖对外部市场趋势、技术发展和竞争对手策略等方面的分析，有助于识别数字创新的机遇和潜在风险。这种分析揭示了现有认知模式可能无法适应快速变化的外部环境，催生了对新认知模式的需求和探索。例如，在汽车行业，通用汽车、宝马等制造商通过环境扫描发现了 3D 打印技术正在改变产品制造和供应链管理方式。内部评估可以帮助组织审视自身的流程、技术基础和员工能力，识别在创新和效率上的不足。

领导层的愿景设定。领导层必须深入理解新的认知模式，并明确新模式如何助力组织适应动态环境、捕捉机遇以及应对挑战。这一环节对于激发组织成员对认知变革的理解、意愿和共识至关重要。领导者通过言传身教，展示对认知变革的坚定信念和积极态度，从而树立榜样。以前述汽车行业公司为例，CEO 可以通过亲自参与并推动公司数字化项目，向全体员工展示数字创新的重要性和紧迫性。此外，CEO 还可以通过公开演讲、内部通信和一对一会议等方式与团队成员进行有效沟通，确保每个成员都能理解认知变革的意义，并认识到自己在变革过程中的角色和价值。

（二）数字创新认知适应

数字创新认知适应阶段是认知变革路径中的关键过渡阶段，是组织或个体从认识到变革的必要性转向实际接受和适应新认知模式的过程。认知适应涉及将新的认知理念和方法融入日常工作和行为中，是确保认知变革得以持续并实现最终目标的关键步骤。在这一阶段，组织成员积极识别和理解新旧认知模式之间的差异，接受并吸收新理念，调整思维模式，并通过提升技能和改变行为来适应新理念。这是一个渐进的过程，其中接受与抗拒并存。组织成员需要逐步适应新的认知模式，并通过不断实践与反馈优化变革过程。

实施路径

识别和理解新旧认知差异。在识别和理解新旧认知差异的过程中，组织首先进行认知评估和信息收集，以确定现有认知模式的优势和局限，并搜集新认知模式的相关数据和案例。其次，通过差异分析，组织成员明确新旧认知在理念和实践上的区别，并理解新认知的潜在改进。最后，通过个人反思和自我调整，鼓励组织及成员识别并克服自身的认知偏差。这些步骤帮助组织和成员逐步识别与理解新旧认知差异，为接受和应用新的认知理念奠定坚实的基础。

知识培训和技能发展。组织及成员通过一系列精心设计的知识培训和技能发展活动，积极适应新的认知模式。这一过程始于对组织需求的深入分析，以确定关键学习领域，然后制订定制化培训计划以满足这些需求。这些计划不仅包括传统的课堂教学，还包括在线课程和互动研讨会等，以满足不同成员的学习偏好。通过综合措施，组织不仅能够提升成员对新认知模式的理解和应用能力，还为认知变革的成功奠定了坚实的基础，有助于确保认知变革过程的连贯性和有效性。

（三）数字创新实践内化

数字创新实践内化阶段是认知变革路径的深化和巩固环节，旨在将新的认知理念和行为模式完全融入组织文化和日常运作中。实践内化能够促进认知变革超越理论探讨和初步尝试的范畴，使其成为组织和个体持续行为的一部分，从而保障数字创新的长期稳定性和促进效能提升。在该阶段，组织成员的行为逐渐稳定并转化为自觉习惯，将新认知理念转化为日常工作实践，最终与组织战略和行为深度融合，形成了自我强化的循环。

实施路径

认知理念持续转化为实践行为。组织致力于将新的认知理念融入日常工作的各个方面。首先，通过建立和优化标准操作流程，确保新的认知理念不仅仅停留在口号阶段，还实际指导工作的行为准则。其次，通过定期的集体会议，企业加强了成员对新理念的理解和应用，同时利用激励和认可机制来鼓励成员将理念转化为实际行动。最后，通过建立反馈和改进循环，组织能够收集实践中的反馈，及时调整和优化实践方法。

认知模式的制度化。组织将新的认知模式整合进政策、流程和标准中，使其成为组织中不可分割的一部分，包括更新工作指南、制定相关政策和程序，以及调整组织结构以支持新认知模式。通过这些措施将认知模式制度化，有助于确保认知变革的持续性，即使在人员变动和市场环境变化的情况下也能保持稳定。

第三节 加快数字创新认知变革的举措

在快速发展的数字化时代，传统的商业模式和思维方式已经难以应对复杂多变的挑战，及时调整认知观念、提升数字化素养已成为企业保持竞争优势的关键。积极推动数字创新认知变革，是组织走向成功的关键之一。

如何加快数字创新的认知变革

一、大数据监测分析能力构建

推动数字创新认知变革的过程中，组织首要任务是构建强大的大数据监测能力。通过实时采集数据，组织能够及时捕捉市场和用户行为的动态变化；同时，运用数据可视化技术将复杂数据信息转化为直观易懂的图表，辅助决策者更准确地分析和理解数据。通过构建大数据监测能力，组织不仅能深化对运营环境的洞察力，还能提升对未来趋势的预测能力，为认知变革奠定坚实的基础。

（一）数据实时采集

数据实时采集是组织构建大数据监测分析能力的关键组成部分，它确保了数据的时效性和新鲜度，支持组织基于实时信息做出决策。通过实时数据采集，组织可以监控运营和业务流程的实时性能，及时发现并解决问题。更重要的是，数据实时采集通过提供即时、准确的数据支持，加强了组织对市场和用户行为变化的感知能力，从而增强实时环境扫描的能力。

腾讯看点在面对每日上万亿条数据的挑战时，成功构建了基于 Flink 的实时数仓及实时查询系统[㊀]，实现了对海量数据的实时采集。该系统借助部署在关键节点的实时数据采集设备，以及通过对用户行为数据进行埋点上报，确保了数据的时效性。腾讯看点利用 Flink 等开源流处理框架，对多维度行为流水数据进行实时处理，关联用户画像和内容维度数据，生成结构化、易于分析的实时数据。这一实时数仓[㊁]的构建，不仅提高了数据处理的时效性和准确性，还增强了腾讯看点对市场和用户行为变化的感知能力，从而为其业务决策提供了有力支持。

（二）数据可视化

数据可视化是一种将复杂数据集转换为易于理解的图形和图表的技术，能够显著增强数据的可读性和分析效率。通过采用条形图、折线图、饼图等视觉元素，数据可视化使用户快速识别数据中的趋势、模式和异常，有助于加深数据的理解和促进信息交流。

㊀ 基于 Flink 的实时数仓及实时查询系统是一种利用 Apache Flink 这一开源流处理框架构建的数据处理与分析架构。

㊁ 实时数仓（Real-Time Data Warehouse）是一种能够实时地处理和分析数据的数据仓库系统。它通过对大量数据进行实时采集、处理、存储和分析，将最新的数据及时地整合到数据仓库中，并且可以实时响应用户的查询和分析需求。

在构建大数据监测分析能力的过程中，数据可视化扮演着关键角色。它不仅增强了数据的易访问性，使得不具备技术背景的决策者也能轻松理解数据，还通过交互式功能，允许用户深入探索数据，从而加速决策进程。总之，数据可视化是大数据监测分析不可或缺的工具，通过提供直观、易于理解的数据呈现方式，助力组织更有效地利用其数据资源，建立对环境动态变化的深刻认知。

作为新能源汽车市场的新进入者，小米必须面对激烈竞争和不断变化的市场环境。为在该领域取得优势，小米必须准确识别产品问题和市场趋势，以便快速做出响应并不断优化产品和服务。因此，小米运用爬虫技术从各大汽车销售平台、社交媒体、客户反馈等多个渠道搜集新能源汽车的销售数据、用户评论和投诉意见等数据信息，通过清洗和整合数据，小米的分析师能够利用数据可视化技术快速识别出存在销售瓶颈、用户满意度低或技术难题集中等问题的车型。比如，折线图中显示的投诉量异常峰值可能暗示某个车型面临亟待解决的质量问题。数据可视化技术的应用使小米能够对新能源汽车市场的潜在问题进行初步识别和界定，为其形成基于数据驱动的决策思维提供坚实基础。

二、数据分析支撑决策的思维培养

数据分析支撑决策的思维培养是组织适应数字创新和加快认知变革的关键措施，主要包括数据意识和 A/B 测试。一方面，通过强化数据驱动决策意识，组织和员工能够充分认识到数据在制定策略和解决问题中的核心作用，从而优先考虑数据提供的见解和证据；另一方面，培养员工及组织基于随机对照实验逻辑进行 A/B 测试的技能，这种测试不仅有助于企业基于实际用户行为数据做出更加客观和准确的决策，还有助于建立数据驱动决策的认知框架，并推动构建以数据分析为支撑的决策方式。

（一）数据意识

数据意识是指对数据价值的认识和理解，具有数据意识的人倾向于使用数据来指导行动和决策。作为培养数据分析支撑决策思维的基础，数据意识的提升有助于组织和员工更深入地理解数据、提升认知能力，以深入地理解复杂问题，并发现创新的解决方案，为应对快速变化的商业环境做出更明智的决策。

谷歌内部有一个不成文的规则，即任何决策都必须立足于数据，而不是拍脑袋决定。员工需要学会通过数据来释义和说服他人，并运用数据推动决策。谷歌甚至开发了一套决策模型（Analytics Value Chain），用于指导数据分析如何转化为决策行动。该模型从最初的主观观点出发，随后进行数据收集、评估、分析，最终形成洞见，并指导具体行动方案的制定。这个过程不仅体现了谷歌对数据的重视，还展示了数据意识在实际决策中的应用。

（二）A/B 测试

A/B 测试是一种以数据为基础的、通过对比实验来验证假设和优化决策的方法。它强调在变化快速的数字环境中，通过科学的实验设计和数据分析来指导产品和营销策略的迭代，从而实现持续改进和创新。此外，A/B 测试促使组织和员工更加关注数据，学会从数据中寻找问题和发现机会。同时，鼓励企业在做决策时，依赖于经过验证的数据结果，而非仅凭直觉或个人经验。

以字节跳动为例，自 2012 年公司成立之初，字节跳动就将 A/B 测试作为其产品开发的核心方法，其旗下知名短视频平台“抖音”的命名便是 A/B 测试与人工判断相结合的产物。通过将 A/B 测试产品化并推出火山引擎 Data Tester 平台，字节跳动不仅在内部广泛应用 A/B 测试进行快速迭代和优化，还将这一方法商业化，服务于包括美的、平安银行、得到等在内的上百家行业标杆客户。截至 2023 年 6 月，Data Tester 平台已累计执行超过 240 万次 A/B 测试，日均新增实验数量达到 4 000 多个，展现了 A/B 测试在大规模实验文化和产品优化中的巨大效能。它的成功鼓励了其他企业采用 A/B 测试，从而在整个市场中推动了基于数据的决策制定。

三、生态共赢理念宣贯

生态共赢理念强调在企业活动中平衡所有利益相关者的利益，以及追求长期价值而非仅关注短期利益的思维方式。这种理念坚信通过合作可以创造更大的整体价值。在组织适应数字创新和加快认知变革的过程中，推广生态共赢理念是一项重要措施，主要包含共赢理念教育和生态合作贯彻两个方面。

（一）共赢理念教育

共赢理念教育是生态共赢理念宣贯中的关键组成部分，旨在培养组织成员对共赢合作模式的理解和认同，以及在实际工作中运用共赢思维的能力。组织可以通过分析成功案例，让员工领悟共赢理念在实际商业活动中的应用和成效，或者设计互动培训课程和工作坊，让员工通过实践学习共赢理念的实施策略。

共赢理念教育的核心目标在于提升组织及其成员的认知能力，培养对共享知识、资源和利益重要性的深刻认识，从而促进组织的认知变革，推动企业的持续性发展。这种教育强调建立开放心态、强化协作精神、确立互信关系及遵循公平原则。通过共赢理念教育，组织成员能够提高对环境变化的敏感度，促进自身学习和适应，实现长期集体利益和认知能力的提升。

（二）生态合作贯彻

生态合作贯彻是将生态共赢理念转化为行动的关键环节。该过程不仅涉及企业内部的协同合作，更强调与外部生态伙伴的深度合作，以共同推动创新和价值创造。要更有效地贯彻生态合作，企业需要在战略层面上设定明确的合作目标和方向，并制定具体的合作机制和流程。这包括与供应商、分销商、竞争对手以及跨界合作伙伴建立互利共赢的关系，通过资源共享、技术交流和市场拓展等方式，实现产业链的优化和升级。

华为的生态合作模式以“Win Together”（共赢）为核心理念，通过开放的平台战略和多元化的伙伴网络，实现了与超过28 000家合作伙伴的共赢发展。这种合作不仅以共同的商业目标为基础，还强调利他思想，以及公平、公正的渠道合作原则。华为通过提供创新的ICT平台[㊀]（Information and Communications Technology Platform），简化合作流程，并不断提升能力支持水平，激发了合作伙伴的积极性，共同孵化创新解决方案，加快了数字创新的步伐。同时，华为坚持“被集成”战略，确保与合作伙伴的协同发展，避免了利益竞争，从而构建了一个开放、合作、共赢的多元生态系统。

本章小结

支撑数字创新的认知是指有限理性组织及组织成员基于对外部情境变化的深入理解和应用，在环境扫描和识别问题的基础上，依托大数据分析支撑，兼顾生态多方利益，将其具备的知识转化为行为的信息筛选过程。支持企业数字创新的认知能力特征通常包含以下四个关键点：实时环境扫描、智能问题识别、大数据分析支撑、生态共赢决策。

支撑数字创新认知变革是指个体或组织在认知层面上发生对现有数字技术、产品开发和决策过程等方面的重新评估和调整的变化。在数字创新认知变革中，存在着来自组织和个人层面的障碍。数字创新认知变革可以沿着认知观念、思维方式及决策模式等方面的路径转变。

数字创新认知变革可以分为三个步骤：数字创新意识觉醒、数字创新认知适应、数字创新实践内化。

在企业实践中，加速数字创新认知变革的具体措施可以从大数据监测分析能力构建出发，到数据分析支撑决策思维的培养，最后迈向生态共赢理念宣贯，共同推动数字创新认知变革的深入发展。

即测即评

一、不定项选择题（从以下四个选项中选择合适的答案）

1. 支持企业数字创新的认知能力特征包含以下哪个？(　　)

A. 实时环境扫描　B. 大数据分析支撑　C. 生态共赢决策　D. 智能问题识别

2. 数字创新认知变革可以沿着哪些方向转变？(　　)

A. 组织运营　B. 认知观念　C. 决策模式　D. 思维方式

㊀ ICT平台通常是指集成了各种信息通信技术，如人工智能、大数据、物联网、云计算等，以提供综合性的解决方案和服务，支持企业和组织实现数字化转型和智能化升级的系统平台。

3. 数字创新认知变革中，存在哪些组织层面的障碍？（　　）

A. 个人传统思维定式　　B. 低估数字化潜力

C. 抗拒新技术　　D. 缺乏数字化战略

4. 数字创新认知变革可以分为哪三个步骤？（　　）

A. 数字创新意识觉醒　　B. 数字创新认知适应

C. 数字创新技能提升　　D. 数字创新实践内化

5. 企业加快数字创新认知变革时，可以采用哪些措施？（　　）

A. 大数据监测分析能力构建　　B. 领导者模范和标杆示范

C. 数据分析支撑决策思维培养　　D. 生态共赢理念宣贯

二、简答题

1. 什么是数字创新认知能力？支撑数字创新的认知能力具有哪些特征？

2. 请你谈一谈数字创新认知变革有哪些方向。

3. 简述企业进行数字创新认知变革的路径和过程。

4. 企业在数字创新认知变革过程中有哪些阻碍？

5. 请你联系实际谈谈，除了文中所提及的举措外，加速数字创新认知变革的常见的举措还有哪些。

讨论案例

泛嘉控股：为何屡次“晴天修屋顶”

在数字化浪潮的冲击下，企业服务领域的创新变革已成为企业发展的关键。浙江泛嘉控股有限责任公司（简称泛嘉）以其“泛嘉行”平台生态的构建，成功实现了从传统服务到数字化平台的转型，展现了在数字创新驱动下的认知变革，以及在不同阶段的前瞻性布局。创始人杨隐峰凭借对企业服务领域的深刻理解，带领泛嘉在数字创新的浪潮中乘风破浪，实现了从单一机票代理业务到全方位企业服务平台的华丽转型。

市场聚焦：从线下机票代理到云端移动服务

泛嘉最初是以传统的机票代理服务起步的。随着移动互联网的兴起和电商的冲击，杨隐峰敏锐地意识到传统的机票代理业务模式已无法适应时代的发展需求。他通过观察市场趋势，意识到在线服务将成为企业服务领域的重要发展方向。为此，泛嘉首先增加了对技术的投入，招募技术人才，为数字化转型打下基础。其次，泛嘉不再局限于传统的线下服务，开发了“泛嘉行”app，将业务拓展到线上，实现了服务的在线化和移动化。最后，通过app，泛嘉提供了更便捷、高效的用户体验，满足了企业用户对于快速服务、灵活服务的需求。

平台构建：从单一服务到商旅管理服务平台

随着业务的扩展，泛嘉开始思考如何提供更全面的服务，以满足企业在商旅管理上的全链路需求。通过数字化升级，泛嘉不断延伸业务链路，从机票、火车票预订业务扩展到酒店、用车服务，再到会务旅游、机场贵宾厅等，构建了全方位的商旅管理服务平台。在这一过程中，泛嘉的认知不断深化，从单一服务提供商转变为综合解决方案的构建者。一方面，泛嘉不断扩展服务范围，实现了商旅服务的全链路覆盖；另一方面，泛嘉通过创新研究院对平台功能进行全面的数字化升级，实现了从出行前规划到出行后分析的全流程管控。最后，泛嘉与多家酒店集团、专车公司等建立合作关系，形成了一个强大的服务网络，为用户提供了更多选择和更优质的服务体验。

生态拓展：从商旅服务到员工生活生态圈构建

泛嘉在不断完善商旅管理服务的基础上，并未满足于现状，而是进一步展现出了认知的跨界与融合。公司凭借敏锐的环境感知能力，不仅洞察到了员工福利领域的广阔前景，还深入理解了员工日常生活中的深层需求。这种跨界的认知使泛嘉能够超越单一服务的局限，探索并拓展到更广阔的生活服务领域。

起初，泛嘉专注于提供企业商旅管理服务，但随着对企业客户需求的持续关注和深入理解，公司逐渐认识到，员工在商旅之外，还有更广泛的生活服务需求未被满足。泛嘉利用其在商旅管理领域积累的大量企业员工数据，构建了精准的用户画像。通过这些数据，泛嘉更深入地理解了员工的多样化需求，实现了对员工需求的全面认知。通过与客户的互动，泛嘉洞察到企业在节日或特定时期会有集中采购的需求，于是主动挖掘企业的集中采购需求，与供应商建立合作，推出“泛嘉福卡”等创新产品，使员工能够以优惠价格享受到更广泛的产品和服务。此外，泛嘉还通过构建平台生态圈，与不同领域的供应商合作，不断丰富平台的服务内容，满足员工在生鲜水果、个护母婴、数码电器等日常生活方面的需求。

泛嘉的创新之路并非一帆风顺，但它每次都能在危机来临之前提前布局，做到“晴天修屋顶”。这种前瞻性布局的背后，是泛嘉对市场变化的敏锐感知、对技术发展趋势的准确判断，以及对企业内部资源高效配置和重构的能力。

资料来源：王节祥，吴瑶瑶，陈衍泰，等．“晴天修屋顶”：泛嘉打造企业服务平台的创新之路 [Z]. 中国专业学位案例中心，2024.

【讨论题】

1. 泛嘉在数字创新过程中展现了哪些关键的认知变革？
2. 泛嘉关键的认知变革路径是什么？
3. 泛嘉在认知变革中有哪些地方值得其他公司借鉴？

第九章
CHAPTER 9

支撑数字创新的组织变革

§ 学习目标

- 从数字创新企业的组织实例出发，提炼支撑数字创新的组织特征，并掌握支撑数字创新的组织内涵。
- 理解数字创新过程中组织变革的内涵和挑战，掌握数字创新视角下组织变革的典型模式，了解企业进行数字创新组织变革的基本路径。
- 掌握提高数字创新组织变革绩效的举措，学习如何通过市场分析、资源拓展、人才培养等措施提高数字创新组织变革的绩效。

§ 引例

引领“中台组织”风潮：Supercell 的成长之路

Supercell 于 2010 年创立，初始资金仅为从政府处借贷的 30 万欧元，起步于芬兰一处仅为 30 m² 的场所。在随后短短 4 年间，其凭借《海岛奇兵》《部落冲突》《卡通农场》三款游戏实现了 17 亿美元的收益。在其创立的第 5 年，阿里巴巴的高管团队前往 Supercell 学习并交流经验。在其创立的第 6 年，腾讯以 86 亿美元收购其 84.3% 的股份，且在 2021 年，该公司收入高达 22.4 亿美元。Supercell 的成功可归因于其别具一格的组织定位，即采用去中心化的分布式组织架构。

跳出传统的组织模式

Supercell 在成立初期采用传统自上而下的管理方式。随着业务的增长和项目的增多，这种管理方式逐渐暴露出一些问题，如决策迟缓、团队协作不力以及创新能力不足等。为突破瓶颈，Supercell 开始探索中台组织模式，旨在创建一个更加灵活、高效和创新的内部环境。不同于传统的游戏开发模式，Supercell 将组织按产品线分割，而非传统的职能分割，管理以自底向上的方式进行。在 2018 年的全球游戏开发者大会演讲中，Supercell 的创始人兼 CEO 埃卡·潘纳宁强调："我们摒弃了中央流程，让每个团队自主决定工作方式。我们发现，管理工作越少，员工就能将更多精力集中在游戏创作上，从而大幅提升成功的可能性。"

卓越的前台团队

Supercell 的每款游戏都由一个独立的前台游戏团队创造，每个小团队被称为一个"细胞"（Cell），拥有极高的自主权，完全控制自己的研发进度，公司名称 Supercell 正是由此而来。在游戏行业，Supercell 是出了名的高薪酬、高福利公司，在它的招聘启事上写着"只要你应聘成功，无论你在全球的哪一个角落，公司都会负责把你和你的家人搬到芬兰"。故而，其前台游戏团队具备世界顶尖水平的素质，成员多为通才，个体即可构成全功能团队，人员数量精简、团队规模小型化。

弱管理，强赋能

Supercell 的中台设计旨在全力支持前台团队，与一些企业建设中台旨在标准化管理与降低成本不同，其职责是整合"细胞"开发工作所需的资源，提供必要的工具和框架支持。于前台而言，Supercell 的中台是资源中心和服务中心，所有的调度和指令都来自前台团队。在 Supercell，人人都可以参与决策，人人都具有工作常识，产品愿景由产品的发展团队而不是管理层确立。创始人埃卡·潘纳宁倡导：要弱化传统管理，鼓励全员发挥创造力，视每位员工为 CEO，专注于玩家体验，而所谓的管理层，只是支持团队的资源而已。

资料来源：根据网络资料整理。

第一节 支撑数字创新的组织特征与内涵

在数字化时代，企业能否成功往往取决于其能否迅速适应市场变化，捕捉新兴技术带来的机遇。那些能够持续创新并在数字领域保持领先的企业，往往具备独特的组织特征，它们不仅仅是技术的革新者，更是组织模式的创新者。

数字创新的组织演变

一、支撑数字创新的组织特征

（一）支撑数字创新的组织实例

在数字化转型的浪潮中，一批先驱企业凭借其前瞻性的视野和创新的组织模式，成功地将数字技术转化为推动业务增长的关键力量。无论是科技巨头还是新创企业，都在探索如何构建最适宜数字时代发展的组织形态。接下来，让我们走进一些具有代表性的数字创新组织，深入剖析它们是如何通过创新性的组织设计，激发员工潜能，加速产品迭代，并实现商业价值的。

1. 阿里巴巴——中台组织

2015 年年中，阿里巴巴创始团队成员带着一众高管拜访 Supercell，发现中台为企业带来强大的业务试错能力。芬兰之行结束半年后，阿里巴巴启动了“大中台战略”，构建符合数字化时代的更创新灵活的“大中台、小前台”组织机制和业务机制。“小前台”是指直接面向市场的业务单元，它们体积小巧、反应迅速，能够及时捕捉市场动态，灵活调整策略以满足客户需求。“大中台”则充当企业的大脑和心脏，集中管理数据、产品和技术资源，为前台业务提供强有力的支持。正式宣布“大中台战略”后，阿里巴巴将原有的 25 个事业部打乱，根据具体业务将一些提供基础技术、数据支持的部门整合为“大中台”，中台将集合整个集团的运营数据能力、产品技术能力，对各前台业务形成强力支撑。阿里巴巴的“大中台、小前台”如图 9-1 所示。

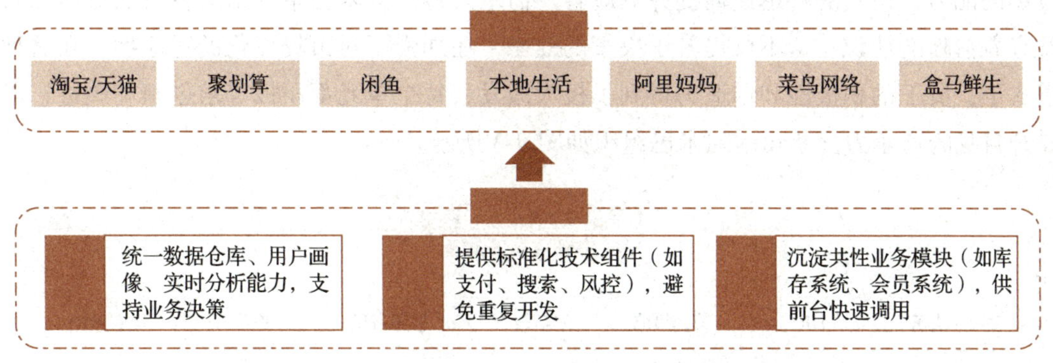

图 9-1　阿里巴巴的“大中台、小前台”

2. 3M——二元组织

3M（美国明尼苏达矿业及机器制造公司）是一个全球领先的创新型企业，产品覆盖从办公用品到医疗健康等多个领域。如图 9-2 所示，在 3M 的组织框架中，核心业务单元和创新探索单元并存，二者虽然各自独立，但又相互支持，形成了动态平衡。核心业务单元沿袭传统的企业层级制，拥有清晰的职责划分和决策流程，专注于现有产品线的维护与优化，确保日常运营的顺利进行和稳定的收入来源。而创新探索单元则采用创新的组织结构，有更灵活的组织形态，提倡跨部门团队的紧密协作和快速迭代，全力聚焦于新产品研发、新市场开拓和商业机会挖掘。以 3M 公司的“15% 规则”为例，员工被鼓励将每个星期 15% 的工作时间用于个人感兴趣的项目等[㊀]，这种制度极大地激发了员

㊀ 搜狐网发文，管理丨3M 公司的 15% 规则，https://www.sohu.com/a/169090716_679625。

工的创新热情和自主精神。

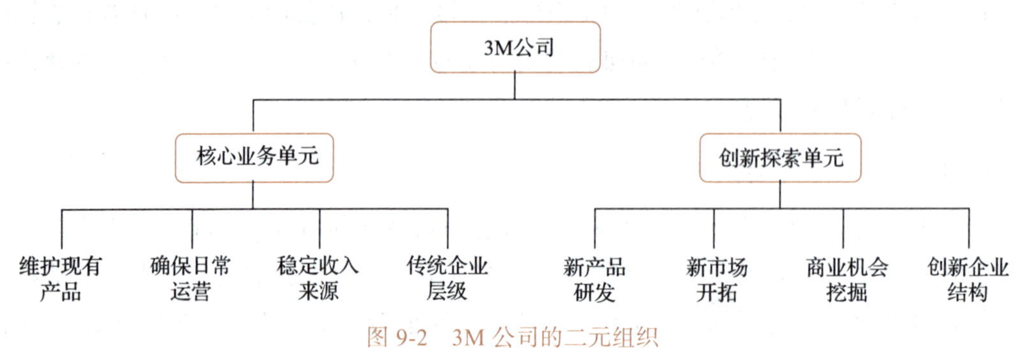

图 9-2 3M 公司的二元组织

3. 蔡司——阿米巴组织

蔡司，作为全球光学和光电行业领导者蔡司集团的重要组成部分，在组织管理模式上展现出了前瞻性的探索与实践。在阿米巴组织架构下，蔡司被巧妙地划分为多个小型、灵活的阿米巴单元。每个阿米巴单元都像一个独立的小型公司，拥有自己的财务核算体系，专注于特定的产品线或业务领域。这种独特的组织划分，赋予了每个单元直面市场的能力，使其能够迅速捕捉并响应客户需求。每个阿米巴单元都对自身的成本和收益有着清晰的认识，这不仅提升了决策的效率，还加强了对市场变化的适应性。在这种模式下，员工的积极性和创造力得到了极大激发，每个单元都积极寻求创新和改进，以提升自身的竞争力。蔡司的阿米巴组织如图 9-3 所示。

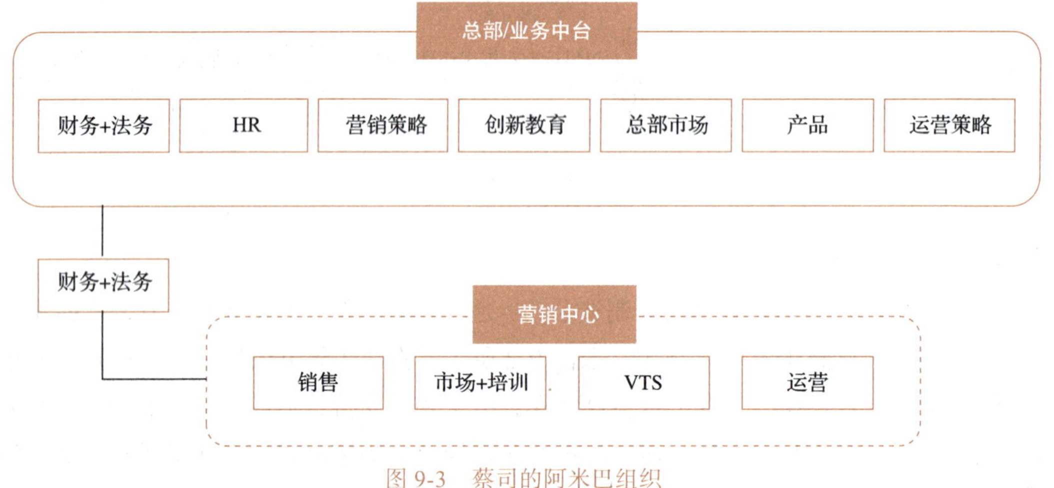

图 9-3 蔡司的阿米巴组织

（二）支撑数字创新的组织核心特征

数字化情境下，随着创新边界的模糊以及创新组织的开放，社会分工呈现出个体自组织的趋势，协调整合的范围由企业内部扩大到外部市场，导致组织形态发生深刻变革[⊖]。基于组织效能视角，我们可概括其核心特征为“要素、能力、关系、结构”四大核心方面。要素，即人才、技术和数据资源，构成了创新的基础；能力，涵盖学习、创新和执行能力，是组织效能的内核；关系，强调与外部环境的互动，包括客户、供应商和合作伙伴的网络，拓展了组织的边界；结构，涉及治理、流程和文化，为创新提供了制度保障。遵循这一逻辑，数字创新时代所孕育的新型组织特征可以概括为：要素微粒化、能力模块化、关系平台化和结构柔性化。这些特征相互依赖、相互促进，共同构成组织在数字时代成功转型和持续创新的基石。

1. 要素微粒化

要素微粒化强调将组织的各个组成部分（人员、流程、资源等）细化成微小的、独立的、可灵活组合的单元，即“微粒”。这种变革使得组织摆脱了传统的固定结构和边界的束缚，赋予其更高的灵活性和适应能力。在要素微粒化的组织中，企业采用液态化的柔性组织形式或网络化模式，内部和外部边界模糊，成员之间可以自由流动和组合，打破了传统组织中的层级和部门限制。尽管仍然存在“部门”概念，但在这种环境下，部门的边界不再明确，也不再具有传统组织中的重要性。微粒化的组织鼓励成员之间保持一种“共同创业”的状态，他们可以随时组建新的团队，比如通过钉钉群或项目组来开展新的业务或完成项目。这种灵活性和创新性使企业能够更快速地响应市场变化，抓住新的商业机会。

阿里巴巴通过实施要素微粒化的组织管理策略，将其庞大的企业结构转化为众多灵活、自主的小型团队，即所谓的“微粒”。这些微粒由跨职能的成员构成，能够根据项目需求迅速组合与解散。例如，在筹备一年一度的“双 11”购物节时，阿里巴巴会临时组建包含市场营销、物流、技术和客服等部门人员的项目小组，以高效协调和执行活动。这种液态化的柔性组织形式打破了传统层级和部门的界限，鼓励员工处于一种“共同创业”的状态，随时组建新团队来应对市场变化，如通过钉钉等协作工具快速响应新业务或项目。

2. 能力模块化

能力模块化与要素微粒化紧密相关，能力模块化强调的是组织能力的组件化和标准化。这意味着组织将其核心竞争力分解成一系列可重用的能力模块，每个模块负责特定的功能或任务，并能与其他模块无缝衔接。这种模块化不仅限于产品或服务，还涵盖流程、知识、技能等多个方面。通过能力模块化，组织可以更快地响应市场变化，减少重复工作，推动创新并提高效率。

宜家（IKEA）将家具生产分解为多个标准化模块，这些模块可以灵活组合，形成各

⊖ 魏江，刘嘉玲，刘洋．新组织情境下创新战略理论新趋势和新问题 [J]. 管理世界，2021，37（7）：182-197+13.

种不同的产品，从而极大地提高了生产效率，降低了成本，并为消费者提供了个性化选择。除了产品设计外，宜家还在供应链管理、物流配送、店面布局等方面实施了能力模块化。例如，宜家的供应链被划分为多个模块，每个模块专注于特定环节，如原材料采购、制造、包装、运输等，这种模块化使宜家能够更灵活地应对市场变化，优化资源配置，提高整体供应链的效率。

3. 关系平台化

关系平台化是指组织利用数字平台构建和管理其内外部的关系网络。在数字时代，企业不再仅仅是孤立的实体，而是网络中的一员，可以通过平台与客户、供应商、合作伙伴等建立更加紧密和动态化的联系。平台不仅为企业提供交易场所，还促进了信息共享、协同创新和价值共创。比如，电商平台、社交媒体、开源社区等都是关系平台化的例证，它们颠覆了传统的线性供应链模式，构建了更为复杂、开放的价值网络。

美国的优步（Uber）利用移动互联网技术，搭建了一个连接乘客与司机的平台，改变了传统的出租车行业服务模式。优步平台不仅提供了便捷的出行服务，还创造了全新的就业机会，让司机可以根据自己的时间灵活接单。通过实时匹配算法和评价系统，优步平台确保了供需双方的信息透明和交易公平，促进了整个交通生态系统的优化。

4. 结构柔性化

结构柔性化是指组织在数字创新时代通过去中心化决策、动态团队配置、虚拟化工作模式、持续学习文化以及边界模糊化合作等方式，动态调整内部结构、流程和资源配置，以灵活应对市场变化、技术革新和需求多样化。这种模式促进了组织内部的高度灵活性和外部的广泛合作，确保组织能快速适应环境变化、创新并持续成长，其核心在于打破传统静态架构限制，构建能够自我优化、即时响应的动态组织体系。

Supercell 的“细胞模式”组织结构以其高度的柔性化特征，在游戏开发行业中独树一帜。通过构建小型、自治的“细胞”团队，每个由不到 10 人组成的团队负责游戏的全生命周期管理，实现了快速决策和高效执行。扁平化的管理消除了传统的层级，加速了信息传递和决策过程。资源流动性确保团队按需获取支持，同时为员工创造了多元化的职业路径。例如，在开发热门游戏《部落冲突》时，一个小团队从概念到发布仅用了数月，其间能够灵活调整开发方向，快速响应市场需求和玩家反馈，实现了高效的产品迭代和持续创新。

如图 9-4 所示，要素微粒化、能力模块化、关系平台化和结构柔性化是数字时代组织变革的四个关键的组织特征，它们相互关联并共同促进组织的发展和创新。要素微粒化将组织分解为灵活、独立的小单元，为能力模块化提供基础。能力模块化进一步将这些单元标准化和组件化，以便快速重复利用和整合，优化组织资源，从而提高组织的响应速度和创新能力。关系平台化通过数字平台连接组织内外部资源和能力，打破传统边界，促进信息共享和协同创新。最终，这些特征共同作用于结构柔性化，使组织能够敏捷地调整结构和流程，以适应快速变化的市场和技术环境。这种循环反馈机制不仅增强了组织的适应性，还通过持续自我优化和创新确保组织在竞争激烈的数字时代中保持领先地位。

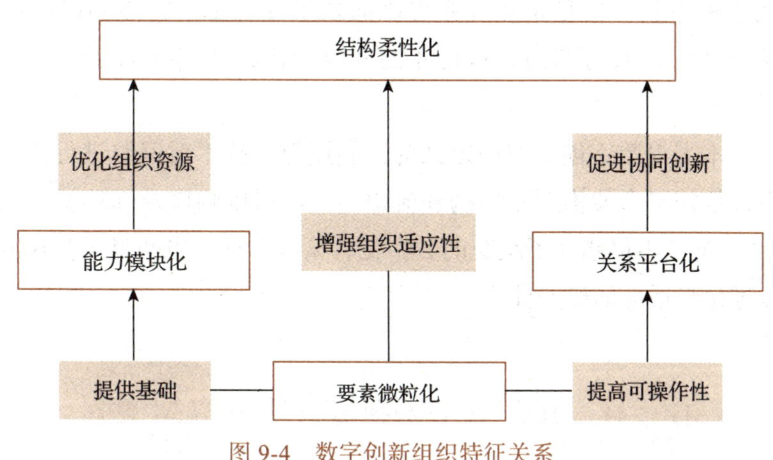

图 9-4　数字创新组织特征关系

资料来源：忻榕，陈威如，侯正宇．平台化管理 [M]. 北京：机械工业出版社，2019.

二、支撑数字创新的组织内涵

关于“组织”的定义，理论界尚无统一认识。古典组织理论的研究者詹姆斯・穆尼认为，组织是特定的人群为了达到某种共同目标而联合起来的形式。美国著名组织管理学家哈罗德・孔茨认为，组织是“正式的有意识形成的职务结构或职位结构”。詹姆斯・马奇和赫伯特・西蒙认为，组织是“相互关联的活动的系统，这种系统至少包含几个主要的群体，而且通常具有这样的特点——按照参与者的自觉程度，其行为高度理性地朝向人们一致认识的目标[一]”。尤迪认为，“组织”是指那些具有明确的、有限的目标并且公开宣告了其目标的“正式”群体[二]。它们的形式特征是具有共同的、正式的目标，并要求成员与它建立一种正式的、带有契约性质的关系。

数字技术的迅猛发展，不仅重塑了生产方式，更在组织结构与管理模式上引发了深刻变革。越来越多的组织深谙利用先进的数字技术，如人工智能、大数据分析、云计算等，对内部及外部资源进行精细解构与重构。这一过程不仅涉及将复杂的业务组件拆分为更小、更灵活的功能模块，还强调通过标准化接口实现模块间的无缝对接，从而形成一种高度模块化的能力体系。这种模块化不仅增强了资源的灵活性与可重用性，还为组织提供了前所未有的敏捷性。

平台作为连接不同模块、团队乃至外部合作伙伴的桥梁，在支撑数据高效流动与

㊀ 汉迪．组织的概念 [M]. 方海萍，等译．北京：中国人民大学出版社，2006.

㊁ 陈树文．组织管理学 [M]. 大连：大连理工大学出版，2005.

资源共享的同时，也促进了跨领域协作与创新思维的融合。依托强大的平台架构，组织能够灵活调整其内部结构与业务流程，实时监控市场动态与外部环境变化，迅速识别机遇与挑战，并快速调整战略方向，启动创新项目。平台化进一步简化了协调与管理的复杂性，使组织能够在保持稳定的同时，对局部进行快速迭代与优化。这不仅是一种技术应用上的革新，更是企业战略思维的根本性转变，它强调以用户为中心，持续学习，快速试错，以及跨部门、跨行业的开放合作，共同推动社会与经济全面数字化转型。

综上所述，本书将数字创新组织定义为：利用数字技术对资源进行解构，形成高度模块化的能力，依托平台架构调整结构和流程，从而可以响应外部环境变化快速开展创新的组织[㊀]。这一定义不仅涵盖了组织的数字化转型的特征，更凸显了其在复杂多变的数字生态中持续进化与适应的核心能力。

第二节 支撑数字创新过程中的组织变革

一、数字创新组织变革的内涵与挑战

（一）数字创新组织变革的内涵

组织变革是组织发展进程中的关键环节，涉及对组织结构、流程和策略等核心要素的根本性重构，其核心目的在于强化组织的适应性和竞争力，以灵活应对外部环境的波动与挑战[㊁]。变革需要深思熟虑，全面考量组织内部的资源调配、人员素质、文化氛围，以及外部市场动态、竞争形势和技术演进等多重因素。组织变革并非一蹴而就的瞬间变化，而是一个持续演进的过程，要求组织敏锐感知环境，及时调整优化，实现与外部环境的协调共生。组织变革的核心目标是提升组织的环境适应性与创新能力，确保在复杂多变的市场中保持领先地位，实现长远发展与可持续成长。特别是在全球化、信息化加速，以及变革成为常态的情况下，组织变革不仅是应对挑战的必要手段，更是把握机遇、谋求发展的必由之路。通过持续自我革新，组织能够在不断变化的市场中保持活力，实现持续创新和成长。

在数字时代，组织变革呈现出鲜明的特点，不仅包括技术层面的升级，更重要的是对组织结构、管理理念等方面的深层次创新与调整，以实现企业从传统流程导向向数据驱动转型。在组织结构上，传统等级体系逐渐被灵活、扁平化、敏捷化的新型组织架构取代，促进了信息自由流通、决策民主化和团队高效协作，有利于构建能快速响应市场

㊀ 曲永义．数字创新的组织基础与中国异质性 [J]. 管理世界，2022，38（10）：158-174.

㊁ 马作宽．组织变革 [M]. 北京：中国经济出版社，2009.

变化的组织。在管理理念上，组织从传统的命令与控制转向赋能与授权，领导者由单一的指令发出者转变为激发团队潜能、引导创新方向的催化剂角色。

综上所述，本书将数字创新组织变革定义为：在数字化时代背景下，企业或组织通过采用数字技术和战略，对现有的运营模式、决策模式、管理模式进行系统性的转变，以适应和引领数字化转型的需要㊀。这种变革要求企业全面自我革新，从内部到外部，以迎合和引领数字化时代潮流，开启企业发展新篇章。

（二）数字创新组织变革的挑战

数字创新组织变革的挑战

新技术可能引发商业模式与社会制度的变革，在自然选择法则下，符合成本低、效率高、实现价值最大化的商业模式将成为商业社会的演进方向。数字技术正以不可阻挡之势在全球范围内引发波澜壮阔的变革，重塑人类社会的工作、生活与互联互通的方式，也颠覆了企业的管理方式。人力资源云平台促成个体与企业之间的新型合作关系，社群新零售平台构建的“超级用户”概念则开创了企业与用户之间的全新互动模式。数字技术在带来更多选择的同时，也带来了一系列挑战。随着数字革命不断深入，新工作岗位涌现，部分传统工作可能消失，如工厂中的自动化机器人正在取代大量传统工人的岗位。面对这些变革，传统企业正经历着前所未有的挑战。

1. 组织层面

数字创新的愿景模糊。传统变革中，企业愿景和目标通常较为明确，主要聚焦于提升效率、降低成本或扩大市场份额。但在数字创新组织变革中，企业需要应对快速变化的技术环境和市场需求，这给制定明确的数字化愿景带来了挑战。由于数字化转型涉及广泛的技术应用和业务模式创新，企业可能难以预见长远的战略方向，导致愿景不明确，不利于变革的有效推进。

企业内部存在大量信息孤岛。传统企业架构的一个显著痛点在于部门间存在信息壁垒，各自为政的工作模式限制了信息的流通与团队间的协作，导致资源分配不当和运营效率降低。该问题在数字创新的转型中更加显著，因为成功的数字化转型需要依赖于数据无缝共享与高效协同。信息壁垒如同一道道无形的墙，不仅阻碍数据流通和综合集成，还严重影响了企业数据驱动的战略决策与业务流程优化，成为制约企业创新与发展的关键瓶颈。

虚拟组织运作带来变革执行难。在以往的组织变革实践中，企业活动通常围绕实体办公环境展开，传统组织变革的推进高度依赖于直接的面对面沟通与现场监管。相比之

㊀ 陈春花 . 组织的数字化转型 [M]. 北京：机械工业出版社，2023.

下，在数字创新时代的组织转型中出现了新特点，如跨地域虚拟团队与远程工作模式的应用，增加了变革实施的复杂性。虚拟组织的日常运行高度依赖于先进的数字工具与协作平台，但这种非物理接触的工作方式可能导致沟通障碍、团队合作不畅，以及在执行变革计划时的协同问题。因此，需要创新的管理策略和自主驱动文化，以克服距离带来的挑战。

2. 人的层面

对数字变革的畏惧。在传统的组织变革中，员工通常适应既定工作流程和环境，有较高程度的适应性和舒适感，因此对变革的内在抵抗情绪较弱。然而，数字创新引领的组织变革过程中，面临大量新兴技术的融入与业务模式的根本性转变，可能导致员工担忧个人技能无法满足新要求，从而在心理上抵触变革，不仅影响员工个人发展，还可能阻碍组织变革进程。

掌握数字思维难。传统组织变革侧重于优化管理体系与提升流程效率，员工通常被视为既定策略与任务的执行者。而在数字创新的组织变革中，员工需要具备更高水平的能力，包括数字思维、数据分析技能、自动化工具和创新策略的应用。对于习惯于传统作业模式的员工而言，无疑构成了巨大的挑战，他们需要重新塑造思维模式并进行工作实践，投入大量精力学习新知识，适应以创新驱动和技术赋能为核心的新工作环境。

双栖型人才缺口大。专业知识深厚的技术专家与管理精英往往是推动传统组织变革的核心力量。随着数字创新浪潮的兴起，组织对既精通业务又深谙技术的“双栖型”人才的需求日益增长。这些人才能在业务与技术之间“自如穿梭”，成为数字创新的关键桥梁，为数字化转型提供强大驱动力。然而，市场上这类跨界人才供给不足以满足需求，导致企业在数字创新过程中遭遇严重的人才瓶颈，不仅影响变革进程的速度和效果，还在一定程度上削弱了数字创新的成效与深度。

二、数字创新组织变革的典型模式

在数字经济蓬勃发展的背景下，加快推动企业转型升级成为业界关注的焦点。数字化转型不仅拓展了企业发展空间，还催生了以客户需求为中心的商业理念、模式和业态。数字创新改变了传统行业的运营模式，引领了组织变革新范式，典型模式包括危机驱动型变革、渐进累积型变革，以及局部改良式变革与整体重构式变革。

数字创新组织变革的类型

（一）危机驱动型变革与渐进累积型变革

1. 危机驱动型变革

危机驱动型变革是企业在面临外部重大技术和市场挑战时，在组织上快速推进的响应性变革。企业在这种情况下，不仅需要迅速应对外部威胁，还需利用数字化手段实现生存和发展的突破。数字创新为企业提供了新的工具和路径，帮助企业展现非凡的决断力和执行力，确保其在不确定的市场环境中稳步前行，甚至在逆境中实现数字化转型和升级。这一过程不仅检验了企业的快速反应能力和数字技术的应用能力，还是一次高风险与高潜在回报并存的挑战。若策略成功实施，变革将成为企业转危为机的关键，助推企业开启新的数字化增长篇章；反之，若策略失误，可能会加剧企业的困境。值得注意的是，在这种变革中，决策过程通常更加集中，企业高层通过数字创新的直接引导，迅速制定和执行决策，以确保能够在危机中抓住数字化带来的新机遇。

在 2008 年全球金融危机的浪潮中，老牌汽车制造商克莱斯勒集团遭遇了前所未有的挑战——市场萎缩、资金链断裂、公司股价暴跌，克莱斯勒挣扎在破产的边缘。面对这场生死存亡的危机，克莱斯勒迅速启动了危机驱动型变革。公司高层领导迅速集结、果断决策，决定放弃原有的多品牌战略，将焦点集中在核心品牌和车型上。他们与工会进行艰难的谈判、削减成本、重组债务，同时寻求政府的紧急援助。在短短几个月内，克莱斯勒完成了与意大利汽车制造商菲亚特的"联姻"，获得了关键的技术与资金支持。随着新车型的推出和市场策略的调整，克莱斯勒逐渐稳住了阵脚。2011 年，公司成功偿还了政府的救助贷款，重新赢得了消费者的信任。2014 年，菲亚特完成了对克莱斯勒集团的全面收购，标志着这场危机驱动型变革的成功。

2. 渐进累积型变革

渐进累积型变革是一种细致而稳健的变革策略，其精髓在于通过一系列连续的小规模改良举措，逐步累加成效，最终实现企业整体的深刻变革。其特点在于变革步伐温和，每次调整幅度虽小，却有效降低了风险。这种方法使变革不再是骤然的冲击，而是渗透式的持续改进，微小进步在时间的累积下呈现显著的改善成果。这一过程强调广泛的员工参与，鼓励各层级员工贡献见解与智慧，通过增强内部共识，有效减轻了变革阻力，使得企业变革顺畅进行。这种变革方式体现了深思熟虑和持续改进理念，允许企业在不断变化的市场环境中保持灵活性和适应性，同时确保变革的连续性和可持续性，适合追求长期稳定发展、避免剧烈波动的企业。

丰田汽车公司（简称丰田），作为全球领先的汽车制造商之一，一直以精益生产系统（Toyota Production System，TPS）闻名于世。TPS 的核心是持续改进和消除浪费，这与渐进累积型变革的理念不谋而合。面对 21 世纪初日益激烈的全球竞争和市场需求的变化，丰田再次运用其精益思想，采取了一种渐进式的方法来应对挑战，以维持其市场领先地位。2000 年，丰田认识到生产系统和供应链需要优化，成立了变革管理小组，着手设计和监督整个变革流程。在 2001—2005 年期间，丰田在工厂和部门中推行"看板"系统，优化库存和生产流程；同时，启动"持续改进"活动，鼓励员工提出改进意见。

在 2006—2010 年扩大规模与深化变革阶段，丰田将成功的改进措施标准化，推广至全公司，并加强供应商关系，引入“准时制”原则，进一步减少浪费，提高供应链效率。结果，丰田实现了生产效率的显著提升，增强了供应链的韧性，且组织氛围向着更加开放和创新的方向发展，确保了公司在全球市场中的持续竞争优势和长期稳定发展。

（二）局部改良式变革与整体重构式变革

1. 局部改良式变革

局部改良式变革是一种精准且审慎的变革策略，其核心在于利用数字技术在企业的特定部门或业务板块进行试点，作为“试验田”引入数字创新和优化措施，从而推动全局性的变革进程。通过这种方式，企业能够在较小范围内先行验证数字化新思路的有效性，积累经验和成果后，再逐步向整个组织推广。这一变革策略的优势在于采用“局部试点”的数字创新方法，使管理层能够精确控制实施过程，降低不确定性风险，并更高效地集中投入资源。通过逐步扩展数字化改进，形成局部成功带动全局转型的链式反应，企业实现从部分到整体、由点及面的深刻数字化变革。最终，数字创新不仅推动了企业的稳健发展，还在创新中引领了全面转型，帮助企业实现组织变革的战略目标。

面对市场竞争和消费者需求的不断演变，国美电器精心策划并实施了局部改良式变革策略。公司的战略部署首先聚焦于其遍布全国的 1 600 多家零售店，其精心挑选出具有代表性的门店作为变革的“试验田”。北京中塔店作为“新活馆”门店的佼佼者，其变革成效尤为显著：单店销售规模从 8 亿元飞跃至 20 亿元。基于中塔店等试点门店的成功经验，国美电器开始逐步将“新活馆”模式及其他经过实践检验的创新成果推广至全组织。这一推广行动不仅限于门店运营，还扩展到了物流体系和电子商务等关键领域，实现了从局部到整体的深刻变革。通过这一系列变革举措，国美电器不仅显著提升了整体运营效率和市场份额，还成功引入了新技术和新模式，进一步增强了品牌的市场影响力和竞争力。

2. 整体重构式变革

整体重构式变革代表了企业进行一次彻底而深远的自我重塑，涵盖战略导向、运营机制以及管理流程的全方位数字化革新。这不是简单的调整或优化，而是对企业核心的全面数字化改造，旨在让每个关键节点都注入数字创新与变革的基因。这要求企业具备卓越的系统规划能力和策略执行能力，确保在大规模变革中保持精准的方向感和高效的行动协调性。由于数字创新驱动的变革往往涉及广泛且深远的影响，这类变革通常在短时间内启动并逐步见效。企业在每个阶段都必须保持坚定的愿景和灵活的策略，同时展现出耐心与决心。通过这一变革，企业能够在快速变化的市场环境中不断培育和巩固新的竞争优势，实现可持续发展。

通用电气公司（GE）是美国一家拥有悠久历史的跨国工业巨头，在21世纪初期遭遇了财务困境和业绩下滑的双重挑战。在这场严峻的考验面前，GE展现出了非凡的勇气和决心，启动了一场深刻的整体重构式变革。在全球金融危机后的新市场环境下，GE果断剥离了非核心业务，将资源和注意力集中在航空、医疗和能源等核心领域，以优化业务结构并深耕关键领域。同时，GE引入精益管理和数字化转型理念，特别是通过推出Predix工业互联网平台加速数字化进程，提升了运营效率并在智能制造和工业互联网领域赢得先机。通过简化管理结构，提升决策效率，GE构建了更加灵活、高效的组织体系。GE凭借系统规划与严格执行，成功改善了财务状况，提升了运营效率，特别是在航空与医疗业务领域，显著的效益增长彰显了变革的成效与深远影响。

三、数字创新组织变革的路径

推进数字创新组织变革是一项系统而全面的工程，旨在塑造一个高效、敏捷且适应未来趋势的数字化企业。变革过程需要全面升级企业数字化转型的质量、拓展范围和提升效能，数字创新组织变革的路径如图9-5所示。

数字创新组织变革的路径

图9-5　数字创新组织变革的路径

（一）组织结构的数字化重构

数字创新浪潮中，企业正经历着从传统层级管理向扁平化管理的深刻转变，这种变革通过简化管理层级和缩短决策流程，能够显著增强决策的敏捷性和灵活性。管理方式由自上而下单向式管理转变为开放的参与式管理，激励员工积极参与决策，激发员工的创造力和主动性。企业致力于打破部门壁垒，构建跨职能团队，促进协作与知识共享，提高工作效率和创新能力。这些措施不仅能加快信息流动速度，还能促进决策民主化和透明化，更迅速地响应市场变化，抓住机遇，推动持续发展。

1. 组织流程重塑与优化：提升效率与灵活性

组织变革不仅仅是对现有流程的调整，更是一次深入彻底的审视与革新。需要对每个环节进行细致剖析，识别并剔除冗余步骤，精简流程，确保组织在分布式工作环境下仍能高效运行。同时，考虑到远程办公和混合工作模式的普及，流程设计需具备高度灵活性，以满足员工多样化的工作习惯和需求，激发团队的创新潜力和工作热情。

2. 数据采集与分析：洞察组织健康状态

为确保组织的长期繁荣与可持续发展，深入观察与量化分析内部运作至关重要，这涉及收集关键指标信息，包括员工的参与度、工作效率、协作模式、工作满意度、个人成长和团队效率等。通过持续、系统的数据采集，可绘制组织健康状态全景图。在分析数据时，企业在关注数据数值表现的同时，也要深入挖掘数据背后的原因，识别推动或制约组织的效率和员工的满意度的因素。比如，若员工参与度下降，需要探究是否与工作负荷大、认可度不高或沟通不畅等因素有关。同时，提高工作效率可能需要引入新工作流程、技术和工具，以及员工培训和技能提升。

3. 数据驱动组织决策：确立精准战略导向

实施数据驱动的决策是数字创新组织变革的基石。为将数据分析结果作为制定战略方向的核心依据，企业需要建立一套完善的数据收集、分析和应用体系。通过广泛搜集员工参与度、工作效率、客户反馈、市场趋势等关键数据维度，组织能够更全面地了解自身内外部环境，从而做出更准确的战略决策。数据分析不仅限于统计报表，更重要的是透过数据挖掘潜在规律和趋势，以此预见未来发展方向。例如，通过对员工的工作模式和偏好的细致分析，企业可以发现并突破工作流程中的瓶颈，从而提升整体工作效率。这种以数据为依托的决策模式，不仅增强了决策的科学性和前瞻性，还为组织在复杂多变的商业环境中稳健前行提供了坚实的数据支撑。

4. 实践变化与技术对齐：创新重塑工作模式

企业要想在数字化时代保持竞争优势，就必须将最新的实践与技术支持紧密结合，利用技术工具支撑和推动组织变革。例如，使用版本控制工具，不仅可以保证工作文档的迭代更新，还能促进跨地域、跨时区的团队协作，确保信息同步和一致性，极大提升协同效率。在分布式工作环境中，版本控制工具成为信息流转和知识共享的关键纽带。此外，实践与技术的融合还包括采用云计算、人工智能、大数据分析等前沿技术，实现工作流程自动化、智能化，从而提升工作效率和质量。

（二）构建组织跨时空协作网络

企业构建跨时空协作网络，突破地域和时间限制，有助于实现高效团队合作。采用先进的通信技术和协作平台，能确保员工无论身处何地都实时参与工作讨论和决策。共享虚拟工作环境、实时数据同步以及智能项目管理工具，使跨时区、跨区域协作变得更加顺畅和高效。建立灵活的工作机制和透明的信息共享平台，不仅显著提高了团队的整体生产力，还增强了员工的归属感和协同创新能力。这种跨时空协作网络建设，为企业在激烈的市场竞争中保持敏捷性和竞争力奠定了坚实基础。

1. 建立信息平台：重构信息流动

建立集中且透明的信息平台，成为组织成员获取决策过程和背景资料的主要途径。该平台的目的在于打破信息孤岛，消除信息壁垒，确保全体组织成员无论职位高低，都能平等、便捷地获取全面的决策信息和相关材料。这种开放式架构不仅能够提高信息透明度，还能促进知识共享和传播，使组织成员在共享信息的基础上交流和协作。

2. 追踪工作轨迹：深化知识沉淀

在组织内部持续追踪并记录工作进展与决策讨论的过程，有助于构建翔实的历史工作档案，同时促进知识的深化和沉淀。通过建立工作轨迹，可以帮助组织成员清晰地追溯决策的演变过程，深入了解每个决策背后的思考逻辑和执行细节，从而加深团队对业务的深入理解。

3. 提供充分的信息和授予决策权限：赋能自主行动

在现代组织管理中，赋能员工的自主行动能力被广泛认为是激发创新和提升效率的关键驱动力。这一理念的核心在于确保每位员工获取充分的信息且具备相应的决策权限，使其能够在全面了解组织目标和环境的基础上自主行动。这种模式颠覆了传统的层级决策体系，鼓励员工在职责范围内凭借对业务的深刻洞察迅速且高效地做出决策。通过这种方式，组织能够更灵活地适应变化，同时能促进员工的个人成长和职业发展。

（三）培育组织数字氛围与人才

要进行数字创新，组织需要全面革新文化与人才策略，致力于打造以数据驱动决策和技术创新为核心的组织氛围，在这种环境中，企业鼓励员工在开放和协作的氛围中不断提升数字技能。企业应提供系统的数字化培训计划和发展路径，激励员工积极学习和实践前沿技术。同时，通过优化人力资源管理策略，采用灵活的用工模式，组织可以吸引并留住具备卓越数字素养的人才。这些举措不仅有助于提升员工整体素质和适应能力，还为企业的长期发展奠定坚实的基础。

1. 塑造共同价值观：构建数字文化

打造组织氛围的关键是培养共享愿景和价值观念，不仅能强化团队凝聚力，还能塑造积极向上、富有创新精神的组织氛围。这样的组织氛围使每位员工都能在数字创新组织变革中找到自己的定位，共同为组织的数字化目标努力。

2. 技能升级与人才发展：赋能员工成长

通过定制化的学习方案，全面提升员工的数字技能和领导才能，涵盖技术能力的增强（如数据分析和人工智能技术的应用）以及软技能的培养（如团队协作、创新思维和项目管理能力）。组织应确保人才发展与组织战略需求紧密结合，为组织的数字创新提供源源不断的动力。

3. 智能人力资源管理：优化人才配置

通过数据分析技术，组织能够精确优化招聘、培训、绩效评估等人力资源管理流程，精准识别人才特质并将其与适宜岗位匹配，实现智能化人才配置。这种策略不仅提升了人力资源管理效率，还有助于挖掘和激发员工潜能，为组织创造更大的价值。

4. 灵活用工模式：定义数字化人才层次

采用灵活用工策略，如兼职、远程工作等，不仅增强了组织对市场变化的适应性，还有助于吸引和留住具备数字化技能的人才。对基层人员而言，掌握基本的数字化工具是其必备能力；而于中层和骨干人员而言，优化业务流程、提升效率是其核心职责；至于高层管理人员，则需要深入理解数字化原理，具备制定和实施数字化战略的能力，引领组织在数字创新的道路上不断前行。

第三节 提高数字创新组织变革绩效的举措

在快速发展的商业环境中，数字创新是企业持续发展的关键。为了提高数字创新组织变革的绩效，需要实施一系列有效的举措，旨在使组织更加适应变革并更具竞争力，从而实现持续发展。

如何加快数字创新的组织变革

一、构建二元敏捷组织

在瞬息万变的商业环境中，成功的组织展现了一种独特的能力——既能高效管理现有的业务，又能前瞻未来，主动拥抱变革。邓肯于 1976 年首次提出的“二元性”（Ambidexterity）概念，准确描述了这种能力。双元组织通过结合两种看似矛盾实则互补的组织结构，既维护了传统业务的稳健运作，又激发了对新科技和市场趋势的敏锐感知与快速响应。二元性体现在结构和情境两个层面上：结构上的二元是指通过设立独立的业务单元，平衡探索未知与利用已知；情境上的二元则是指在整个组织内培养协作与适应能力。然而，变革组织信息系统以支撑二元能力时，企业常遇挑战，尤其对我国企业而言，西方的信息系统可能与我们本土流程和文化产生摩擦。因此，构建敏捷的二元组织，关键在于将组织学习和行为变革紧密结合，逐步发展出与战略愿景一致的双元能力框架。通过这种逐步的整合和变革，组织能够实现战略目标，同时培养出适应动态环境的能力[㊀]。

作为全球通信行业的佼佼者，华为的成功与行业领先地位源自其前瞻性的战略规划与卓越的组织创新能力。面对市场和技术的快速演变，华为通过构建二元组织，巧妙地平衡了现有业务的稳定性与新业务的探索性，展现出卓越的企业智慧与市场适应能力。通过建立“第二曲线”思维，华为能够提前布局新的增长点，同时确保新业务的创新和灵活性，避免与现有业务冲突。该策略不仅帮助华为在全球市场中保持了领先地位，还为其他企业提供了一种行之有效的组织变革模式。

（一）建立“第二曲线”思维

第二曲线思维是一种战略观念，强调企业在当前主要业务（第一曲线）的基础上积极发展新业务（第二曲线），以实现持续的业务创新和增长[㊁]。高层管理团队在战略规划中应明确第二曲线的重要性，将其视作企业长期发展的核心部分。这不仅有助于维持主要业务的稳健运营，还能推动新业务的发展。组织内部的第二曲线思维培养也至关重要，通过培训、内部交流和激励机制，鼓励员工在完成现有业务目标的同时，积极参与新业务的创新和探索。此外，企业需要充分支持第二曲线业务的发展，包括提供资金、人才和技术资源，确保新业务的探索能够顺利进行并逐步成长。这些综合措施共同推动企业在变革中实现持续进步并构建竞争优势，为建立二元组织打下坚实基础。

华为高层意识到，在坚守核心业务稳定增长的同时，必须前瞻性地布局未来业务，以应对市场的不确定性。这种思维促使华为将创新和增长放在战略核心位置，保障既有业务的健康运行，同时积极拓展新市场和技术领域。例如，当华为在通信设备领域取得领先地位后，适时地向消费电子（如智能手机）、云计算、物联网等新兴领域扩张，实现收入来源的多元化。

㊀ 张玉利，李乾文．双元型组织研究评介 [J]. 外国经济与管理，2006，28（1）：1-8.

㊁ 王亮．双元组织：媒体转型过程中的组织创新 [J]. 青年记者，2023，83（9）：12-14.

（二）设立独立组织探索新业务

为有效探索和发展新业务，企业可以设立独立的组织或团队，专注于第二曲线的创新和实施，避免受现有业务惯性和资源竞争的影响。首先，设立专门的创新部门或子公司，赋予其独立运作的权限和资源支持，以致力于新业务的探索和开发。其次，采用灵活的管理机制和创新流程，以应对市场需求和技术进步的变化，通过敏捷开发和快速迭代加速新业务的验证和落地。最后，鼓励员工的内部创业精神，设立创新基金和内部孵化器，支持员工提出和实施新业务创意，为他们提供必要的资源和平台，推动创新项目在独立组织内快速成长。这些综合措施有助于企业在第二曲线方面取得持续的创新和发展，确保新业务成功推广并提升市场竞争力。

华为采用设立独立组织的方式来降低新业务与传统业务之间的摩擦。例如，曾成立荣耀（Honor）子品牌，专注于年轻消费者市场，以及设立汽车云服务、智能汽车解决方案 BU（Business Unit）等部门。这些独立单元有自主的决策权和资源，能够在不受主业务影响的情况下快速响应市场变化。此外，华为通过内部创业机制鼓励员工创新，为有潜力的项目提供资金和资源支持，如华为的“天才少年”计划，旨在吸引顶尖人才加入并孵化创新项目。

（三）数字化系统支撑业务协同

数字化系统是支持二元组织协同运作的重要工具，通过数字化平台实现新旧业务的高效协同和资源共享，从而提升企业整体运营效率和创新能力。通过构建统一的数据平台，实现新旧业务的数据共享和协同分析，同时引入先进的数字化工具和系统，如 ERP、CRM、PLM（产品生命周期管理）等，提升业务流程的自动化和智能化水平，增强新旧业务的协同效果。利用云计算平台实现业务系统的弹性扩展和高效运作，支持新业务的快速试错和迭代，满足其不同发展阶段的资源需求。

华为深刻认识到组织变革对数字创新和提升内部效率和创新能力的重要性，因此投入大量资源构建统一的数字化系统。其中，集成供应链（Integrated Supply Chain，ISC）系统不仅优化了内部流程，还实现了与供应商和客户的高效协同。此外，华为还利用大数据、人工智能等先进技术，提升了决策的精准度和业务预测能力。借助云计算技术，华为能够快速部署和测试新业务，降低创新成本，加快产品和服务的迭代速度。

二、提升组织资源可扩展性

进入数字时代，企业关键资源的属性之一是可扩展性，即企业在某项核心活动中的资源束会随着业务增长而增值，并可被更大规模、多样化的业务共享。由于数据资源的可扩展性更高且能够以较低成本为不同业务提供支持，因此数据资源具有规模经济的特征。相较之下，传统在位企业依赖实体资源，如人力、生产设备、原材料等，这类资源可扩展性有限，难以被多个业务共享，导致企业面向利基市场开发新业务时难以高效响应。因此，如何提升实体资源的可扩展性成为在位企业所面临的重要课题㊀。

作为服装制造业的领军企业的汉帛国际集团（简称汉帛），在直播电商和网红经济浪潮中，面对小批量定制市场的新趋势，与传统企业独立建设定制工厂不同，汉帛选择数字化改造之路，以提升资源的可扩展性，并应对市场的颠覆式创新。汉帛的数字化策略首先体现在资源微粒化上，通过对员工技能、机器设备和物料属性进行细致的标签化处理，实现资源的量化分析和跨场景共用。先进的数字工具嵌入可以实时采集数据资源并将其可视化，提高了资源管理透明度，并为资源的灵活捆绑和智能调配提供可能。这种智能化生产模式，让汉帛实现了资源的模块化调用和配置智能更新，例如，汉帛可以根据订单需求自动匹配生产流程，大幅提升了生产效率和灵活性。汉帛通过这一系列举措，不仅展示了数字技术在提升资源可扩展性方面的潜力，还为传统企业在数字创新过程中如何进行组织变革提供了宝贵的经验。

（一）资源标签构建

资源标签构建是指通过建立清晰的资源分类体系，详细区分人员、设备、技术和数据等各类资源，并运用标签技术标注资源属性、状态和可用性等关键细节。资源标签构建旨在对内外部资源进行精细分类和标识，以便有效辨识、管控和调度。搭建统一的资源管理平台至关重要，集中展示标记资源，提供资源搜索、数据分析和状态监测功能，可以让管理者和用户快速了解资源状况并进行调配。企业应保证资源标签和信息实时更新，借助自动化工具和数据采集技术动态追踪资源变动，以确保资源信息的准确性和时效性。构建资源标签有助于企业优化资源配置，提高整体运营效率。

汉帛通过资源微粒化将员工、机器和原材料等生产要素进行精细化标签分类，借助数字工具采集实时数据，实现资源可视化管理和跨场景共用，从而解决了大规模生产模式下资源调配灵活性不足的问题。通过资源模块化调用和智能更新配置，汉帛实现了快速响应和定制化生产，使其能够同时满足大批量和小批量的订单需求，避免资源浪费，提高了生产效率和市场竞争力。

（二）数字工具嵌入

数字工具嵌入意味着将数字技术深度融入组织运作流程和资源配置体系，旨在提升组织资源配置效能和协同能力。通过部署企业资源计划（ERP）、客户关系管理（CRM）和产品生命周期管理（PLM）等数字化平台，组织能够实现内部流程与资源管理的数字

㊀ 王节祥，龚奕潼，陈威如，等．在位企业如何利用数字技术应对颠覆式创新：资源可扩展性的视角 [J]. 南开管理评论，2024（9）：40-52.

化，从而优化信息流转与资源配置效率。人工智能（AI）、物联网（IoT）和大数据分析技术等的应用，能够进一步驱动组织资源的精细化管理和效能提升。这些技术的嵌入不仅提高了组织内部的决策质量，还显著提升了组织对变化的响应速度。此外，移动应用的开发赋予了组织成员实时获取信息和处理事务的能力，极大地提升了工作方式的灵活性，并强化了跨地域的团队协作，使得成员无论身处何地都能高效参与组织运作。通过这些举措，组织得以构建一个高度数字化和智能化的管理体系，最终实现资源的高效协同与组织运作流程的顺畅贯通。

汉帛将数字工具融入三大生产要素来提升效率。首先，员工能力标签被整合进生产管理系统，通过登录个人账号，即可接收待办事项通知。其次，车间管理者可实时查看员工操作数据，监控生产状态，例如，汉帛在缝纫机上安装传感器，以较低成本获取设备实时运行信息，包括是否空闲及工序进度。最后，通过将 RFID 技术应用于面辅料管理，确保每批入库材料信息的可追溯性，包括入库材料规格和生产流程操作记录，从而优化了资源管理，提高了材料使用的透明度和效率。

（三）资源可灵活调用

资源可灵活调用使企业能够迅速响应市场变化，调整并优化资源使用。实施资源池化策略，可以将内部和外部资源汇集到统一资源库，打破部门与地域限制，促进资源集中管理与共享。按需分配机制确保资源能够依据业务需求和优先级进行动态调配，智能调度系统自动匹配资源与任务，保障分配的高效性和合理性。云计算和虚拟化技术的应用能够进一步增强资源弹性扩展，使企业能够根据业务波动快速调整配置，保障业务运转的灵活性与稳定性。

汉帛采取了三项关键措施以提升灵活性：重构资源链接、流程模块化和资源按需自动调用。首先，通过借鉴资深员工经验，将生产流程细化为多个环节，将隐性知识转化为系统规则，引入订单管家角色，实现全流程系统化管理。其次，实施流程模块化，采用预设版型公式加速生产，利用吊挂系统灵活组合工艺环节，提高流程适应性。最后，通过数字化系统实现资源自动匹配，订单信息直接连接所需资源和生产流程，确保高效执行生产任务。

三、培养双栖人才

双栖人才即具备两种及以上专业领域知识、技能或经验的人才。这些人才通常能够在不同的领域或行业之间自如穿梭，跨越传统职业边界，为组织带来创新和价值。在快速变化的经济和科技环境下，双栖人才越来越有助于促进跨学科合作、创新和组织发展。培养双栖创新人才，即构建集技术专长与管理、市场洞察于一体的复合型人才库，是企业战略发展的重要一环。该过程需要系统规划与实施，以在组织内部培育精通核心技术、具备跨界视野与实践能力的双栖精英团队。

作为全球领先的科技公司之一，谷歌深刻认识到培养双栖人才对于推动创新和保持竞争优势的重要性。为此，谷歌采取了一系列创新措施，旨在打造一支既精通技术又具备管理、市场洞察力的复合型人才队伍。例如，通过多层次的培训项目，提升员工的跨领域能力，使其在技术、管理、市场分析和战略规划等方面展现出卓越才能。公司还鼓励员工参与跨部门合作项目，以增强其综合素质和拓宽其全局视野。此外，谷歌还设立了专门的领导力发展计划，为有潜力的员工提供指导和支持，帮助他们成长为全面发展的行业领袖。

（一）跨界数字创新人才教育与培训体系

跨领域教育培训是夯实人才成长基础的关键途径。企业需要设计综合课程，覆盖专业技术、管理学、市场营销等领域知识，培养员工的跨学科思维模式，还要引入行业领袖与学术界权威，结合线上线下教育资源，为员工提供深入学习的机会，打造双栖能力基础。通过项目学习和实践，搭建理论与实践之间的桥梁，鼓励员工参与跨部门合作项目，如产品创新、市场策略开发等，深化实战经验，促进创新思维与实践能力的双向融合。该举措不仅有助于增强团队协作能力，还能提升企业的市场敏感性与技术创新能力。

谷歌深知员工持续学习和掌握新技术的重要性，因此提供了丰富的教育和培训资源以支持员工的职业发展。公司内部的“Google 教育”平台便是一个典型例子，它为员工提供了一个参与丰富的在线课程和研讨会的平台，内容覆盖了编程、数据分析、产品设计、商业策略等多个关键领域。此外，谷歌还鼓励员工参加外部培训和行业会议，有时还会提供财务支持。这种跨界的教育培训策略不仅能够帮助员工拓展宽视野、获取跨学科的知识和技能，还能提升其在快速变化的工作环境中的适应能力和创新能力。

（二）数字赋能轮岗制度

轮岗有助于员工发掘新的职业兴趣和潜力，同时为公司的持续发展注入活力。轮岗制度打破了职能壁垒，员工可以跨部门或跨岗位进行轮岗，通过接触不同的工作内容和团队环境，不仅能够拓宽视野，增强自身的综合能力，同时也能够激发创新思维和提高解决问题能力。企业通过建立数字化平台，可以有效地管理轮岗流程，包括岗位匹配、员工培训、绩效评估等，确保轮岗过程的透明性和公正性。此外，数字化工具还能帮助员工快速适应新岗位，通过在线学习资源和即时通信工具，员工可以迅速获得所需的知识和支持。这种制度的实施，有助于构建一个更加灵活和反应迅速的组织结构，使企业能够更好地应对市场变化和业务需求。

谷歌通过实施灵活的轮岗制度，即所谓的“技术阶梯”，为技术人员提供了多元化的职业发展机会。该制度允许员工自由转换项目、团队或部门，获得新的工作经验，与不同背景的同事合作，从而激发跨领域思维和创新。

（三）数字化激励机制的创新与优化

构建有效的激励机制，通过正面反馈激发员工的创新潜能，是推动组织创新和个人成长的关键。通过设立创新奖金、股权激励等物质奖励，以及表彰、职位晋升等非物质激励肯定员工的创新行为，有助于鼓励员工勇于探索未知领域。奖励机制能够强化创新与个人成就之间的正向关联，激发内在动力。创新实验室与孵化器为员工提供了孵化创新想法的平台，有助于组织与外部资源有效对接，并降低了创新风险，推进创新成果转化。

谷歌采用多元激励机制来奖励员工的贡献和创新，包括具有竞争力的薪酬、奖金、股票期权等。除传统的绩效奖金外，谷歌还特别设立了“创始人奖”等特殊奖励计划，表彰对公司产生重大影响的项目创始人。谷歌的激励机制强调团队合作和跨部门协作的重要性，鼓励员工在不同领域和团队中发挥积极作用。

本章小结

为适应数字时代，支撑企业数字创新的组织变革逐渐呈现出新特征，包括要素微粒化、能力模块化、关系平台化和结构柔性化。这些特征促使企业变得更加灵活、协同、开放，并且能够迅速适应外部环境。

组织变革是组织适应外部环境变化、提升竞争力和创新能力的重要过程，但数字创新带来的组织变革既为企业提供了新机遇，又存在如愿景不明确、执行困难、信息孤岛、地域障碍、技能缺口以及人才吸引与保留等多重挑战，这些挑战要求企业在组织结构、流程和战略上进行根本性调整，以实现数字化转型和可持续发展。

数字创新组织变革通过危机驱动型变革、渐进累积型变革、局部改良式变革以及整体重构式变革等不同模式，强化了企业在快速变化市场中的竞争力和适应性。企业通过确立数字化愿景、优化组织结构、建立数据管理系统、采用敏捷开发流程以及推动校企协同培养人才等路径，促进了数字化转型的深入实施，为企业在不确定商业环境中的持续发展和达到行业领先水平提供了支撑。

数字创新组织变革的绩效提升策略包括：构建二元敏捷组织以平衡创新与效率，通过确立二元目标、增强结构灵活性和持续迭代优化来实现；提升组织资源的可扩展性，建立弹性人力资源体系，深化知识管理，并促进物理资源与数字技术的融合；培养双栖人才，即培养具备跨领域专业技能和视野的复合型人才，通过跨界教育、轮岗实践和创新激励机制，为企业创新和发展提供持续动力。

即测即评

一、不定项选择题（从以下四个选项中选择合适的答案）

1. 下列哪一项不是数字创新组织的特征之一？（　　）

A. 要素微粒化　B. 传统等级制强化　C. 关系平台化　D. 能力模块化

2. 在数字创新组织变革中，以下哪项是面临的挑战？(　　)
   A. 愿景模糊　　B. 技能缺口增大
   C. 存在大量信息孤岛现象　　D. 地域障碍严重
3. 支撑数字创新组织变革的典型模式有哪些？(　　)
   A. 危机驱动型变革　　B. 渐进累积型变革
   C. 局部改良式变革　　D. 整体重构式变革
4. 下列哪项不是数字创新组织变革的基本路径？(　　)
   A. 确立数字化愿景　　B. 保留传统的组织结构
   C. 建立数据管理系统　　D. 推动校企协同培养人才
5. 关于数字创新组织变革的绩效提升策略，以下哪个说法是错误的？(　　)
   A. 确立二元目标来平衡创新与效率　　B. 减少结构灵活性以应对市场变化
   C. 建立弹性组织资源　　D. 持续迭代优化以改进策略

二、简答题

1. 请简述什么是数字创新组织以及数字创新组织具有哪些特征。

2. 请分析数字创新组织变革中面临的挑战以及应对的方法。

3. 请描述支撑数字创新组织变革的四种典型模式，并讨论它们如何强化企业在市场中的竞争力和适应性。

4. 企业进行数字创新变革的路径有哪些？如何通过这些路径来提升企业的行业竞争力？

5. 请联系实际谈谈，除了文中所提及的企业案例外，你熟知的一个企业是如何提升组织变革的绩效的。

讨论案例

美特好：一家传统超市推进数字化转型的组织变革之旅

随着互联网经济的蓬勃兴起，数字化浪潮席卷全球，深刻重塑着人们的生活与工作方式，对传统零售业构成了前所未有的挑战。美特好超市（简称美特好），作为中国零售行业的翘楚，其发展历程与时代脉动紧密相连，既创造了辉煌的业绩，也曾在电商平台的迅猛崛起面前遭遇业绩滑坡的严峻考验。2013年，互联网冲击波袭来，美特好门店收益骤降，警示企业必须迎难而上，探索转型之路。2014 年，美特好与 1 号店合作，试水 O2O 模式，希冀通过线上展示与线下服务的融合提振销售。然而，用户黏性不足与高额补贴的难以为继，让此次尝试未能收获预期成果。这次失败让美特好意识到依赖外部平台并非长久之计，必须自主探索新零售模式。美特好董事长储德群决心引入具有互联网背景的新人才，秉持“敢为天下先”的精神，自主探索适合区域实体店的新零售道路，开启了美特好超市数字化转型的新篇章。

孵化全球蛙新事业

在 2015 年的一次培训课程中，美特好董事长储德群遇见了互联网资深创业者原冰，两人一拍即合，决心共同推动美特好的数字化转型。尽管内部对电商之路存疑，储德群仍以创业精神和变革的紧迫性说服团队，坚信不转型将失去新一代消费者，面临被市场淘汰的危机。储德群和原冰联手创立了山西全球蛙电子商务公司（简称全球蛙），储德群担任董事长，原冰任 CEO。在美特好创立全球蛙电子商务公司之初，储德群和原冰在公司未来业务方向上产生了分歧：原冰倾向于探索跨境电商和 C2M 模式，而储德群则坚持专注于帮助美特好商超业务实现数字化转型。经过一番争论，储德群最终决定让步，适度放权，让原冰去尝试和探索。

2016 年，全球蛙在储德群的资金支持下，与多家品牌制造商签订了战略合作协议，并成为太原市武宿综合保税区的跨境贸易电子商务平台的首批入驻者之一。然而，这一举措并未显著提升商超业绩。2017 年，全球蛙尝试了母婴用品零售商场的数字化转型并进军宠物新零售领域，结果也不尽如人意。面对挑战，原冰和储德群深入分析，决定回归商超业务的数字化转型。全球蛙团队深入一线，通过观察、试验、复盘和迭代，推出了全球蛙 app，聚焦“人”“货”“场”的数字化——用户数字化构建会员体系，导购数字化提升销售体验，商品数字化优化库存管理，门店数字化提升顾客和员工效率。全球蛙的数字化系统不断迭代，逐步构建起线上线下融合的数字化零售体系，实现了业绩增长。

孵化十大特种兵

随着全球蛙业务的逐步稳定，储德群认识到要保持竞争力，公司还需要更深层次的变革，由此提出了建立九大“特种兵”（控股子公司）的想法：除了全球蛙外，美特好还要孵化九大子公司，其中七大子公司分别负责做超市的一个产品品类，例如酒类、化妆品类等，另外两大子公司一个为生鲜供应链公司、一个为美特好超市本身（前端店铺运营）。九大子公司分别由美特好原来的部门主管掌管。

2020 年初，美特好下放高管，让他们进行自主创业。美特好也因此由原来的一个超市公司额外增加了优鲜多歌（供应链公司）、美都汇（都市新生活体验中心）、ALLIN 酒晤（专业酒类销售公司）、可熨帖了（烘焙公司）、美记包子（早餐连锁店）、美食市集（餐饮连锁 + 社区食堂）、有间茶舍（茶空间）、美宝公司（百货类业务）、TYC 美妆（化妆品类业务）九个子公司。这些子公司在储德群的鼓励下，开始独立成长，各自探索适合自身业务的经营之道。高管们通过学习、谈生意、研究销售逻辑等方式，推动了公司业绩的增长，并为美特好建立了强大的产品竞争力。

优鲜多歌快速发展

此外，储德群还特别重视供应链的建设，特别是在参加了中国连锁经营协会的交流会后，他意识到建立生鲜冷链配送体系的重要性。面对渠道的碎片化和电商的冲击，储德群认为构建产品力和优化供应链是打造竞争优势的关键。优鲜多歌供应链公司便应运而生，成为"特种兵"的一员，原先的农产品采购总监贾永光被任命为优鲜多歌副总裁。当得知自己的女儿对优鲜多歌公司颇有兴趣时，储德群便邀请她加入。2022 年，储德群的女儿储思瑶加入优鲜多歌，担任公司的董事长。此举让优鲜多歌的高管倍感骄傲，因为这在某种程度上可以看出储德群对优鲜多歌的重视。贾永光也坦言，被调往优鲜多歌对他个人的发展和未来规划具有重大推进作用。在公司未来的规划方面，他们打算打造属于自己的核心竞争力，让优鲜多歌不仅成为美特好的一个供应链公司，还要成为整个山西省乃至全国最大的供应链公司。

资料来源：王节祥，张烨，邹凯羽．创新变革：美特好超市的数字化转型之路 [Z]. 中国案例共享中心，2023.

【讨论题】

1. 美特好超市在数字创新过程中，从孵化全球蛙到建立"特种兵"体系，经历了怎样的组织结构调整？
2. 在数字创新进程中，美特好超市是通过哪种组织变革模式推动的变革？
3. 美特好超市在探索数字创新的过程中，实施了哪些业务模式上的创新？请基于"人""货""场"的数字化和优鲜多歌供应链公司的发展，讨论这些创新如何帮助企业在数字创新中构建新的竞争优势并实现业务增长。

第十章
CHAPTER 10

支撑数字创新的文化变革

§ 学习目标

- 从数字创新企业的文化实例出发，理解和提炼支撑数字创新的文化特征，并掌握支撑数字创新的文化内涵和结构。
- 理解数字创新过程中文化重塑的内涵和挑战，了解数字创新文化重塑的三大方向，掌握企业重塑数字创新文化的基本路径。
- 了解企业实践中加快数字创新文化变革的举措及具体的案例实践做法。

§ 引例

华为的启示：数字创新从重塑企业文化开始

2017 年，华为提出新愿景，“把数字世界带入每个人、每个家庭、每个组织，构建万物互联的智能世界”[㊀]，并提出数字创新目标：对内，各业务领域实现数字化、服务化，打通跨领域的信息断点，达到领先于行业的运营效率；对外，实现与客户做生意更简单、更高效、更安全，提升客户满意度。这种数字创新理念，在早期就已根植于华为企业文化、企业管理之中。

自我批判是塑造数字文化的基础

在数字化时代，社会各个领域都在经历着快速而激烈的变革，只有那些能够保

㊀ 搜狐网 . 任正非再定调华为愿景：构建万物互联的智能世界 [EB/OL].（2017-12-28）[2024-06-01]. https://www.sohu.com/a/213277341_234937.

持危机感的企业才能更好地生存下去。这种警醒、反思和改进的态度，被华为称为“自我批判”，也是华为最重要的核心价值观之一。华为将自我批判视为能拯救公司的至关重要的行为，它也能为数字创新提供管理、改进的土壤和环境。

2011 年初，一篇长达 2.8 万字的稿件《我们还是以客户为中心吗？！——马电 CEO 投诉始末》㊀，如同一盆冷水，狠狠地泼在所有华为人的头顶，使其从业绩增长的欢欣中逐渐冷静下来。这是一封马来西亚电信 CEO 发给华为时任董事长孙亚芳的投诉邮件，抨击称“华为的表现并没有达到我对于一个国际大公司专业标准的期望……”面对这样的负面事件，任正非选择将其公开刊发在代表华为正能量的《华为人》报上，这意味着全球所有客户、竞争对手、员工乃至员工家属等都能看到，华为将不好的一面毫不掩饰地展示在了众人面前。

由此，华为高层发起了一场名为“我们还是以客户为中心的吗？”的自我批判运动，围绕“以客户为中心在我们的脑子里是否真的扎下了根？”“我们能做到真诚地倾听客户需求，认真体会客户感知吗？”“我们曾经引以为豪的方法、流程、工具、组织架构在新需求下变得如此苍白无力，未来的竞争中我们还能帮助客户实现其价值吗？”等主题展开全面讨论和深刻检讨。任正非选择将检讨结果全部公开，这助力了华为后续围绕客户体验的创新变革。

变革意识是数字创新中的文化保障

通过自我批判，企业可以发现问题、洞察变化并意识到自身不足；是否有强烈的求变意愿和决心，将决定其能否找到解决问题的方法、提升自身能力，以及能否拥抱变化。

华为是一家善于寻找变革机遇、持续探寻“第二曲线”的企业。2020 年左右，尽管智能手机业务蒸蒸日上，华为却选择进军智能网联汽车、云计算和人工智能赛道。此举并非华为一时冲动或跟风，而是基于其长期以来对危机和变革的敏锐感知，以及经过深思熟虑后做出的转型延伸。华为早在 2013 年便开始布局车联网领域。在消费者业务迅速发展的同时，其实验室和技术研究机构已着手进行智能汽车领域的基础操作系统、自动化技术预研、芯片研发以及智能产品研究等方面的储备工作。因此，在外界看来，华为的业务转型比其他企业更具决心和成熟度，这背后是众多能力积累和勇于创新的变革文化在发挥作用。

尊重流程、尊重数据的管理文化是数字创新扎根和生长的土壤

企业若要实现数字创新，至少要经历以下两个重要转变。

第一，建立基于流程管理、流程授权和流程调配资源的管理模式。华为作为全

㊀ 蓝血研究 . 我们还是以客户为中心吗？！——马电 CEO 投诉始末 [EB/OL].（2017-05-03）[2024-06-01]. https://mp.weixin.qq.com/s/iX7l8B_k9CJ8UiX1B6mEcg.

流程管理的企业，所有业务都基于流程运作，并纳入17个一级流程管道。华为提出的“一线呼唤炮火”，指的就是通过流程调配后端资源，而非依赖复杂的科层式组织。对于违反流程且造成重大损失的流程Owner（一般指公司体系级的大领导），将全面追责，并对其所负责的责任链反思和整改。

第二，打造尊重数据、重视数据、运用数据的文化。尽管华为是一家非数字原生企业，但在数据管理领域已持续投入十多年，是数据驱动创新的典型代表。华为经历了两个数据管理阶段，第一阶段（2007—2016年），华为设立了专业数据管理组织，建立数据管理框架并任命数据负责人，通过统一信息架构与标准，初步实现业务数字化、标准化。随着我国互联网产业和数字技术的突飞猛进，华为于2017年迈入第二阶段。在这一阶段，华为建设数据底座，整合全域数据并实现连接，通过数据服务、数据地图、数据安全等手段，实现了数据共享和安全透明的目标。

在华为的实践中，以流程和数据文化为指导，改变了传统的管理思路和模式，逐渐形成用流程和数据进行决策、管理和创新的文化。

资料来源：根据网络资料整理。

第一节 支撑数字创新的文化特征与内涵

文化是影响数字创新管理的重要因素。尽管每个企业都有自己独特的文化，但能够在数字创新中脱颖而出的企业总有一些共同的文化特征，如数字思维、敏捷灵活等，这些共性元素构成“数字创新文化”。

数字创新的文化特征

一、支撑数字创新的文化特征

（一）数字创新企业的文化实例

麦肯锡曾经就“企业数字创新的障碍”做过一个调查，结果显示，在所有障碍中，企业文化缺陷位列第一，而非人们意料中的数字技术投资不足、人才匮乏、缺乏高层支持等因素。那么，支撑数字创新究竟需要什么样的文化氛围？数字创新文化有什么特征？我们不妨先来看看，实践中数字创新领域领先企业的文化实例。

微软。在PC互联网时代，微软作为一家软件公司，主要向企业提供软件服务。微软的各个部门独立运作，通过让员工相互竞争来评定绩效，导致各部门各自为政，形成内部竞争激烈的企业文化。然而，随着市场对云计算领域需求量的增加、用户需求的多元化，这意味着各部门必须合作，共同向客户提供综合性服务。因此，CEO萨提亚·纳德拉致力于重新在公司内部重建共识，将团队的成功作为评判标准，激励员工之间相互协作，从而显著改善了微软的企业文化，成功帮助微软在数字时代继续在行业内占据重要地位。

小米。小米一直专注于数字技术研究，通过云平台、大数据和人工智能等技术，不仅实现了新零售商业模式，还支撑起小米数字化企业运营的服务体系。通过多年的数字化建设，小米总结出数字文化的三个方向：敏捷、数字驱动和开放。其中，在敏捷方面，小米整合全球资源，以能力和资源的云化实现企业服务的敏捷部署，让新零售体验和科技服务能快速触达“米粉”，让用户享受到数字科技带来的智慧家居服务。

海尔。海尔创始人张瑞敏曾发表“人单合一 2.0：为创建‘共创共赢’生态圈模式进行的探索及实践”演讲，在员工与用户之外，将利益相关者纳入人单合一的体系之中，主张创建共创共赢的生态圈。“人单合一、互利共赢”的利益观吸引了无数外部资源和利益相关方来到海尔平台协同创业。

美的。美的在数字创新过程中十分注重培育数据文化，并采取了一系列具体的措施：第一，传播数据价值，力求用一张图让受众读懂；第二，统一数据口径和业务指标；第三，事业部间运营指标进行多维度对标，树立竞争意识；第四，数据实现多屏展示，包括手机、计算机、CEO 大屏[㊀]等多种渠道；第五，从利用大数据发现问题，到利用大数据驱动业务优化，实现完整闭环。

贝壳找房。贝壳找房在创始人左晖先生和现有高管的持续推动下，通过强有力的制度建设，将“客户至上，诚实可信，合作共赢，拼搏进取”的价值观，深深地融入经纪人的血液中，体现在每时每刻的行为上，不仅使客户有“更美好的居住体验”，还使房产中介行业成为“有尊严的服务者”。

GE 公司。GE 公司在推进数字创新过程中要求新入职员工都要学习编程，其目的并非要每个人都成为能写软件的程序员，而是认为编程作为数字化未来的“可能性的艺术”，每个员工都必须理解。此外，GE 公司要求集团财务人员学习并熟练运用为产品和客户部门创设的精益工作方法。

（二）数字创新企业的文化特征

事实上，就像没有通用的数字化战略规划一样，支撑数字创新的文化特征也缺乏统一标准，不可一概而论。然而，通过对众多数字创新案例的研究，我们发现支持企业数字创新的文化特征通常包含以下五个关键点：客户导向、数字思维、创新变革、敏捷容错、利他共赢。

客户导向。在数字时代，以客户 / 用户为中心的服务主导逻辑是企业成功的首要法

㊀ CEO 大屏通常指为 CEO 提供关键信息的大屏幕及其他类似的可视化设备。

则。成功的数字创新企业强调深度挖掘用户需求，创新生产和服务方式，优化业务流程，提升用户体验，与用户共生共荣。例如，贝壳找房以“客户至上，诚实可信，合作共赢，拼搏进取”为核心价值观，为其他数字创新企业提供了基于业务产品价值观运营的新视角。

数字思维。数据是数字创新的核心，企业需要用数据思考、沟通、管理，用数据决策，用数据提升业务能力，从而形成科学决策的企业文化，这也是每一个数字创新企业必须努力培养起来的新型文化。例如，以美的为代表的数字创新企业重视数据的作用，能够从数据中挖掘价值，优化决策和企业流程，并提高效率。

创新变革。创新才拥有未来，企业对此已有广泛共识。创新的成功需要组织变革的支撑，通过不断复盘与反思促进变革，才能实现可持续生存。是否具备自我颠覆的勇气，往往决定了企业能否穿越周期成长，从优秀发展为卓越。例如，小米一直以坚持创新为核心，通过不断推进战略布局，成功从行业追随者转变为领跑者。

敏捷容错。有别于传统企业的等级森严、决策缓慢，数字创新企业在数字技术的支持下组织架构更扁平、决策更灵活且快速。数字创新企业更关注结果，要求员工以产品为导向，激活并授权员工，让听得见炮火的人拥有呼叫炮火的权力。例如，华为提出“一线呼唤炮火”，让员工更快、更好地响应客户需求，激发其解决问题的能力和创造力。不过，在敏捷迅速的同时，错误也就难以避免。企业管理层接纳并包容错误，是敏捷创新的重要保障，对失败或犯错的负激励，如扣奖金或停职等，将会阻挠企业数字创新。

利他共赢。“利他”强调的是他人的利益，提倡为了增进他人的福利而牺牲自我利益的奉献精神；“共赢”是指在多元关系中，在相互信任的基础上，换位思考，相互理解和支持，使得多方利益分配趋于合理化，需求最大化得到满足，形成相互依存的伙伴关系。例如，海尔的“人单合一”思想，将企业、员工、用户等利益相关者纳入商业生态系统，推动企业经营活动持续动态升级，实现了企业、员工、顾客的互利共赢。

二、支撑数字创新的文化内涵

（一）数字创新文化的内涵

企业文化的概念最初由埃德加·沙因[㊀]（Edgar H. Schein）提出，他认为，企业文化是一个群体在解决外部适应问题以及内部整合问题过程中形成的，一套被大多数成员认同且可以被用来教育新成员的价值体系，包括共同意识、价值观念、职业道德、行为规范和准则等诸多方面。企业文化是企业的灵魂和核心竞争力，可以激发员工的潜力和创

㊀ SCHEIN E H. The corporate culture survival guide[M]. San Francisco：Jossey-bass Publishers，2009.

造力，推动企业不断创新和发展。

企业进行数字创新，不仅需要提升数字技术能力，更迫切地需要建立数字创新文化，使数字化融入企业的DNA。数字创新文化是指企业为了适应数字创新的新需求和新挑战，所建立的一种基于数字技术、数字内容和数字思维的新型企业文化。

具体而言，数字创新文化是以数字思维为核心，以客户导向、创新变革、敏捷容错、利他共赢为支撑的新型文化体系。企业通过塑造数字创新文化，可以改变员工的认知、思维模式和行为习惯，更容易推动数字创新的实施。

（二）数字创新文化的结构

按照“企业文化层次[⊖]”的分析，文化包括精神层、制度层、行为层、物质层，如图10-1所示。其中，精神文化是企业文化的核心和灵魂，是统领和决定其他维度的主要因素，制度文化、行为文化、物质文化则是企业精神文化的具象体现。了解一个企业的文化，如同了解一个人，可以分为四个层次进行：首先看他的外貌形象（企业文化物质层），然后观察其言行举止（企业文化行为层），随后深入了解他的为人处世（企业文化制度层），最后再探究其精神世界（企业文化精神层）。

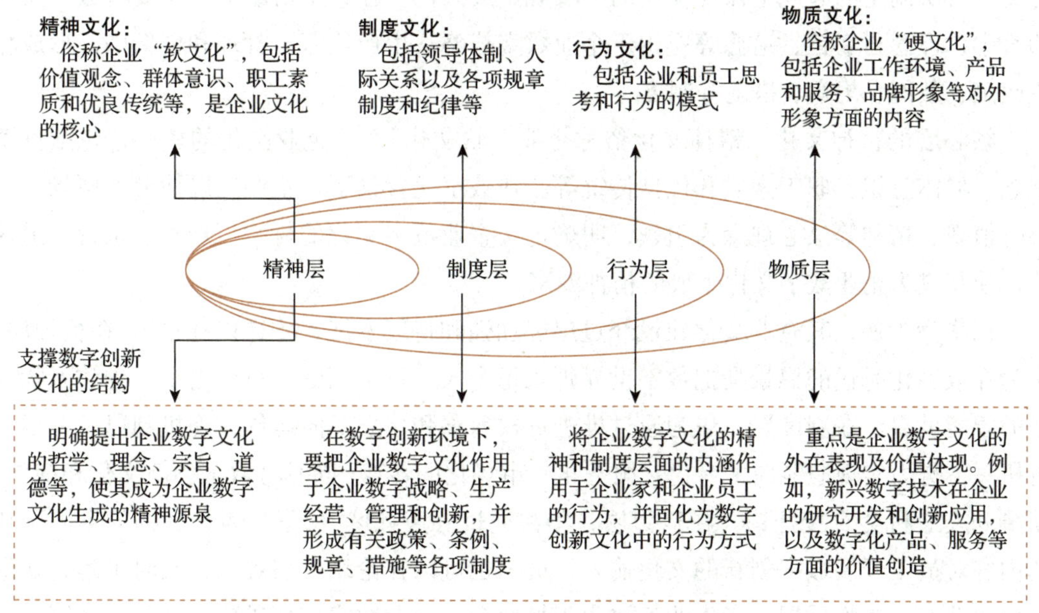

图10-1 企业文化四层次结构理论

数字创新文化的结构与传统企业文化的结构相似，均由从内至外的精神层、制度层、行为层、物质层构成，但在具体表现上存在一定差异。

⊖ 刘光明. 企业文化[M]. 5版. 北京：经济管理出版社，2006.

表层的物质文化。物质文化俗称企业“硬文化”，是企业创造的产品和各种物质设施等构成的器物文化，是以物质形态为主要研究对象的表层企业文化，主要包括：一是企业生产的产品和提供的服务，它是企业物质文化的首要内容；二是企业的工作环境和生活环境，包括企业创造的生产环境、办公建筑以及广告、产品包装与设计等。在数字情境下，重点是企业数字文化精神、制度、行为层面的内涵作用在物质层面的外在表现及价值体现，包括大数据、云计算、物联网、区块链、人工智能等数字技术在企业的研究和创新应用，以及数字产品和服务等方面的价值创造。

浅层的行为文化。行为文化是指企业员工在生产经营、学习娱乐中产生的活动文化，包括企业经营、教育宣传、人际关系活动、文娱体育活动中的文化现象。行为文化是企业经营作风、精神面貌、人际关系的动态体现。在数字背景下，需要将企业数字文化的精神和制度层面的内涵作用于企业家和企业员工的行为，并固化为数字创新文化中的行为方式。

中间层的制度文化。制度文化主要包括企业领导体制、企业组织机构和企业管理制度三个方面。企业领导体制是企业生产发展的必然结果，也是文化进步的产物。企业组织机构是企业文化的载体，包括正式组织和非正式组织。企业管理制度是企业在生产经营管理时所制定的起规范保证作用的各项规定或条例。在数字情境下，需要将数字文化的哲学、理念、宗旨、道德等应用于企业数字战略、生产经营、管理和创新中，形成相关政策、条例、规章、措施等制度。

核心层的精神文化。精神文化俗称企业“软文化”，是企业文化的核心，包括价值观念、群体意识、职工素质和优良传统等。在数字化背景下，企业应以使命、愿景、核心价值观、精神等核心理念为引领，明确定义企业数字文化的哲学、理念、宗旨、道德等，使其成为企业数字文化生成的精神源泉。

以华为为例，其企业文化建设经过层层加强和持续发展，才得以扎根[⊖]。在精神层，华为在数字化时代的愿景是把数字世界带入每个人、每个家庭、每个组织，构建万物互联的智能世界。在制度层，华为通过推进责权前移和建立反向运作梳理机制以及一线评价机关，努力实现职能向平台化、服务化、市场化的转变；同时将数字创新文化和绩效、薪酬和发展机会直接挂钩。在行为层，华为通过心声社区、《华为人》刊物的不同版块的内容对员工开展数字创新的文化输入，员工也可以在论坛发表观点，及时了解企业最新价值动态。在物质层，华为业务致力于加速全球企业数字创新进程，强化云计算、企业园区、数据中心、物联网等创新产品和解决方案。华为数字创新文化的结构如图 10-2 所示。

⊖ 王旭东，孙科柳．企业文化落地：路径、方法与标杆实践 [M]. 北京：电子工业出版社，2020.

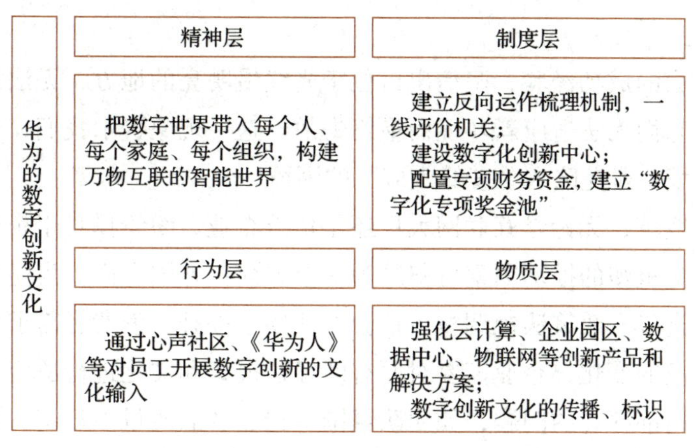

图 10-2　华为数字创新文化的结构

第二节　数字创新过程中的文化重塑

组织文化对战略实施至关重要，在数字时代，需要重塑数字创新文化来支持企业的数字创新战略㊀。然而，原先存在的强大文化往往对数字创新过程中的文化重塑构成挑战。

一、文化重塑的内涵与挑战

（一）文化重塑的内涵

文化重塑是通过引入新的文化元素、意义和理念，创新与改变企业文化的过程㊁。这一过程可能是企业适应环境变革的被动反应，也可能是主动应对变革的行为。文化重塑的表现通常体现在环境改善、制度调整、模范树立等方面，其结果则反映在员工行为、沟通效率、激励机制和企业数字创新成效等方面。

企业文化作为过去成功经验的总结，在企业中发挥作用有一定前提，即企业所处的内外部环境保持相对稳定。一旦内外部环境发生重大变化，企业文化所代表的过去的成功经验可能弱化、失效，甚至成为企业进一步发展的障碍。

美国密歇根大学教授卡尔·韦克曾经进行过“蜜蜂效应”实验。他把 6 只蜜蜂和 6 只苍蝇装进一个长筒形玻璃瓶中，然后将瓶子横放，瓶底对着亮光，瓶口朝着黑暗处。他打开瓶口，不一会儿，6 只苍蝇经过多方尝试——向上、向下、面光、背光，最终从瓶口“胜利逃亡”；而 6 只蜜蜂却因一直朝着有亮光的瓶底寻找出路，最后全部累死或

㊀ BUTT A，IMRAN F，HELO P，et al. Strategic design of culture for digital transformation[J]. Long range planning. 2024，57（2）：102415.

㊁ 陈同扬，贺文静，戚玉觉．文化重塑对国有企业战略转型的影响路径研究：基于管理赋能视角 [J]. 财会通讯，2022，45（6）：23-28.

饿死在瓶中。

蜜蜂基于过去的成功经验，坚信出口位于光线最明亮的地方，无法意识到环境已发生变化，这导致它们无法适应新环境而最终失败。这一现象警示我们，企业文化也需不断适应变化的环境，避免陷入“蜜蜂效应”的困境。

面对数字化变革，无论是互联网大厂还是传统企业，纷纷投身于企业文化重塑。总结来看，企业文化重塑的推动因素可归结为两个方面：外因方面，为应对全球化进程加快、技术颠覆性进步、政策法规调整、社会责任要求提升、消费者需求变化以及竞争对手发展等外部环境的变化，企业需要对原有的经营模式和文化进行适应性调整；内因方面，为应对企业内部存在的问题，如团队氛围不佳、产品质量不稳定、服务水平有待提高、管理效率低下等，以及满足吸引和留住优秀人才的需求，企业需要通过文化重塑来提升企业整体竞争力。

（二）文化重塑的挑战

数字创新文化变革的挑战

诺基亚曾连续 15 年占据手机行业销售冠军的位置，之后却从巅峰状态一路下滑。这样的百年巨头，最后为何失败呢？曾有两位学者通过对诺基亚董事会成员、高管、中层管理者和工程师的深度访谈，得出研究结论：“组织恐惧”是“杀死”诺基亚手机事业的元凶。

禁锢公司的恐惧来自两处。首先，源于诺基亚公司高层领导，主要来自前董事长兼首席执行官约玛·奥利拉（Jorma Ollila）。他把诺基亚从 20 世纪 90 年代初濒临绝境带到发展顶峰，也把公司文化带到了权威至上、领导说一不二的境地，使诺基亚整个组织逐渐形成了恐惧文化。其次，由于诺基亚的高任务和以业绩为中心的管理体制，高层管理者非常担心外部环境的变化以及不能实现他们的季度目标，这也影响了他们如何对待中层管理者。尽管他们认识到了自己的手机需要一个比当时的塞班系统更好的操作系统，用来和苹果 iOS 系统竞争，却害怕在当时公开承认塞班技不如人而被认为是“失败者”。

恐惧文化弥漫诺基亚各个层面，削弱组织活力和创新动力，让部门及成员之间互不信任，下属不敢向上反映公司问题和制定更高目标，因为一旦不能改进或完成目标就要被扫地出门。这些情况使诺基亚决策层变得短视，无法进行系统、深入的创新，进一步加剧了其在软件系统上的失败。最终，这一系列文化层面的错误导致了诺基亚的没落。

我们可以看出，文化重塑并非易事，往往面临诸多挑战。它需要改变所有人的行为和心态，影响组织的实践方式。在文化重塑项目初期，推动者常常充满热情，但随着项目的深入，各种阻力和困难逐渐显现，导致项目往往无法善终。从组织和人的层面来看，文化重塑通常遇到的挑战主要包括以下内容。

1. 组织层面

现有文化的阻力。现有企业文化往往具有一定的惯性，即稳定性。它是在特定的历史环境、经济活动和文化因素影响下逐渐形成的，具有企业特色的共同思想、作风习惯、价值观念和行为准则。一旦形成，便不容易发生改变。这种稳定性使现有的企业文化在面临变革时往往会成为阻力。

组织结构和业务流程的刚性。企业的组织结构和业务流程具有一定的刚性，它们一旦确立，便难以轻易调整。这种刚性不仅体现在组织结构的稳定性上，还体现在业务流程的固化上。此外，组织结构和业务流程的支持者也会形成一股合力，共同阻碍文化重塑的推进。

2. 人的层面

缺乏必要的变革思维。企业的领导层与员工普遍未能深刻认识到企业文化对企业发展的核心重要性，也未能洞察到企业文化变革的必要性和紧迫性，误认为企业文化是否变革对企业的发展影响甚微。因此，他们缺乏变革思维并未积极寻求变革，更未给予变革足够的支持。

员工固有的守旧心理。大多数员工习惯于沿用传统的思维方式思考、分析和解决问题，对熟悉的事物抱有深厚的情感。特别是在业绩良好的企业中，员工的创新意识往往更为薄弱。这一因素构成了企业变革的最大阻力，因为企业变革不只是企业领导者的任务，还需要全体员工的积极参与和共同努力。

抵触新利益分配机制。许多员工，包括部分管理层领导者，错误地将自己定位为企业的打工者，这种定位导致他们缺乏大局观念和责任感。他们常常担心在变革中失去原有职位或权力。因此，出于个人或小团体的利益的考虑，他们可能会对企业文化变革产生抵触情绪。

二、数字创新文化重塑的方向

数字创新文化重塑的方向主要体现在三个方面。首先，在数字创新的对象层面，文化重心从传统的企业本位主义，逐渐转移至以用户需求和体验为核心，凸显用户导向的价值观念；其次，在数字创新的主体方面，管理文化由过去侧重于执行与管控的管理方式，逐步变为鼓励并赋能员工自主创新的文化，旨在激发员工的创新潜能和积极性；最后，在数字创新的方式上，企业文化由原先其他企业之间的竞争对抗关系，转变为寻求合作共赢的共生型文化发展，促进了行业内的和谐共生与协同发展。

数字创新文化变革的方向和路径

（一）从企业本位型文化到用户本位型文化

在工业时代，客户通常被视为一个缺乏个体特征的笼统群体，其主要标识仅在于其购买行为。企业完成产品交付后，即视作交易完成。企业的核心目标聚焦于实现产品的标准化和生产的规模化，致力于通过降低生产成本来创造价格优势，进而吸引更广泛的消费群体。

而在数智时代，产品交付客户仅仅是构建长期关系的起点。例如，客户会对特定产品展现出高度兴趣，并主动为产品宣传，甚至引领周边人群的消费选择。客户角色发生了深刻转变，他们不再只是产品的接受者，而是积极参与到产品和服务的全生命周期的见证者，成为价值共创的关键角色。与此同时，数字创新企业不再局限于产品制造者的角色，由产品主导转变为服务主导，转型为整合和提供产业链整体价值的数字服务提供商。这种转变要求企业建立以“客户为本”为核心的企业文化，这有助于企业在竞争激烈的市场竞争中获取先发优势，还能在提升客户价值的同时，实现企业的自我成长和发展。

例如，借助数据分析和人工智能技术，企业可以更加深入地了解客户的需求和行为模式，从而提供更加个性化、智能化的服务。此外，数字技术还可以帮助企业提高服务质量和响应速度，进一步提升客户满意度和忠诚度。

（二）从执行管控型文化到赋能创新型文化

过去的企业推崇执行文化，即领导者发布指令，下属无条件服从和执行。同时，强调“金字塔”式的垂直结构架构，其显著特征在于官僚化、层级化。这种模式在特定历史阶段确实能提升效率和维持秩序。然而，一旦领导者决策失当，下属的盲目执行反而可能成为企业衰败的催化剂。在这种文化中，员工已经形成了被动执行的惯性思维，而非主动思考、独立判断。

在数智时代，具备创新精神的个体越发渴望摆脱组织的束缚，企业与个体的关系正经历着深刻变革，从传统的执行管控关系转向赋能创新关系。在构建数字创新文化中，不应仅将员工视为达成既定目标的机械工具，而应该认识到他们作为独立个体的目标和内在价值。传统的命令式管理逐渐失效，原有的官僚层级式组织架构也逐步被打破，取而代之的是更多新型架构，如由灵活敏捷的前台、共享中台与稳固的基础后台组成的“三台”架构，甚至越来越多的企业致力于打造数字平台，并以此为基础构建生态系统，促进资源的优化配置与共享，推动企业与个体共同成长与进步。

以海尔集团为例，其以独特的创客文化为核心，成功将拥有数万名员工的大型科层制组织转型为数百上千个高度自主化的“微经济体”，采用灵活机动的“小微”组织模式，引领海尔成长为充满活力的“创客簇群”企业。每个“微经济体”均享有充分的自主管理权和决策权，自主驱动创新和创业活动，实现全员参与、全员创新，共同推动海尔的持续发展和创新进步。

（三）从竞争型文化到共生型文化

在工业化时代，企业的战略实施高度依赖于其掌握的资源与能力，企业要通过一系列的努力获取资源、提升能力，进而塑造出独特的核心竞争力。因此，企业的核心价值在于满足顾客需求，而企业文化导向和经营策略的核心则聚焦于如何获得竞争优势，从而在竞争中立于不败之地。

步入数字时代，连接的重要性超越了单纯的拥有。数字技术使得更广泛的连接成为可能，企业越来越难以独立创造价值，需要摒弃传统的竞争对立思维，与更多组织、系统、更广泛的外部环境，构建共生关系并协同创造价值，从而找到新的成长空间和发展机遇。领先企业之所以能迅速发展、强劲增长，其关键在于共生的文化导向推动企业构建共生价值网络，实现共赢。

数字创新企业的“共生”文化主要分为三个维度[㊀]。①企业与企业共生。随着数字技术的飞速进步，万物互联已经成为现代社会的一种常态。众多企业纷纷摒弃了传统“单打独斗”的模式，转而采取“簇群作战”的协调策略。构建生态系统已成为企业创新发展、巩固竞争优势的关键途径。②企业与社会共生。众多企业已经由传统战胜竞争对手的“分蛋糕”思维，转而采取一种更加包容协同的“做大蛋糕”的共生理念。从增量角度出发，通过更多地解决社会问题，赢得更广阔的发展空间，更能够推动整个行业的可持续发展。③企业与自然共生。在数字时代，数字化和绿色化的协同并进成为企业创新发展的核心驱动力。绿色化理念要求企业始终秉承可持续发展的战略视角，致力于实现生产与环境和谐共生的目标。

三、数字创新文化重塑的路径

企业塑造数字创新文化的过程可以从“诊断—设计—实践”的路径出发。首先，通过定量和定性的测量方式，调查企业文化的现状，以确定企业在数字创新文化方面存在的不足之处。其次，将缺失的数字创新文化特质植入企业的文化理念中，并有针对性地在精神文化、制度文化、行为文化、物质文化四个层面设计优化方案。最后，按照设计方案的要求，实施相应的保障措施。同时，采用迭代变更的方式，以确保设计方案的有效落地和持续优化。

（一）现有文化的诊断

企业文化诊断是企业文化工作的前提与基础，其目的在于通过对实际情况的评估与分析，深入了解企业文化现状，并进行必要的调整与修正。通过企业文化调研诊断，企业可以深入剖析经营管理中存在的主要问题，并探寻这些问题背后的文化归因，修正不

㊀ 李海舰，包丽娟．数智时代企业文化重塑路径 [J]. 清华管理评论，2023，14（10）：13-19

良的企业文化导向，确认有利于经营管理问题改善的核心价值主张。需要明确的是，文化诊断与修正并非全盘否定过去经验的文化，而是一种对文化的继承与扬弃，即“取其精华，去其糟粕”。

实施路径如下所述。

1. 对原先的文化进行梳理

通过对企业历史和现有文化进行细致分析，识别值得保留的核心价值和优秀传统。借助企业文化建设的发展历程回顾、员工访谈、高层访谈、问卷调查等方式，完成对企业当前文化的全面诊断分析，找出当前文化建设中存在的问题及优缺点，为后续文化提炼工作提供依据。

2. 对原先的文化进行审查和修正

按照表 10-1 中“关键事件”梳理出匹配的文化理念后，再进行判断与分类。主要基于“对未来与数字创新相关的核心能力的影响”“对现在及未来绩效的影响”两个标准进行判断，具体可以分为“可传承的文化”“需要变革的文化”“需要灰度处理的文化”三类。

表 10-1 企业文化梳理的维度

<table>
<tr><th>关键事件及判断标准</th><th>推导</th><th>结论</th></tr>
<tr><td>公司发展历程中决定走向的重大里程碑事件或重大决策点，所采取的制度机制及行为表现</td><td rowspan="4">文化归因：由制度与行为推导出的理念</td><td rowspan="4">理念（按核心理念与基本理念归类）：
● 梳理场景及对应的制度举措，行为举措，匹配对应的文化理念</td></tr>
<tr><td>公司业绩成长跳跃点，采取的重大决策措施与行为表现</td></tr>
<tr><td>公司关键成功要素，对应的制度与行为</td></tr>
<tr><td>公司标杆人物或事迹、荣誉奖项，对应的制度与行为</td></tr>
<tr><td>对未来与数字创新相关的核心能力的影响：支持 / 失效 / 阻碍（定量问卷）</td><td rowspan="2">修正分类：传承、变革、灰度处理</td><td rowspan="2">文化修正：
● 可传承的文化：基于企业的现在与未来，过去的成功经验与优秀文化中能继续发挥作用的部分，需要传承与发扬
● 需要变革的文化：有些文化已经失效、造成现实问题、矛盾或阻碍企业未来发展，需要修正与变革
● 需要灰度处理的文化：有些文化一部分失效但同时另一部分继续有用，则需要把握“度”的平衡，不走极端</td></tr>
<tr><td>对现在及未来绩效的影响：支持 / 失效 / 阻碍（定量问卷）</td></tr>
</table>

（二）数字创新文化的设计

基于未来战略的文化诉求，通过对现状进行诊断和调整，引入新的文化元素和理念，支持企业的数字创新和长期发展。该阶段旨在建立一种能够促进创新、灵活适应变化的数字创新文化。

实施路径如下所述。

1. 数字创新文化的提炼设计

根据企业文化诊断结果，整合、讨论并设计形成数字创新文化重塑的初步内容，重点体现在领导理念重塑、公司发展规划、组织结构调整和重塑企业流程等方面。在此过程中，要特别注重数字创新与企业所处行业及自身的特点相结合，以指导数字创新文化建设的实施。

2. 规划数字创新文化的优化方案

设计相应的优化解决方案，将企业文化缺失的数字创新特质植入企业文化理念中。实施措施应围绕企业精神文化、制度文化、行为文化和物质文化四个层面展开，如表 10-2 所示，具体措施可借鉴与数字创新文化特质相契合的优秀企业的实践。

表 10-2　数字创新文化优化的维度

文化层次	做法举例
精神文化	● 管理层的理念重塑，建立数字创新思维 ● 根据数字创新背景，重塑企业愿景、部分核心价值观
制度文化	● 领导体制。如：由集权制向分权制转变，给予员工更多权力 ● 组织机构。如：由金字塔式层级结构变为敏捷型组织 ● 管理机制。如：设立相应的制度，让员工可以利用工作时间和公司资源开展自主业外的创新项目；改变杜绝失误的规定，建立容错机制与差异性的考核机制；依据数据分析的结果制定管理决策
行为文化	● 企业领导行为。如：在经营管理中强调客户至上的行为 ● 企业行为。如：与外部关系网建立合作伙伴关系，同时在工作中举办客户参与的创意大赛等活动，从内外部吸收创新想法
物质文化	● 工作环境。如：办公室布局由各部门分隔转变成更加开放的协作式办公空间，利于跨部门的合作；在办公室外增设“第三空间”，便于员工交流；促进创新，引进先进的数字化基础设施并投入应用，让员工掌握数字技术

（三）数字创新文化的实践

在实践的初期阶段，企业应营造创新变革的氛围，使员工充分了解企业当前面临的挑战，认识到企业文化变革的决心。在实施过程中，企业应严格按照设计方案推进，同时考虑到变革中可能存在的风险，设立相应的保障措施。为确保操作稳妥，企业还可采用迭代变更的方式，在保护区测试后再全面推行。

实施路径如下所述。

1. 采用迭代变更方法

设立保护区：将特定的项目或者部门作为实施文化变革的保护区，在保护区测试以收集经验，并将风险控制在可接受限度内。

迭代变革：在测试中采用短冲刺和观察交替的方式，衡量不同举措成功与否，并确定下一步行动计划。

2. 设立保障措施

设立专项资金：数字创新文化建设具有长期性，专项资金可用于各类文化载体，并且审批周期较短，有助于有序推进数字创新文化塑造。

组建企业文化指导团队：发现最佳文化实践，并激励其他成员进行改变。

建立符合数字创新文化的测评检查机制：绩效管理方法可激励员工展现出符合新文化的表现，加快建设进程，同时有利于数字创新文化的持续加强。

第三节 加快数字创新文化变革的举措

为推动数字创新文化在组织中迅速传播和深入实践，可以采取以下三方面关键举措。首先，领导者需要亲自推动文化变革，通过自身行动和为决策树立榜样，引导、激励团队成员；其次，与员工持续进行数字创新文化的沟通，营造支持和鼓励创新的环境氛围，对员工进行文化宣导和培训，帮助他们理解并接受新的文化理念；最后，通过建立和实施相关制度，将文化理念内化到组织的日常运作中，并通过强化管理来确保文化变革的持续性和有效性。

如何加快数字创新的文化变革

一、领导者担当数字创新文化创建的第一推手

埃德加·沙因认为：企业文化和领导力是一枚硬币的两面……领导所做的唯一真正重要的事情是创建和管理文化[㊀]。虽然不能说企业文化就是领导文化，但领导者确实是企业文化落地中最首要、最关键的因素。

（一）培养数字创新领导力

领导者在组织中扮演着文化创建者和管理者的关键角色。埃德加·沙因曾指出，领导者的核心职责是塑造和管理企业文化，缺乏文化管理能力的领导者会沦为文化的牺牲品。领导者被视为企业文化推行的动力之源。谈及知名企业时，人们常首先联想到其创始人和重要领导者的言行。企业家代表了企业的形象，如微软的比尔·盖茨、海尔的张瑞敏、华为的任正非、格力电器的董明珠等，其一言一行无不向外传达着企业文化。

领导者在推动数字文化变革时需要具备三种关键领导力要素：持续变革的主动性、

㊀ SCHEIN E H. The corporate culture survival guide[M]. San Francisco：Jossey-bass Publishers，2009.

数字技术的敏锐性和数字创新的行动力[⊖]。领导者应展现对数字化的理解和承诺，成为变革的引领者。同时，他们应当以身作则，成为企业文化变革的典范，引导团队适应新的工作模式。在美的数字文化变革过程中，方洪波董事长身体力行，致力于改变企业文化。他打破了层级划分，引领企业文化走向去中心化，营造更平等的环境。方洪波取消了私人办公室，抛弃了给予管理者的特殊待遇。他要求管理者在总部执委会讨论重要决策时发表看法，同时要求事业部设立管理委员会，推行集体决策，反对“一言堂”管理。此外，方洪波还在办公空间采用玻璃墙设计，体现了“随时开放，任何人都可以进来”的理念。

（二）发挥标杆引领作用

在企业文化示范和变革中，除了要发挥领导者的作用外，也要发挥标杆人物的引领作用，这也是推进文化变革的重要途径。以具体的人作为载体，将抽象的文化理念具体化，潜移默化地传递企业文化特征，从而引导员工的思维和行为，这是企业文化落地过程中的重要方式。企业中的标杆人物通常是在某一领域表现突出、堪为表率的员工，他们对整个团队的影响力是不容小觑的。

社会心理学家阿尔伯特·班杜拉在观察学习理论中强调了标杆的重要性。他认为，树立标杆可以强化他人特定行为的意图。标杆引领的本质是引导他人观察学习，即他人通过观察标杆的行为和结果，获取相应的认知概念，并以之指导自身行为，减少不必要的错误尝试。从推动数字创新文化的角度考虑，可以根据企业愿景、使命、价值观等核心文化内涵来树立企业标杆。例如，华为将管理体系的最高荣誉奖命名为“蓝血十杰奖”，强调重视数据、尊重理性的科学管理精神。

观察学习理论：标杆的作用

班杜拉进行了一项实验，将一群孩子分为两组，让他们观看不同的录像。甲组观看的录像是一个大孩子打玩具娃娃，随后一个成年人给予这个孩子一些糖果作为奖励；乙组观看的录像也是一个大孩子打玩具娃娃，但随后一个成年人进来并惩罚了这个孩子。之后，班杜拉将这些孩子分别带到观察室，里面放置着录像中的玩具娃娃。实验结果显示：甲组孩子往往模仿录像中大孩子打娃娃的行为，因为他们认为得到奖励的行为值得复制；而乙组孩子很少有人选择打娃娃，因为他们知道该行为会受到惩罚。

实验结果证实了班杜拉的预想：即便一个人本身并未受到奖励和惩罚，只要其周围标杆的行为受到了奖励和惩罚，那么也会对这个人的行为产生一定的影响。换言之，无论是积极行为还是消极行为，都可以通过观察学习来习得，而这个学习的过程就是“标杆化”的过程。

⊖ 周良军，邓斌．华为数字化转型 [M]. 北京：人民邮电出版社，2021.

二、宣贯数字创新文化并实现内化

要将文化理念转变为员工的信念和行为，必须确保员工了解并理解这些理念。首先，企业需要建立有效的文化宣导机制，明确定义公司文化理念传播的职责，通过多元的方式传播公司文化理念，引导员工正确理解企业文化。其次，企业必须通过培训使员工深入理解并内化企业文化的内涵，否则其对文化的理解将仅停留在表面。例如，海底捞的部分服务员工可能仅从表面认识到要无微不至地服务顾客，未能从精神层面考虑顾客需求，导致有时过度服务，引起顾客不满。因此，企业要鼓励员工不断地深入学习企业文化的内核，真正领会企业文化的精髓，这样才能使企业文化发挥对员工行为的导向和约束作用。

（一）持续进行数字创新文化沟通

首先，企业应当重视文化宣贯的重要性，积极推广数字创新文化的新愿景。通过简短有力的口号标语进行宣传，使新的数字创新文化真正融入企业。同时，持续强化新理念，提高员工对新文化的整体认知。此外，鼓励员工在数字创新过程中提出意见和建议，让他们参与文化变革的过程，以增强员工的归属感和参与感。

其次，文化的宣贯不能局限于表面，与员工持续地沟通至关重要。可以通过定期的内部沟通方式，如员工大会、新闻简报或数字化平台，不断强调企业文化和价值观，确保员工对企业方向有清晰的认识。一方面，传达数字创新的愿景、使命，深化转型理念，阐述新文化的重要性和意义，适当营造紧迫氛围，保持适度压力，让员工意识到数字创新文化关乎每个人的切身利益；另一方面，企业尤其需要重视与受到影响的员工进行沟通，了解他们抵触变革的原因和困惑，并解决其疑虑。

例如，华为非常重视变革中的宣传和沟通，在集成产品研发（Integrated Product Development，IPD）变革项目第一阶段报告完成后，公司要求各业务一把手必须亲自推动推广工作。公司花了 2 个月左右的时间，对研发、市场、供应链、技术服务、职能部门等相继展开相关成果的培训和宣传。

（二）提升员工数字创新思维和技能

数字创新文化的实施与推广不仅需要员工的理解和认同，还需确保他们具备相应的数字化技能。若员工工作时发现自己缺乏必要的数字技能，那么数字创新文化将难以在企业中有效落地。因此，为了深化数字创新文化的融入，企业必须对员工进行系统的技能培养和能力建设。

数字创新涉及企业生产、营销、研发等各个环节，因此，对全体员工进行大规模、针对性的能力培训是至关重要的，有助于员工更加顺利地适应数字化的工作环境。以宝洁公司为例，公司为每个部门的员工设定了一系列必备的技能模块，将数字技能培训全面纳入各层次的培训课程中。中国分公司领导层每年都会参加为期三天的总裁培训，其中专门有一天聚焦于数字化内容的学习。

更重要的是，企业需要通过可视化手段让员工直观地看到和感受到数字化的实际效果，从而激发他们的认同感，并坚信数字创新的价值。公司可以通过定期召开数据实践分享会、数据实践案例竞赛等活动，向全体员工展示数据分析的成果。例如，美的十分重视数据文化的建设，采取了多屏展示数据的策略，通过手机、计算机、CEO 大屏等多渠道，向全体员工展现数据价值。

三、构建配套机制让数字创新文化“固化于制”

理解企业理念并不直接等同于员工的认同与信仰，而在文化转型过程中，将企业理念转化为员工内在信念的环节极具挑战性。为了促使员工从内心深处接受企业的理念，必须通过一系列手段，如绩效评估和激励机制，将企业理念与员工责权紧密结合，并通过制度化措施予以固化。然而，确保每位员工都能主动践行企业文化并非易事。为此，企业需要构建一套行为管理体系，包括对日常行为、典型行为和卓越经验的持续管理与推广。通过奖优罚劣，提升员工素质，确保企业文化理念落实到员工的日常工作和关键决策中。

(一) 加强数字创新文化制度层建设

企业文化作为组织的“软约束”，与制度标准这一“硬约束”相辅相成。企业文化是制度标准的“根”和“魂”，制度标准是企业文化理念的转化载体，在文化理念向实际行为转化的过程中扮演着至关重要的角色，与企业文化形成一种和谐的共生关系。在企业文化建设中，许多企业虽然能够关注到组织的精神、行为和物质层面，但是忽视了制度层面的重要性，结果未能取得良好的效果。因此，数字创新文化的塑造不应仅停留在口头宣传和文字表述上，而应通过具体的制度加以保障和固化。随着数字创新文化建设的不断深化，协作机制、激励机制、创新机制等可以成为企业将数字创新文化“固化于制”的重要手段。

海尔集团创造了“ OEC”管理法（全方位优化管理法），该方法强调将公司的工作细节落实到每一天、每一个人的具体工作上，并及时检查和调整。海尔集团始终以用户为中心，不仅满足用户需求，还主动创造用户需求，不断否定自我、挑战自我、重塑自我。海尔集团的“ OEC”管理法作为一种有效的“止动力”，成功防止了集团在市场中的地位下滑；而其独特的企业文化则提供了强大的“牵引力”，推动集团在市场上不断攀升。海尔集团将制度与文化高效融合，使其能够在变革中以变制变、变中求胜。

（二）依托行为管理强化数字创新文化

制度通过其“刚性规定”的特质，能够促使员工在日常工作中形成稳定的习惯，并在潜移默化中接受和认同企业文化，从而在行动上践行。通过持续的行为管理，包括日常行为、典型行为的管理和优秀经验的推广，企业可以通过奖励和惩罚机制来提升员工的综合素质，实现文化理念具体化，确保这些理念在员工的日常业务活动和关键决策中得到体现。为使数字创新文化深入人心，企业应将相关的文化要素纳入绩效管理体系中，确保员工行为和业绩与企业文化目标一致。例如，可以在绩效考核指标中加入与数字创新文化相关的行为标准，如创新意识、客户导向等。

本章小结

数字创新文化是以数字思维为核心，以客户导向、创新变革、敏捷容错、利他共赢为支撑的新型文化体系。

文化重塑是通过引入新的文化元素、意义和理念，创新与改变企业文化的过程。从数字创新视角来看，文化重塑可以沿着三个主要方向进行转型：用户本位型、赋能创新型和共生型。

数字创新文化重塑可以分为三个步骤：现有文化诊断、数字创新文化设计、数字创新文化实践。

在企业实践中，加快数字创新文化变革的常见举措包括：领导者担当数字创新文化创建的第一推手；宣贯数字创新文化并实现内化；构建配套机制让数字创新文化“固化于制”。

即测即评

一、不定项选择题（从以下四个选项中选择合适的答案）

1. 支持企业数字创新的文化特征不包含以下哪项？（　　）

A. 创新变革　　B. 加强竞争　　C. 客户导向　　D. 敏捷容错

2. 企业文化的层次结构中，最直观、人们最易感知的部分是以下哪项？（　　）

A. 精神层　　B. 制度层　　C. 行为层　　D. 物质层

3. 数字创新文化的物质层表现包括哪些？（　　）

A. 数字创新文化的理念　　B. 数字化产品

C. 数字化服务　　D. 数字创新文化相关制度

4. 文化重塑的挑战有哪些？（　　）

A. 现有文化的阻力　　B. 业务流程的刚性

C. 员工抵触新的利益分配机制　　D. 组织结构的刚性

5. 企业进行数字创新文化重塑时，应该注意以下哪些方面？（　　）

A. 主要考虑社会要求和行业特点，并考虑企业的具体发展情况

B. 领导者的模范行为在企业文化的塑造中起到号召和导向作用

C. 企业文化主要靠自律，所以不需要建立制度

D. 企业文化一旦形成，就无须改变

二、简答题

1. 什么是数字创新文化？数字创新文化具有哪些特征？

2. 文化的结构分为哪几个层次？数字创新文化在各层次是如何表现的？

3. 请简述企业进行数字创新文化重塑的路径和过程。

4. 企业塑造数字创新文化的方向有哪些？为什么有这样的转变？

5. 请联系实际谈谈，除了文中所提及的举措外，加速数字创新文化变革的常见措施还有哪些。

讨论案例

从“独孤九剑”到“新六脉神剑”：阿里巴巴文化演变的历程

在企业运营和发展的舞台上，内外部环境的变化往往预示着企业文化变革的关键。自1998年成立以来，阿里巴巴的每一次转折和变革，都围绕“解决发展和变革中的问题”对价值观进行了重新审视和再塑造。

一、独孤九剑（2001—2004年）

2001年，关明生作为阿里巴巴第一任首席运营官（COO）加入公司。一次高层会议上，关明生对阿里巴巴的愿景和使命提出疑问：这些内容讲得很好，但是我们有没有把它们写下来呢？由此，阿里巴巴在企业高速发展时期，启动了对价值观的深入提炼工程。经过系统梳理，包含“创新、激情、开放、教学相长、群策群力、质量、专注、服务与尊重、简易”等九条内容的“独孤九剑”诞生。

成功制定行为准则并得到高层管理团队的认同后，下一个重要环节就是把行为准则推广到每一个阿里人的日常行为中。阿里巴巴采取业绩和价值观各占一半的绩效考核方式，即绩效得分 = 业绩得分 ×50%+ 价值观得分 ×50%。践行价值观的表现分为5个等级，每个等级设定相应的符合性或不符合性案例；每季度由直接上级和HR（人力资源）部门配合，对员工进行考核；价值观考核结果与业绩表现共同决定着员工的奖金、加薪、晋升或淘汰。

这是阿里巴巴价值观的第一个正式版本，它不但成为阿里巴巴员工的行为准则，而且

纳入了阿里人的绩效考核体系，成为培养“中供铁军”的纲领性文件。在这个阶段，阿里巴巴的价值观以“解决问题”为核心，集中在工作理念层面和“组织引领”层面。

二、六脉神剑（2004—2019年）

随着阿里巴巴规模的快速扩张，进入蓬勃发展期，淘宝诞生，业务趋于多元化，而原先“独孤九剑”版本的企业文化过于复杂，不易理解和落地。2004年，在微软担任HRBP（人力资源业务合作伙伴）的邓康明加入阿里巴巴后，由人力资源组织了200多名管理者讨论了2天时间，对“独孤九剑”价值观进行了升级，提出了“六脉神剑”价值观，包括客户第一、团队合作、拥抱变化、诚信、激情、敬业。其中，“客户第一”是指面对利益冲突时思考的顺序；“团队合作”和“拥抱变化”是个体和外部环境的互动原则；“激情”“诚信”和“敬业”则反映了员工应该具备的基本素质。“六脉神剑”是“独孤九剑”的精简和规范化版本，标志着阿里巴巴的企业文化走向了成熟期。

“六脉神剑”从改变员工的行为入手，将每一条价值观细分出5个行为指南，共计30项指标。以“拥抱变化”为例，这5个行为指南分为：①适应公司日常变化，不抱怨；②面对变化，应理性对待，充分沟通，诚意配合；③对变化产生的困难和挫折能自我调整，并正面影响和带动同事；④在工作中有前瞻意识，建立新方法、新思路；⑤创造变化，并带来绩效的突破性提高。如此一来，“六脉神剑”从一个抽象概念变成了30个具体的行动指南，并成为价值观考核的重要依据。为保证每一个员工的行动都能按照价值观的指引进行，HR开始树立典型案例，在全公司范围内进行反复传播与讨论，最终形成一个高度透明、行动整齐划一的团队。

在此过程中，阿里巴巴对价值观的考核形式做了调整，将5个等级调整为A、B、C三档评估，设置价值观的倡导和底线，即正常情况下为B合格，如果直接上级或HR举出违反底线的案例，则考核结果为C，如果举出正面的案例并得到证实则可以为A。同样，价值观考核结果和业绩表现共同决定着员工的薪酬待遇与职业发展，对于管理者则在结果应用的权重上做了相应调整，即价值观考核、团队建设各占30%，业绩考核占40%。按照这一标准，加上团队建设项目中的相关内容，价值观考核的相对权重不降反升。值得注意的是，在阿里巴巴，管理者层级越高，对价值观的考核越重视。阿里巴巴专门成立组织部考核高管，主要针对当时全球150个高管进行全方位的考评和访谈，结果关系着他们的转岗、调动、晋升或离职。

三、新六脉神剑（2019年至今）

“六脉神剑”价值观从2004年一直沿用到2019年9月9日。在此期间，阿里巴巴业务急速扩张，从电商、金融、物流、云计算、本地生活、文娱到各个新兴业务的数字经济体，组织变得更加多元、网状、灵动，需要更大的创造力和活力。

阿里巴巴此番价值观体系升级无论是在时间精力方面，还是在规模方面，都比以往任何一次复杂得多。调整历时420天，共进行了5轮合伙人的专题会议，467名组织部成员参与了海内外9场讨论，并向全球员工发起内部调研，获得了近2 000条反馈。价值观的表述前前后后修改了20多次，每一条价值观都蕴含阿里人共同的认识、想法和故事。最终，新的价值观被确定为：客户第一、员工第二、股东第三；因为信任，所以简单；唯一不变的是变化；今天最好的表现是明天最低的要求；此时此刻，非我莫属；认真生活，快乐工作。2019年9月10日，在成立20周年年会上，阿里巴巴宣布了新的企业文化体系，并取名为“新六脉神剑”。

新六脉神剑的“升级”通过更生活化、场景化的语言，进一步细化、具象化价值观。升级的使命、愿景和价值观体现了阿里巴巴鲜明的态度和对企业发展方向的本质思考，更是阿里人对于如何走向未来的共识。“新六脉神剑”将帮助阿里巴巴凝聚更多同路人，进一步提升组织的创造力，进而更好地拥抱数字经济时代的机遇与变革。阿里巴巴文化体系的发展见表10-3。

表10-3　阿里巴巴文化体系的发展

企业文化	“独孤九剑”（2001—2004年）	“六脉神剑”（2004—2019年）	“新六脉神剑”（2019年至今）
使命	让天下没有难做的生意	让天下没有难做的生意	让天下没有难做的生意
愿景	做一家80年的公司，成为世界十大网站之一：只要是商人就一定用阿里巴巴	成为一家持续发展102年的公司	成为一家活102年的好公司：到2036年，服务20亿消费者，创造1亿就业机会，帮助1 000万家中小企业盈利，每个业务集团，愿景可以自主定制
价值观	创新、激情、开放、教学相长、简易、群策群力、专注、质量、服务与尊重	客户第一、团队合作、拥抱变化、诚信、激情、敬业	● 客户第一、员工第二、股东第三 ● 因为信任，所以简单 ● 唯一不变的是变化 ● 今天最好的表现是明天最低的要求 ● 此时此刻，非我莫属 ● 认真生活，快乐工作

资料来源：根据网络资料整理。

【讨论题】

1. 在阿里巴巴的故事中，支撑数字创新的文化特征有哪些？
2. 不同阶段驱动阿里巴巴进行文化变革的因素是什么？阿里巴巴是如何推动新型文化变革的？
3. 结合案例，请你谈谈“新六脉神剑”和“六脉神剑”的异同。